LETRAMENTO
CORPORAL

Esta edição somente foi possível a partir da parceria firmada entre o Instituto Ayrton Senna e o Centro de Práticas Esportivas da Universidade de São Paulo (CEPEUSP).

L649 Letramento corporal : atividades físicas e esportivas para toda
       a vida / Organizadora, Margaret Whitehead ; tradução:
       Leonardo Pinto Silva ; revisão técnica: Luiz Eduardo
       Pinto Basto Tourinho Dantas, Edison de Jesus Manoel . –
       Porto Alegre: Penso, 2019.
       xx, 236 p. ; 23 cm

       ISBN 978-85-8429-130-4

       1. Educação física – Ensino. I. Whitehead, Margaret.

CDU 3:796.4

Catalogação na publicação Karin Lorien Menoncin – CRB 10/2147

Margaret WHITEHEAD
Org.

LETRAMENTO
CORORAL

ATIVIDADES
FÍSICAS
E ESPORTIVAS
PARA TODA
A VIDA

Tradução
Leonardo Pinto Silva

Revisão técnica
Luiz Eduardo Pinto Basto Tourinho Dantas
*Professor Doutor da Escola de Educação Física e Esporte
da Universidade de São Paulo*

Edison de Jesus Manoel
*Professor Titular da Escola de Educação Física e Esporte
da Universidade de São Paulo*

2019

Obra originalmente publicada sob o título *Physical literacy: throughout the lifecourse*, 1st Edition.
ISBN 9780415487436

All Rights Reserved. Authorised translation from the English language edition published by Routledge, a member of the Taylor & Francis Group.

Gerente editorial
Letícia Bispo de Lima

Colaboraram nesta edição

Editora
Paola Araújo de Oliveira

Capa
Márcio Monticelli

Imagens da capa
gornostay©shutterstock.com, Rawpixel©shutterstock.com, Denis Kuvaev©shutterstock.com, Olesia Bilkei©shutterstock.com, GaudiLab©shutterstock.com, adriaticfoto©shutterstock.com, Undrey©shutterstock.com

Preparação do original
Grasielly Hanke Angeli

Leitura final
Daniela de Freitas Louzada

Editoração
Ledur Serviços Editoriais Ltda.

Reservados todos os direitos de publicação, em língua portuguesa, à
PENSO EDITORA LTDA., uma empresa do GRUPO A EDUCAÇÃO S.A
Av. Jerônimo de Ornelas, 670 – Santana
90040-340 – Porto Alegre – RS
Fone: (51) 3027-7000 Fax: (51) 3027-7070

SÃO PAULO
Rua Doutor Cesário Mota Jr., 63 – Vila Buarque
01221-020 – São Paulo – SP
Fone: (11) 3221-9033

SAC 0800 703-3444 – www.grupoa.com.br

É proibida a duplicação ou reprodução deste volume, no todo ou em parte, sob quaisquer formas ou por quaisquer meios (eletrônico, mecânico, gravação, fotocópia, distribuição na Web e outros), sem permissão expressa da Editora.

IMPRESSO NO BRASIL
PRINTED IN BRAZIL

Autores

Margaret Whitehead (Org.) (PhD). Consultora em educação física, em 2000, aposentou-se da De Montfort University, em Bedford, onde era chefe de qualidade para a Faculty of Health and Community Studies. Atualmente, trabalha meio período na De Montfort University, contribuindo para os cursos de Educação Física e Pedagogia. Lecionou educação física em escolas e foi docente na Homerton College. Concebeu, liderou e lecionou em vários cursos básicos de formação de professores de educação física. Além disso, estudou Filosofia da Educação e concluiu doutorado sobre as implicações do existencialismo e da fenomenologia na prática da educação física. Nos últimos anos, desenvolveu o conceito de letramento corporal, realizando seminários no Reino Unido e participando de várias conferências internacionais.

Dominic Haydn-Davies (MA*). Professor associado na Roehampton University, lecionou no ensino fundamental antes de se especializar em educação física na educação básica e atuar como gerente de desenvolvimento na School Sport Partnership, no Reino Unido. Atualmente dedica-se à formação de professores e palestra em uma série de cursos, incluindo especialização em educação física para o ensino fundamental. Desenvolveu abordagens práticas de letramento corporal em escolas como parte de uma bolsa de pesquisa sobre o assunto. É pesquisador nas áreas de pedagogia, educação física no ensino fundamental, necessidades educacionais especiais e primeira infância. Colabora regularmente com revistas especializadas e participa do desenvolvimento e da validação de pesquisas sobre o tema.

Elizabeth Murdoch (OBE**). Professora emérita da University of Brighton, da qual aposentou-se em 1997. Tem exercido a função de consultora educacional. Fez parte de diversos grupos de trabalho sobre educação física, esportes e artes, na Escócia e na Inglaterra. Tem trabalhos publicados e realiza pesquisas nas áreas de movimento humano e aprendizagem, sobretudo desenvolvimento infantil e arte da dança. Também estudou a corêutica (organização espacial dos movimentos) associada à compreensão de como o movimento corporal por meio do espaço pode influenciar a competência motora de crianças e adultos e a coreografia em espetáculos de dança.

---

* N. de R.T. Master of Arts.
** N. de R.T. Officer of the Most Excellent Order of the British Empire.

vi Autores

Karen DePauw (PhD). Vice-presidente e pró-reitora de pós-graduação em Pedagogia do Virginia Polytechnic Institute and State University, é professora titular do Departamento de Sociologia e Nutrição, Alimentos e Exercício Humanos. Ganhou notoriedade internacional nas áreas de educação física adaptada e esporte para pessoas com deficiência, tendo publicado inúmeros artigos e ministrado palestras em várias conferências internacionais. Atua em associações profissionais, como a International Federation of Adapted Physical Activity, a qual preside, e a National Association for Physical Education in Higher Education. Foi eleita para a American Academy of Kinesiology and Physical Education e recebeu vários prêmios relevantes de associações profissionais.

Kenneth Fox (PhD). Professor titular (catedrático) de Ciências da Saúde e do Exercício na University of Bristol, dedicou sua carreira à pesquisa e ao desenvolvimento de políticas na área do exercício e da saúde. Seus livros, entre eles *The physical self: from motivation to well-being* (1997), abordam a psicologia do exercício. Foi autor científico sênior do relatório oficial do Gabinete do Ministro da Saúde britânico sobre atividade física e saúde e é membro do conselho consultivo da Cross Governmental Obesity Strategy. Recentemente, recebeu o título de *doutor honoris causa* pela Universidade de Coimbra, Portugal, e é membro da British Association of Sport and Excercise Sciences, da Physical Education Association e da American Academy of Kinesiology and Physical Education.

Len Almond (PhD). Fundador e ex-diretor da British Heart Foundation National Centre for Physical Education and Health, da Loughborough University, após aposentar-se do cargo, assumiu a direção da National Coalition for Active Ageing e também do National Advisory Group for Early Years. Trabalhou em dois projetos: estudou a associação entre baixa habilidade motora e inatividade com baixo desempenho acadêmico entre crianças de 3 a 5 anos e monitorou uma intervenção para verificar se brincadeiras mais ativas podem melhorar o desempenho acadêmico. O segundo projeto visou desenvolver as linhas gerais da pedagogia da participação e traduzir as conclusões do primeiro projeto em exemplos práticos para professores.

Patricia Maude (MBE*). Consultora em educação física e Bye-Fellow na Homerton College, University of Cambridge, suas pesquisas incluem desenvolvimento motor em crianças e letramento corporal. Estuda observação e análise do movimento, particularmente em relação ao ensino pedagógico. Suas publicações incluem um capítulo sobre desenvolvimento motor, em *Teaching and learning in the early years* (2008) e "How outdoor play develops physical literacy", no *Early Years Educator Journal*, de abril de 2009. Em 2007, foi coautora do DVD e do livro *A practical*

---

* N. de R.T. Member of the Most Excellent Order of the British Empire.

guide to teaching gymnastics (pela Coachwise, em nome da AFPE) e, em 2008, atuou no Grupo de Desenvolvimento do Programa NICE, para a promoção de atividades físicas em crianças.

Paul Gately (PhD). Carnegie professor (catedrático) de Exercício e Obesidade e diretor do Carnegie Weight Management, é Bacharel em Ciências do Esporte e Mestre em Nutrição Humana. Seu principal interesse de pesquisa são estratégias para o tratamento da obesidade infantil. Em seu doutorado, avaliou e reestruturou um acampamento de perda de peso nos Estados Unidos. Administra o Carnegie International Camp e os Carnegie Clubs na Grã-Bretanha. Ministrou mais de 250 conferências. É autor de publicações científicas, além de coautor de sete livros. Contribuiu em vários documentos sobre políticas voltadas à obesidade infantil e atua como consultor de agências governamentais, organizações de saúde e corporações.

Philip Vickerman (PhD). Professor titular (catedrático) de Educação e Aprendizagem Inclusiva na Liverpool John Moores University, é diretor de pesquisas em educação física, esportes e dança e trabalhou em variados contextos escolares e comunitários em prol de crianças e adultos com deficiências. É membro da National Teaching pela Higher Education Academy e publicou inúmeros artigos sobre temas como inclusão, diversidade e atividade física.

Agradecimentos

Começo agradecendo ao saudoso Ray Elliott, meu orientador de doutorado. Não fosse seu inabalável interesse, seu apoio e os desafios que me propôs, eu jamais teria trilhado esse caminho. Gostaria que ainda estivesse conosco para ver os frutos da sua inspiração.

Com relação a este livro, gostaria de registrar meus sinceros agradecimentos a todos que trabalharam comigo. Todos os autores generosamente dedicaram parte do seu tempo a ele. Sua disponibilidade em participar, em um debate contínuo e ininterrupto, e sua paciência diante das minhas demandas foram impressionantes. Gostaria também de agradecer a todos que forneceram estudos de caso para alguns capítulos: Claire Hale, Dave Stewart, Claudia Cockburn e Tansin Benn. Suas contribuições foram preciosas para trazer à luz o letramento corporal. Sou muito grata pelo apoio de Margaret Talbot e Gudrun Doll-Tepper, que escreveram a Apresentação da edição em língua inglesa. Gostaria, ainda, de mencionar a Society of Education Studies, que patrocinou um seminário de âmbito nacional e uma série de oficinas para promover e desenvolver o conceito de letramento corporal. Devo agradecimentos sinceros a todos os colegas que disponibilizaram seu tempo para participar comigo de um debate em torno do conceito. Seus questionamentos me desafiaram a refinar e a desenvolver meu raciocínio. Agradeço, em particular, a Elizabeth Murdoch, por seu tremendo apoio durante a concepção e a escrita deste livro. Sem seu incentivo, duvido que esta obra se concretizaria. Por último e não menos importante, agradeço ao meu marido pelo apoio. Seu entusiasmo pelo projeto e sua paciência me ampararam ao longo dos 18 meses desse processo. O tempo inteiro dependi dele para garantir que o computador não apagasse os textos. Sua disposição em deixar tudo de lado e me ajudar quando a tecnologia moderna esteve contra mim não me deixou enlouquecer — em mais ocasiões do que eu gostaria de admitir.

Apresentação à edição brasileira

A edição brasileira de *Physical literacy: throughout the lifecourse* é resultado do esforço coletivo do Instituto Ayrton Senna em parceria com o Centro de Práticas Esportivas da Universidade de São Paulo (CEPEUSP) e celebra uma longa aliança que, há mais de 20 anos, deu origem ao Programa de Desenvolvimento Humano pelo Esporte (PRODHE).

A missão desse time sempre foi garantir, para crianças e jovens brasileiros, o acesso à prática esportiva de qualidade como um direito social, apostando no esporte como fator essencial de desenvolvimento humano. Nesse sentido, partindo da referência dos quatro pilares da educação propagados pela Organização das Nações Unidas para a Educação, a Ciência e a Cultura (Unesco) — aprender a ser, a conviver, a fazer e a conhecer —, a visão desse desenvolvimento contempla tanto os aspectos cognitivos (relacionados a raciocínio e memorização, entre outros) quanto os socioemocionais (como colaboração, criatividade e resiliência). Dessa forma, o trabalho com esporte na perspectiva do desenvolvimento humano e da educação integral não se relaciona a apenas uma disciplina ou a um uso do corpo para atividades de alto rendimento, e sim a formas de superar tratamentos meramente fisiológicos ou instrumentais do corpo.

Como um dos focos irradiadores dessa perspectiva de educação integral, o esporte pode encontrar um novo lugar nas escolas e nos territórios, capaz de gerar aprendizagens relevantes e necessárias ao desenvolvimento humano. Por meio de uma diversidade de experiências, é possível permitir que crianças e jovens encontrem práticas corporais significativas para seus projetos de vida, contextualizadas culturalmente (ao lado de atividades de linguagens, como a arte e a língua portuguesa) e integradas aos diversos espaços e tempos do currículo escolar.

Ao longo desse tempo, nosso pensar e fazer pedagógico foram guiados pela convicção de que é também por meio da experiência corporal, desafiadora dos nossos limites pessoais e vivida em sua plenitude — com suor, esforço, tentativas e erro, acerto, repetição, prazer, disputa, êxtase —, que reside a potência do esporte em formar pessoas e transformar as realidades individual e social. As pesquisas mais recentes também avançaram muito, indicando fortes relações entre a forma como o corpo é vivenciado e alguns dos fatores que apoiam a aprendizagem, além de sugerirem estreita relação entre níveis de atividade física e bem-estar geral.

O desejo de tornar o livro da professora Margaret Whitehead acessível para o Brasil, em língua portuguesa, surgiu por acreditarmos que esta obra dialoga com nosso modo de pensar e fazer esporte. Ela advoga pelo valor social das práticas corporais *per se*, para além do caráter meramente utilitário que muitos insistem em lhes atribuir.

A partir da premissa de que você, leitora ou leitor, e que cada um de nós *somos corpo*, o conteúdo deste livro nos convida a (re)pensar os sentidos do movimento como elemento marcante das culturas humanas e a reconhecer sua contribuição fundamental no processo de autoconhecimento e construção de identidades.

Com todo o rigor de um texto acadêmico primoroso, ao explicar o conceito de letramento corporal e discuti-lo sob diferentes perspectivas — da filosófica à pedagógica — sua leitura contempla a apreensão de teorias e evidências científicas, e vai além. Ao enredar os capítulos tratando do letramento corporal como uma jornada de uma vida inteira, a obra nos provoca a viajar pelas nossas próprias histórias de vida, rememorando as experiências passadas, analisando as práticas (ou não práticas) presentes e projetando as possíveis aventuras corporais futuras.

É nessa possibilidade de reflexão sobre nossa própria existência, na trilha das experimentações corporais vividas, que acreditamos residir o potencial transformador deste livro. Ao compreender como as práticas corporais afetam nosso modo de ser e interagir, cria-se a possibilidade de compreender o quão importante elas são para a formação humana de toda e qualquer pessoa. Assim, convidamos você para não apenas folhear e ler este livro, mas experimentá-lo de corpo inteiro.

Viviane Senna
Presidente do Instituto Ayrton Senna

Emilio Antonio Miranda
Diretor do Centro de Práticas Esportivas da
Universidade de São Paulo

Prefácio à edição brasileira

A oportunidade de prefaciar a edição brasileira do livro *Physical literacy: throughout the lifecourse* surgiu a partir de nosso trabalho como revisores técnicos. Os desafios envolvidos nessa revisão foram muitos, e pelo menos dois merecem menção para denotar a importância desta obra. O primeiro desafio diz respeito aos perigos de toda tradução literária. O segundo, da pertinência da obra para o contexto da educação física brasileira. Falemos dos dois.

A passagem de uma obra literária de sua língua original para outra é sempre arriscada, mesmo quando tal obra é técnico-científica. A neutralidade, a frieza e a propalada universalidade dos termos acadêmicos é só aparente. Todo termo vem com um lastro da cultura da língua nativa e há, ainda, o arcabouço teórico-filosófico com que é lavrado. Como diz Umberto Eco (2007), a tradução necessita ser fiel ao original, mas fidelidade nesse âmbito não tem relação direta com exatidão. Antes, a tradução necessita ser justa, honesta e respeitosa.

Deparamo-nos de pronto com o desafio da fidelidade em relação ao termo *physical literacy* que dá título ao livro. Na busca de nos aproximarmos do universo da professora Margaret Whitehead e sermos fiéis à sua concepção, optamos por cunhar a expressão *letramento corporal*. A palavra inglesa *literacy* poderia ser traduzida como *alfabetização*, todavia, a organizadora da obra usa *literacy* não apenas no sentido da capacidade de ler e escrever, mas, principalmente, no domínio da língua em todas as suas possibilidades de interpretação e expressão. No Brasil, encontramos a mesma preocupação ao se optar por letramento em vez de alfabetização, posto que este último denotaria um processo de uso da língua e, assim, carente de senso reflexivo e crítico. Uma pessoa letrada demonstra comando da língua para fazer-se valer no mundo em que vive, usando a língua de modo, ao mesmo tempo, instrumental e criativo.

Optamos também por usar *corporal* em vez de *físico* como sugeriria o original em inglês. Foi nosso entendimento de que para a literatura acadêmica brasileira o primeiro termo capta melhor a fundamentação filosófica que a organizadora intenta carregar no uso do termo *physical*. De orientação existencialista e fenomenológica, Whitehead evidencia a noção de corporeidade. Assim, entendemos que em nossa língua essa orientação seria mais bem expressa com o uso direto de corpo e, portanto, letramento corporal: o letramento que se dá pelo fato de *sermos corpo* à parte de *termos um corpo*. Ainda que possa haver uma crítica de que nossa opção não é exata em relação ao termo original, consideramos que *letramento corporal* é justo e honesto para com o rico cabedal teórico e filosófico proposto para *physical literacy*.

Entre o final dos anos 1980 e o início dos 1990, a comunidade acadêmica da educação física brasileira foi prolífica em elaborar e propor diferentes abordagens para a área, rompendo com um ciclo de mais de 70 anos em que o campo no Brasil caracterizou-se predominantemente pelo ensino de ginástica e de esportes com pouca ou nenhuma consideração sobre os conhecimentos envolvidos — à parte do saber fazer — e dos significados e contextos dessas práticas nos planos psicológico, social, cultural e político. Se tomarmos como referência a matriz curricular de abordagens proposta para a educação física por Jewett e Bain nos anos 1980, veremos exemplos de obras brasileiras para cada abordagem dessa matriz: desenvolvimentista, aptidão física/promoção da saúde, esportiva, humanista e significado pessoal. Nas duas últimas encontramos as abordagens crítico-reflexivas que no Brasil marcaram o denominado Movimento Renovador da Educação Física. O levantamento de abordagens da matriz de Jewett e Bain (1985) pelo mundo afora nos leva à constatação de que o Brasil é um dos poucos países cuja educação física apresenta ampla diversidade de abordagens na composição de seu campo. Qual seria então a razão em trazer este livro para a comunidade brasileira? Primeiro porque essa diversidade pede exatamente que se amplie o debate com a consideração de outras propostas que, embora diferentes, convergem para muitos pontos e questões enfrentados pelos proponentes de abordagens brasileiras. Segundo, porque a proposta de letramento corporal lida com um dos nós das abordagens brasileiras que foi o de se tornarem mais um discurso sobre atividades físicas esportivas, ou, nas palavras de Mauro Betti (1994, p. 41), "[...] um discurso sobre a cultura corporal de movimento... ao invés de uma ação pedagógica com ela". A proposta de letramento corporal pode não desatar o nó, mas traz uma contribuição para avançar nessa discussão. Terceiro, o livro, como toda obra bem fundamentada, merece atenção *per se* sem que antecipemos essa ou aquela finalidade. Toda obra, seja um livro ou artigo, pode ganhar vida própria percorrendo caminhos de leitura e interpretação que fogem (felizmente) aos desígnios de sua autora ou autor. Assim, é tempo de concluirmos este Prefácio e deixarmos os leitores brasileiros saborearem o letramento corporal, para que possam, com esse conceito, enriquecer suas práticas.

Luiz Eduardo Pinto Basto Tourinho Dantas

Edison de Jesus Manoel

Referências

BETTI, M. O que a semiótica inspira ao ensino da educação física. *Discorpo*, n. 3, p. 25-45, 1994.

ECO, U. *Quase a mesma coisa*. Rio de Janeiro: Record, 2007.

JEWETT, A. E.; BAIN, L. *The curriculum process in physical education*. Dubuque: Brown, 1985.

Apresentação

Este livro é o resultado de anos de ideias e reflexões fundamentadas na convicção que Margaret Whitehead tem de que o pensamento dualista sobre mente e corpo é limitador e prejudicial. Sua convicção permeia o livro inteiro, e o desafio de pesquisar e escrever em uma linguagem que se origina no pensamento dualista fica patente, tanto por parte da organizadora como por parte dos autores dos capítulos.

Nós, que durante a vida inteira advogamos com convicção por uma educação física inclusiva, acreditamos que o conceito de letramento corporal incentiva os educadores físicos a colocar seus discentes no cerne do processo gradual de aquisição e sofisticação da capacidade e da competência motoras, necessárias para uma participação efetiva em atividades cotidianas, individuais e organizadas; e que a pedagogia a que os professores tanto aspiram só tem a ganhar concentrando-se no letramento corporal como principal vetor da educação física. Como mostram os vários autores deste livro, essa aspiração é compartilhada, a despeito de diferenças sociais e culturais, tenham os aprendizes um repertório típico de habilidades e capacidades, e estejam eles em busca de reabilitação ou de atividades compensatórias ou terapêuticas.

Testemunhamos outras pessoas chegando a tais conclusões durante a apresentação de Margaret Whitehead no Congress of the International Association of Physical Education and Sport for Girls and Women, realizado em Alexandria, no Egito, em 2001, seis semanas após os ataques terroristas ao World Trade Center, em Nova York. Um público oriundo de todas as partes do mundo acolheu com entusiasmo o cuidado e a sensibilidade com que Margaret defendeu a importância do letramento corporal para educadores físicos. Foi um exemplo maravilhoso de um conceito universal, cuja relevância para a pedagogia da educação física foi imediatamente reconhecida por essa plateia culturalmente tão diversa, independentemente de diferenças idiomáticas e conceituais, e da variedade de sistemas de ensino. Esse interesse continua sendo demonstrado por profissionais e pesquisadores de todo o mundo que visitam o seu *site* (www.physical-literacy.org.uk).*

Depois, naquele mesmo ano, a importância dos argumentos de Margaret foi reforçada durante uma National Summit on Physical Education, no Reino Unido (veja em www.ccpr.org.uk), quando pesquisadores de diversas disciplinas, incluindo ciências físicas, sociais e humanas, deram ênfase ao valor de uma educação física

---

* N. de E. Este *site*, que será indicado em diversos momentos ao longo da obra, apresenta conteúdo em inglês e é de responsabilidade da International Physical Literacy Association.

xiv   Apresentação

de boa qualidade para o desenvolvimento de autoeficácia, autoconfiança e autoestima — elementos vitais do letramento corporal, tal como caracterizado neste livro.

O uso do letramento corporal como aspiração central da educação física pode libertá-la do senso comum, para o qual tem o papel limitado de mera coadjuvante no desenvolvimento esportivo, e, ao mesmo tempo, torná-la um agente mais efetivo na adoção de experiências físicas saudáveis, prazerosas e significativas que perdurarão por toda a vida. Sem dúvida, tal libertação poderá parecer ameaçadora e assustadora para muitos educadores físicos; mas fornecerá uma base sólida para justificar o papel da educação física na aprendizagem infantil (e adulta) e nos currículos escolares. Deve-se mencionar que, no debate sobre a definição de educação física, o uso do letramento corporal como um resultado esperado tem encontrado respaldo entre os diretores de escolas da educação infantil e do ensino fundamental, justamente por fornecer uma analogia importante com o domínio da oralidade e dos números como resultado da linguagem e da matemática.

Margaret Whitehead oferece um vasto arrazoado explicando o conceito de letramento corporal, mas sua pesquisa não se resume a isso. Ela vem trabalhando intensamente com profissionais experientes e pesquisadores proeminentes para testar suas ideias e refinar seu pensamento — atos de coragem raríssimos de ver, seja na vida acadêmica, seja na vida profissional! Como organizadora deste livro, procurou pôr à prova o conceito e a sua aplicabilidade, recorrendo a autores talentosos, de diferentes disciplinas, com várias experiências e interesses, solicitando que refletissem e relatassem seus pontos de vista sobre a aplicabilidade e a relevância do letramento corporal. A partir daí, ela procura demonstrar a universalidade do conceito, cuidando para que o contexto e o objetivo não sejam deixados de lado — ambos são utilizados para testar a importância do letramento corporal para pessoas e propósitos diversos, em diferentes contextos culturais.

Margaret Whitehead e os autores compartilham conosco sua filosofia e a aplicação do conceito de letramento corporal, demonstrando sua relevância para jovens e, ao longo da vida, para todas as pessoas. Fica evidente, por meio das diferentes contribuições a este livro, que cada indivíduo trilhará seu próprio caminho na jornada por um letramento corporal, independentemente de diferenças de habilidade, cultura, gênero ou contexto social.

No âmbito educacional, temos o desafio de garantir que todo indivíduo tenha a oportunidade de tornar-se corporalmente letrado: isso inclui desenvolver capacidades pessoais e interpessoais. Nessa abordagem holística, o foco é aprender para mover-se e mover-se para aprender, com confiança e capacidade. Esse é um objetivo essencial e universal do ensino e deveria ser o cerne de todo currículo, em particular na educação física. Vários autores consideram a educação física como parte integrante de uma educação inclusiva. O sistema educacional precisa ser projetado para aceitar e respeitar a diversidade. Tal abordagem aumenta a possibilidade de uma sociedade inclusiva.

No entanto, como vários autores apontam, há problemas e questões que precisam ser considerados. Não há, por enquanto, uma compreensão universal da importância do letramento corporal, e é, portanto, crucial desenvolver e implementar estratégias para promover sua compreensão e adoção. Margaret Whitehead apresenta, no capítulo final, uma lista extensa de recomendações para trilhar o caminho que temos pela frente, identificando necessidades e responsabilidades. Já se vão anos desde que ela inaugurou o debate sobre o conceito de letramento corporal. Ela e os autores vêm nos guiando por uma jornada estimulante, desafiando leitores a repensar sua filosofia e suas práticas, e a tomar parte em uma nova forma de pensar o ser humano.

Este livro é uma contribuição importante ao pensar e à prática (termos dualistas, como lhes escapar?) em educação, terapia, educação física e desenvolvimento infantil. Não vemos a hora de vê-lo influenciar o desenvolvimento profissional e a pesquisa desses temas; e, mais importante para nós, as experiências em educação física de crianças de todo o mundo.

Margaret Talbot (PhD OBE FRSA*)
Presidente do International
Council of Sport Science
and Physical Education

Gudrun Doll-Tepper, Professora Doutora
Ex-Presidente do International
Council of Physical Education
and Sport Science

---

* N. de R.T. Fellow of the Royal Society of Arts.

Sumário

Apresentação à edição brasileira *Viviane Senna e Emilio Antonio Miranda*	ix
Prefácio à edição brasileira *Luiz Eduardo Pinto Basto Tourinho Dantas e Edison de Jesus Manoel*	xi

PARTE I – Fundamentos filosóficos — 1

1 Introdução — 3
Margaret Whitehead

Motivação para desenvolver o conceito de letramento corporal	3
Por que *letramento corporal*: a necessidade de desenvolver o conceito	4
Seria *letramento corporal* um termo adequado?	6
Estrutura do livro	8

2 O conceito de letramento corporal — 11
Margaret Whitehead

Introdução	11
A necessidade de adotar uma nova perspectiva da dimensão incorporada	11
Definição de letramento corporal	13
As relações entre os atributos do letramento corporal	15
O indivíduo corporalmente letrado	18
Letramento corporal como capacidade	19
Premissas que sustentam o conceito de letramento corporal	20

3 O embasamento filosófico do conceito de letramento coporal — 22
Margaret Whitehead

Introdução	22
Monismo	23
Existencialismo e fenomenologia	25
Intencionalidade operativa, percepção incorporada e resposta	27

4 Motivação e significado do letramento corporal para cada indivíduo — 31
Margaret Whitehead

Introdução	31
Motivação e letramento corporal	31
Letramento corporal para melhoria da qualidade de vida	33
O letramento corporal pode ser para todos	38
Letramento corporal, deficiência e a população de idosos	40
Letramento corporal e cultura	41

5 Letramento corporal, competência motora e interação com o ambiente — 45
Margaret Whitehead

Introdução	45

xviii   Sumário

Letramento corporal e competência motora 45
Desafios relacionados ao dualismo e ao elitismo 49
Situações fisicamente desafiadoras 50
Letramento corporal e a "leitura" do ambiente 53
Lendo e respondendo ao ambiente em situações cotidianas
  e espaços estruturados para a prática de atividades físicas 56

6 **Letramento corporal, a consciência do *self*, relações com os outros
e o papel do conhecimento e da compreensão no conceito** **58**
Margaret Whitehead
Introdução 58
Letramento corporal e o desenvolvimento de um sentido
  positivo do *self* 59
Letramento corporal, autoexpressão, autoapresentação
  e interação com os outros 63
Letramento corporal e conhecimento proposicional 66

PARTE II – Conexões contextuais 71

7 **O *self* corporal e o letramento corporal** **73**
Kenneth Fox
Introdução 73
Problemas conceituais e de definição em torno do *self* 73
Autodireção e aprimoramento 74
O desenvolvimento do sistema do *self* 76
O *self* corporal 77
O papel da importância percebida 78
O *self* corporal e a participação na atividade física 80
Realçando e desenvolvendo o *self* corporal 81
O letramento corporal e o *self* 84

8 **Letramento corporal e obesidade** **86**
Paul Gately
Introdução 86
Níveis atuais de obesidade 86
Causas e consequências da obesidade 88
Influência da mídia 89
Influência dos pais 90
Prevenção e tratamento da obesidade 91
Consequências físicas da obesidade 93
Consequências psicossociais da obesidade 95
Estabelecendo atitudes positivas em relação à atividade física 97
Acampamentos de perda de peso 100
Conclusão 102

9 **Letramento corporal e primeira infância** **104**
Patricia Maude
Introdução 104
Desenvolvimento motor inicial com relação à competência motora 106

Desenvolvimento do repertório motor, da memória motora e
da qualidade de movimento com relação à competência motora 110
Brincar e o letramento corporal 116
Conclusão 120

10 Letramento corporal e terceira idade 121
Len Almond
Introdução 121
Fundamentos 121
Compreendendo por que as pessoas não se exercitam o suficiente 123
A promoção da atividade física 124
Uma perspectiva positiva para as atividades físicas de lazer
e o letramento corporal 126
Letramento corporal 128
Letramento coporal e educação para toda a vida 130
Letramento corporal e uma pedagogia da participação 132
Promovendo atividades físicas de lazer entre idosos 133
Conclusão 135

11 Letramento corporal e pessoas com deficiência 136
Philip Vickerman e Karen DePauw
Introdução 136
O direito de pessoas com deficiência a oportunidades
de se tornarem corporalmente letradas 136
Aprendendo para mover-se, movendo-se para aprender:
desenvolvendo confiança, motivação e autoestima por meio
da atividade física 138
Enfrentando barreiras à participação para apoiar
o desenvolvimento do letramento corporal 140
Estratégias para promover o letramento corporal em pessoas
com deficiência 141
Os benefícios do letramento corporal 143
Desenvolvimento motor para pessoas com deficiência 145
Conclusão 146

12 Letramento corporal e questões de diversidade 149
Philip Vickerman e Karen DePauw
Introdução 149
Contexto 149
Igualdade de oportunidades em letramento corporal 151
Letramento corporal e sua relação com grupos específicos 152
Letramento corporal e gênero 153
Letramento corporal e orientação sexual 156
Letramento corporal, religião, crença, raça e cultura 157
Estratégias de apoio à diversidade no letramento corporal 159
Conclusão: a universalidade do letramento corporal 161

xx Sumário

PARTE III – Implicações práticas · 163

13 A promoção do letramento corporal no currículo escolar e além dele · 165
Margaret Whitehead
Introdução · 165
Temas abordados nas Partes I e II · 165
Letramento corporal e pessoas próximas · 167
Estimulando e mantendo o letramento corporal como objetivo
da atividade física e da educação física · 171

14 Letramento corporal e abordagens de ensino e de aprendizagem · 173
Dominic Haydn-Davies
Introdução · 173
Interação entre responsável pela prática e participante · 174
Clima da interação · 175
Qualidades e habilidades de ensino do responsável pela prática · 175
Aprendizes individuais · 178
Trabalhando com grupos · 179
Estratégias de ensino/estilos de interação · 180
O condutor da prática autorreflexivo · 182
Conclusão · 182

15 Letramento corporal, promovendo atributos e planejando o currículo · 184
Elizabeth Murdoch e Margaret Whitehead
Introdução · 184
O conteúdo como um conjunto de elementos básicos da
competência motora · 185
O conteúdo como uma experiência genérica de uma gama
de espaços estruturados de atividade física · 190
Motivação e participação para toda a vida · 194
Conhecimento e compreensão do movimento e a relação
entre atividade física e saúde · 196
Conclusão · 197

16 Conclusão e o caminho que temos pela frente · 199
Margaret Whitehead
O conceito de letramento corporal · 199
A importância da dimensão incorporada e o letramento corporal · 200
O caminho a seguir: estratégias para promover o letramento corporal · 201
O caminho a seguir: necessidades e responsabilidades · 203
Nota final · 206

Tópicos de discussão · 207
Glossário · 211
Notas · 214
Referências · 220
Índice · 231

PARTE I

Fundamentos filosóficos

1

Introdução

Margaret Whitehead

Motivação para desenvolver o conceito de letramento corporal

Há quatro influências principais que motivaram o desenvolvimento do conceito de letramento corporal apresentado neste livro. Primeiramente, e mais importante, os escritos filosóficos de existencialistas e fenomenologistas, os quais corroboram a noção central da corporeidade na existência humana. Tendo como ponto de partida seus pontos de vista, esses filósofos veem na corporeidade algo fundamental para a vida humana como a conhecemos.[1] A corporeidade, da maneira como pensaram, permite-nos interagir com o meio e propicia as bases para o desenvolvimento de uma vasta série de capacidades humanas.* Esses pontos de vista foram expressos inicialmente nos primórdios do século XX e, curiosamente, agora, cerca de 75 anos mais tarde, há indícios relevantes, em vários campos da ciência, que ratificam a noção da importância fundamental da corporeidade na existência humana, sobretudo no que concerne ao desenvolvimento nos primeiros anos de vida. Este livro propõe compartilhar algumas das descobertas mais recentes sobre o tema.

Em segundo lugar, percebe-se que, apesar dos pontos de vista mencionados anteriormente, a importância do desenvolvimento motor na primeira infância vinha sendo negligenciada. Nos primeiros anos da educação, a ênfase era no desenvolvimento das habilidades linguísticas, matemáticas e sociais. O movimento, base de grande parte do desenvolvimento infantil, não estava sendo reconhecido como tal e merecendo a atenção devida. Há, hoje, uma grande quantidade de pesquisas empíricas, como na ciência cognitiva, por exemplo, que endossam a importância fundamental do desenvolvimento motor.

---

* N. de R.T. Ao longo do texto, o termo *capacidade* será empregado com dois sentidos diferentes. O primeiro refere-se à abordagem das capacidades (*capability approach*) seguindo os trabalhos de Amartya Sen e Margaret Nussbaum. Neste caso, refere-se às condições e às oportunidades para uma pessoa ser o que deseja e realizar-se. Margaret Whitehead tratará desse sentido especificamente no Capítulo 2, quando trabalhará com as ideias de Nussbaum. O segundo sentido refere-se à *capacidade* como um traço geral da pessoa que condiciona a realização de uma habilidade motora. Nesse caso, o termo sempre virá acompanhado da palavra *física* ou *motora*.

Terceiro: o mal-estar generalizado com nosso estilo de vida, em particular nos países desenvolvidos, que nos distancia das atividades físicas. Um decréscimo na atividade física pode, infelizmente, exacerbar os problemas de obesidade e agravar problemas de saúde físicos e mentais. O embasamento filosófico comprova a visão de que a atividade física pode trazer benefícios por toda a vida. Anteriormente, acreditava-se que a atividade física seria mais adequada para crianças e jovens. As pesquisas agora demonstram que não é assim, e a prática regular de atividades físicas resulta em benefícios significativos para adultos, incluindo a população mais idosa.

Em quarto lugar, havia uma crescente inquietação com os rumos que estava tomando a educação física escolar em vários países desenvolvidos, incluindo o Reino Unido — isto é, elitizando-se e voltando-se para os esportes de alto rendimento. Como resultado, a tendência era negligenciar alunos que não demonstravam habilidades acima da média. A ideia da participação nas aulas como um valor em si foi sendo cada vez mais omissa nas escolas, e, como resultado, as crianças menos hábeis desencantavam-se com o componente curricular e, frequentemente, buscavam pretextos para não participar das aulas. As ideias de filósofos das escolas existencialista e fenomenologista foram convincentes na defesa do valor da atividade física para todos — não apenas para os mais hábeis; daí decorre a necessidade de adotar uma nova perspectiva diante da educação física e incentivar a profissão a reavaliar suas prioridades.

Por que *letramento corporal*: a necessidade de desenvolver o conceito

Ao longo dos últimos dez anos, durante os quais o conceito de letramento corporal, tal como apresentado neste livro, foi desenvolvido, debatido e compartilhado com interessados no tema, levantou-se a necessidade de desenvolver um conceito adicional no campo da atividade física que identificasse seu valor e seu propósito central.[2] A razão subjacente a isso veio da compreensão do trabalho de certos filósofos que adotavam uma perspectiva particular da nossa dimensão incorporada. Considerando a vida humana de uma perspectiva monista, eles apresentaram um forte argumento da centralidade da nossa natureza incorporada em muitos aspectos da existência humana. A corporeidade influenciou a vida não apenas como instrumento para fins notadamente funcionais, mas também, enquanto recurso subjacente, contribui, por exemplo, para o desenvolvimento emocional e cognitivo. A corporeidade, portanto, não pode ser, segundo eles, considerada inferior e acessória à vida humana. A partir dessa concepção de uma existência essencialmente incorporada, ficou evidente que não havia palavra adequada para descrever o vasto potencial que a dimensão incorporada tem de enriquecer a vida de cada um de nós, em todos os instantes da existência; daí a identificação do conceito de letramento corporal como uma importante capacidade humana.

Descrições do uso efetivo da corporeidade atualmente em uso incluem *fisicamente apto, forte, habilidoso, em forma, saudável, bom nos esportes, bem coordenado* e *fisicamente educado*. Esses termos dizem respeito ao corpo como objeto e ao emprego do corpo como objeto ou instrumento em situações funcionais, como em trabalhos manuais e no contexto esportivo. Todas essas expressões veem o corpo apenas como uma máquina, e a maioria aponta para um conjunto específico de pessoas mais hábeis com a conotação de que existem pessoas que não atendem essa descrição. Além disso, essas descrições implicam que a responsabilidade para o desenvolvimento do potencial incorporado é unicamente dos profissionais da educação física e do treinamento esportivo. A atenção a esse aspecto da pessoalidade não era, portanto, do interesse, ou da responsabilidade, de ninguém alheio àquelas profissões.

Como resultado da terminologia empregada, descrições usadas para descrever o potencial incorporado costumavam ser focadas principalmente em crianças em idade escolar, jovens e pessoas com talento. O fato de que todo indivíduo era dotado de uma valiosa capacidade incorporada era ignorado. Na verdade, havia uma espécie de fim ou propósito ao atingir quaisquer dos objetivos citados, como ser "bom nos esportes" ou "fisicamente preparado". Parecia que esses eram patamares que, caso não fossem atingidos até determinada idade ou etapa, estariam além do alcance individual. Em resumo, a maioria dos termos utilizados em relação à capacidade incorporada era dualístico, concentrado nos jovens, com um propósito subjacente que, em certa medida, era elitista. Contrastando com essas descrições, o letramento corporal é descrito como uma capacidade que todos podem desenvolver. É um conceito universal aplicado a cada indivíduo, a despeito da idade ou da condição física. A definição resumida de letramento corporal neste texto explica:

> Em conformação com as condições de cada indivíduo, o letramento corporal pode ser descrito como a motivação, a confiança, a competência motora, o conhecimento e a compreensão para manter a atividade física ao longo de toda a vida.

Fundada nessa definição, e com o apoio de escolas filosóficas e estudiosos de outros campos do conhecimento, a noção de letramento corporal pode:

- identificar o valor intrínseco da atividade física;
- superar a necessidade de justificar a atividade física como meio para outros fins;
- oferecer um objetivo claro a ser alcançado em todas as formas de atividade física;
- enfatizar a importância e o valor da atividade física no currículo escolar;

6 Margaret Whitehead (Org.)

- refutar a noção de que a atividade física é algo supérfluo, cujo valor é apenas recreativo;
- justificar a importância da atividade física para todos, não apenas para os mais hábeis;
- explicar a questão da participação durante toda a vida em atividades físicas;
- identificar pessoas próximas que têm um papel a desempenhar na promoção da atividade física.

Seria *letramento corporal* um termo adequado?

Considerou-se o termo *letramento corporal* mais adequado por uma série de razões. Primeiro, não há nele nada de excludente. Todo indivíduo tem, naturalmente, uma dimensão incorporada ou corporal. Em segundo lugar, a noção de *letramento* é útil, pois trata-se de um conceito comumente usado para denominar uma característica humana ao alcance da maioria das pessoas. Em terceiro lugar, o termo mantém a conexão com a natureza incorporada, mas mantém distância da acepção centrada no desempenho e lhe empresta um sabor mais interativo. Essa abordagem é mais condizente com o pensamento filosófico segundo o qual estamos, enquanto seres humanos, em diálogo constante com nosso meio.

Não é de surpreender, entretanto, que no calor da discussão o conceito de letramento corporal tenha sido questionado. Tanto o termo *letramento* como *corporal* foram alvo de críticas, o primeiro por estar fortemente associado à habilidade de ler e talvez não ser o mais propício para se referir à capacidade incorporada, e o último por ser percebido como uma perpetuação da ideia do corpo como objeto.

A alternativa ao termo corporal seria primeiro *movimento*. Embora costume-se sugerir "educação do movimento" como alternativa a "educação física", o termo *movimento* se aplica a uma miríade de fenômenos não humanos e, portanto, geralmente não é considerado apropriado — embora às vezes seja usado para descrever a atividade física empregada na educação nos anos iniciais. Outras alternativas a corporal* são os termos filosóficos *incorporado* (*embodied*) e *motório* (*motile*). Os termos resultantes seriam "letramento incorporado" ou "letramento motório". Conquanto possam ser aceitáveis no contexto filosófico, esses termos resultaram inapropriados para o uso geral, sendo menos conhecidos e de natureza um tanto esotérica. Portanto, embora considerando que o uso continuado do termo tenha implicações infelizes com o dualismo e não corrobore para chamar atenção para

---

* N. de R.T. No original, a autora utiliza o termo *physical*, todavia optamos por deixar na tradução o termo *corporal* por manter a consistência com o uso desse termo ao longo do livro, ainda que isoladamente reconheçamos que teria mais sentido aqui utilizar o seu equivalente em português (físico).

a visão monista de que nós, humanos, somos um todo, *corporal* foi o termo mais aceitável para descrever a capacidade incorporada dos indivíduos.

Alternativas sugeridas a letramento foram *competência* (*competence*), *capacidade* (*ability*) e *habilidade* (*skill*). Entretanto, "competência corporal", "capacidade corporal" e "habilidade corporal" deixariam o conceito muito preso a uma fisicalidade pura e assim perpetuaria atitudes dualísticas. Como a competência corporal constitui um elemento-chave do letramento corporal, esses termos acabam concentrando-se em demasia no uso instrumental da corporeidade e não dão conta da série de atributos que constituem esse mesmo conceito. O conceito de letramento se mostra mais apropriado porque:

- afasta-se de uma abordagem dualista;
- abrange o fazer, o interpretar, o responder e o compreender, alinhando-se ao monismo;
- tem associações holísticas que prontamente absorvem aspectos da cognição e emoção humana;
- assinala uma interação com o meio, um aspecto crítico do pensamento filosófico no qual o conceito de letramento corporal é embasado;
- tem uma conotação inclusiva, indicando que qualquer um, em seu próprio patamar, pode alcançar o letramento.

O conceito de letramento fica mais relevante quando o indivíduo é essencialmente percebido como ser holístico incorporado. O letramento corporal partilha aspectos de algumas ideias debatidas por outros autores, como Best (1978, p. 58) e Arnold (1979, p. 17), que mencionam, respectivamente, "inteligência cinestésica" e "ação inteligente", e é, creio eu, um conceito mais abrangente e mais rico do que competência ou habilidade corporal.

Interessante notar que o termo *letramento corporal* já vem sendo empregado por vários grupos de pessoas. Uma das razões deste livro é oferecer uma definição ampla do conceito com o objetivo de esclarecer a sua natureza. Em alguns casos, o termo vem sendo usado para destacar um determinado aspecto do conceito. Por exemplo, há casos em que letramento motor é o termo utilizado para descrever habilidades motoras fundamentais ou aptidão física. Outro uso diz respeito à capacidade de "leitura de jogo", e ainda outro, à capacidade de falar, descrever e escrever sobre movimento. Cada uma dessas interpretações de letramento corporal tem seu valor ao destacar um elemento do conceito; porém nenhuma dá conta da totalidade dos significados de ser corporalmente letrado. Como veremos no Capítulo 2, esses aspectos do letramento corporal estão incluídos, respectivamente, nas seções B, C e F da definição completa. Em outra acepção do conceito, descreve-se o objetivo a ser atingido por crianças de até 12 anos, em vez de um atributo que é válido em todas as etapas da vida. Embora as experiências na infância sejam particularmente importantes, a natureza do letramento corporal significa que essa capacidade deve ser estimulada para além dessa faixa etária, adentrando a idade adulta e a velhice.

Surgiram também dúvidas sobre como podemos descrever uma pessoa não corporalmente letrada. Todos os humanos são seres incorporados e só existem porque a natureza os dotou de um corpo. Nesse contexto, todos, por definição, têm e empregam a competência motora. No entanto, o letramento corporal somente é desenvolvido quando essa dimensão é utilizada para além do que se pode chamar de nível de subsistência. Indivíduos não corporalmente letrados evitarão se envolver em quaisquer atividades físicas sempre que houver alternativas possíveis. Isso pode incluir evitar percorrer pequenos trechos a pé, esquivar-se de tarefas como faxina doméstica e jardinagem, preferir maneiras mais rápidas de preparar uma refeição e sempre usar o controle remoto para ligar um eletrodoméstico. Essas pessoas não se sentem motivadas a praticar atividades físicas estruturadas e, por isso, não conseguirão refinar ou desenvolver sua competência corporal. Não têm confiança na sua habilidade nesse campo e não conseguem enxergar de antemão os benefícios advindos de tomar parte nele. Além disso, como sua autoestima associada a esse potencial é baixa, evitarão toda atividade física que não seja essencial, a fim de se protegerem do erro e da humilhação.

Estrutura do livro

Este livro foi escrito para introduzir o leitor ao conceito de letramento corporal e advogar a adoção desse conceito como objetivo a ser atingido e mantido ao logo da vida, por qualquer pessoa. Os fundamentos filosóficos do conceito são explicados, assim como recentes descobertas no âmbito científico. A isso segue-se uma contextualização do letramento corporal em questões mais abrangentes, como o desenvolvimento da autoestima, o problema da obesidade e o desafio imposto pelas diferenças individuais. As consequências da atividade física na escola e além dela fazem parte do debate, assim como as necessidades de determinados segmentos da população. Os coautores dos capítulos, especialistas nos ramos em que atuam, consideram o conceito de letramento corporal relevante para o trabalho que desenvolvem.

Esta obra é dividida em três partes. A Parte I considera o pano de fundo filosófico para a abordagem feita ao longo do livro, isto é, a fundamentação do conceito. O Capítulo 2 apresenta e discute em detalhe o conceito de letramento corporal. O Capítulo 3 aprofunda-se na filosofia que alicerça o conceito, fazendo referência em especial à visão dos existencialistas e fenomenologistas, explicando o papel da dimensão incorporada na percepção e na ação. Aqui, a visão fundamental é de que a corporeidade humana é um estado determinante do ser e estabelece os parâmetros para vários aspectos da existência. O Capítulo 4 considera o significado do letramento corporal para cada indivíduo, a despeito dos recursos incorporados, da idade e da cultura familiar na qual ele vive. O Capítulo 5 propõe aspectos de competência corporal que podem ser desenvolvidos à medida que as pessoas avançam na sua jornada no letramento corporal e, então, recorre aos argumentos filosóficos que ratificam a importância de uma relação eficaz com o mundo. O Capítulo 6 apresenta os argumentos filosóficos segundo os quais o letramento corporal desempenha um papel fundamental no desenvolvimento do *self* e de relacionamentos interpessoais proveitosos. Também aborda o lugar que o conhecimento proposicional ocupa no conceito.

A Parte II examina as maneiras com as quais o letramento corporal relaciona-se com questões de certos contextos específicos. O Capítulo 7 reflete sobre letramento corporal e o *self* corporal. Aqui é fundamental a atitude que as pessoas demonstram em relação à sua corporeidade. O Capítulo 8 trata de letramento corporal e obesidade. Essa discussão é feita à luz do contexto do estilo de vida atual nas sociedades ocidentais. Os dois capítulos seguintes (9 e 10) versam, respectivamente, sobre a importância do letramento corporal para crianças e idosos. O Capítulo 9 estabelece a relação entre letramento corporal, processo de amadurecimento e desenvolvimento motor. Também discute a importância das brincadeiras como oportunidade de estimular o letramento corporal nos primeiros anos de vida. O Capítulo 10 concentra-se na velhice e inclui questões sobre o papel do letramento corporal na percepção de uma vida duradoura e de qualidade. Os problemas decorrentes da inatividade são discutidos, assim como a importância de manter a atividade física adequada a cada faixa etária ao longo de toda a vida. Os Capítulos 11 e 12 tratam de populações específicas — isto é, grupos de pessoas que podem enfrentar dificuldades para desenvolver e manter o letramento corporal. O trabalho com pessoas com deficiência é discutido no Capítulo 11. Apresentam-se casos e uma discussão sobre como esses indivíduos podem receber apoio dentro e fora da escola. O Capítulo 12 trata sucintamente do letramento corporal e de questões de diversidade: gênero, orientação sexual, religião e cultura.

A Parte III tem um aspecto mais prático e consiste em quatro capítulos. O Capítulo 13 reúne os principais temas do livro e destaca o papel de familiares e amigos na promoção do letramento corporal. Em seguida, analisa a relação do letramento corporal com a atividade física estruturada realizada na educação básica. No Reino Unido, essas aulas são chamadas de educação física; entretanto, o debate é relevante em contextos educacionais pelo mundo afora — qualquer que seja a denominação adotada nas escolas. No fundo, isso implica que o letramento corporal seja uma meta fundamental da atividade física da escola; propõe desafiar aqueles que trabalham na área a retornar às raízes da educação física, estimulando a confiança e promovendo a participação de todos, em vez de ser percebida apenas como instrumento para melhorar o desempenho dos mais aptos, considerando que a atividade física estruturada e obrigatória nas escolas é, de fato, a única oportunidade que temos de garantir que todos os jovens desenvolvam seu letramento corporal.

Os Capítulos 14 e 15 partem desse pressuposto e examinam, primeiro, as abordagens de ensino e de aprendizagem e, então, o conteúdo nos programas de atividades físicas escolares. O Capítulo 14 detalha o que propõem os métodos de ensino adotados por professores para o desenvolvimento do letramento corporal pelos jovens. O Capítulo 15 faz um panorama conceitual sobre a natureza do conteúdo desses programas com o objetivo de atrair e manter os alunos na busca por seu letramento corporal, abrangendo atividades curriculares e extracurriculares. O leitor é estimulado a avaliar criticamente o conteúdo das atividades físicas ensinadas na escola.

O capítulo final compila o debate filosófico proposto na Parte I, os *insights* de especialistas em vários campos apresentados na Parte II e os desdobramentos práticos da Parte III — estratégias necessárias para promover a aceitação e estabelecer o letramento corporal como objetivo de vida a longo prazo, e os desafios apresentados ao papel de cada um dos envolvidos nesse fim.

Uma lista de leituras recomendadas para cada capítulo e de possíveis tópicos de discussão pode ser encontrada no final do livro. Outros artigos relacionados a alguns capítulos do livro estão disponíveis, em inglês, em www.physical-literacy. org.uk, e outros serão adicionados ao *site* à medida que o conceito evoluir. Além disso, alguns quadros e tabelas do livro estão disponíveis no *site*, também em inglês.

2
O conceito de
letramento corporal

Margaret Whitehead

Introdução

Este capítulo começa com uma breve discussão sobre como o conceito de letramento corporal depende de uma nova perspectiva da dimensão incorporada. Detalham-se mais amiúde o conceito e a relação entre seus diferentes atributos. A identificação do letramento corporal como capacidade e as premissas que a sustentam concluem o capítulo. No plano geral, este capítulo define o cenário para uma discussão filosófica mais aprofundada no Capítulo 3.

A necessidade de adotar uma nova perspectiva da dimensão incorporada

O uso do conceito de letramento corporal requer a existência de um realinhamento e de um repensar de atitudes em relação à dimensão incorporada e, portanto, ao desenvolvimento de uma nova perspectiva sobre esse aspecto da natureza humana. Em certas instâncias, isso implicará a criação de uma nova terminologia e, possivelmente, a adoção de um novo discurso sobre tal capacidade.

Nas culturas ocidentais, a dimensão incorporada é geralmente considerada, em sua forma concreta e observável, uma "coisa" ou um objeto físico. Fazemos menção a essa dimensão humana referindo a "sua" condição física ou o "seu" desempenho, como se fossem de um terceiro. Essa postura presume um limite definido para o começo e o fim da corporeidade. A linguagem cotidiana, decorrente do pensar dualístico, refere-se ao corpo como objeto e, assim, perpetua a caracterização acima dessa dimensão humana. A importância da atividade física é percebida predominantemente como trabalho manual, prática em ambientes de atividade física estabelecidos culturalmente, em geral de alto nível e como fator de condicionamento físico. Não é de surpreender, portanto, que o valor dado à dimensão incorporada na educação e na maneira como vivemos centre-se normalmente no seu papel de instrumento laboral, na participação em esportes de elite e na manutenção da saúde. Qualquer outra manifestação da dimensão incorporada costuma ser percebida como insignificante. Isso é particularmente verdadeiro no que concerne à prática de atividades físicas estruturadas, como esportes competitivos em nível amador, em que o envolvimento não é tido como essencial, ou é de pouco valor e puramente recreativo. Nisso reside tanto a concepção, mais amplamente aceita, da dimensão incorporada, como objeto ou instrumento, e o senso comum acerca do seu valor e significado.

No entanto, isso está longe de ser uma imagem completa. A essas atitudes, geralmente aceitas sem qualquer contestação, em relação ao corpo ou à corporeidade, é preciso adicionar a valorização de um aspecto mais fundamental da natureza enquanto seres incorporados. Esse é o atual envolvimento da dimensão incorporada em muitos aspectos da expressão da vida humana como a conhecemos. Como veremos nos capítulos seguintes, filósofos, psicólogos e sociólogos passaram a se referir a esse aspecto como *corpo vivido* ou *corporeidade vivida*. A corporeidade vivida opera predominantemente como um nível pré-reflexivo ou pré-consciente e, por isso, há tanto tempo vem sendo ignorada. Porém, a partir de meados do século XX, alguns autores revelaram a importância da capilaridade da corporeidade vivida, e esse *insight* tornou-se o pilar de sustentação do conceito de letramento corporal. O letramento corporal é, portanto, o potencial humano que emana da natureza como seres incorporados. Esse potencial abrange a corporeidade vivida e também a corporeidade-enquanto-objeto.

O conceito de letramento corporal evidencia contribuições da dimensão incorporada para a existência humana que vinham sendo desprezadas e joga uma nova luz sobre a natureza e a importância da capacidade de mover-se ou motilidade. Fornece as bases para um debate franco e articulado sobre a importância que deve ser dada a essa dimensão da nossa natureza, nos primeiros anos, na idade adulta e na velhice. Também fornece uma estrutura na qual se pode identificar, compreender e valorizar a importância da corporeidade vivida, par a par com a corporeidade instrumental. O letramento corporal reafirma a corporeidade como aspecto fundamental da nossa natureza — e, além disso, reforça a natureza holística da condição humana.

A criação de uma nova terminologia e, possivelmente, de um novo discurso, é desafiadora na medida em que será preciso associar uma linguagem marcadamente dualista a princípios monistas, para denominar uma capacidade humana que claramente demonstra nossa natureza holística. O fato de que as pessoas possam perceber, e de fato percebam, corporeidade como objeto ou instrumento não deve impedir que, em um nível pré-reflexivo e pré-consciente, a corporeidade vivida seja um elemento central daquilo que nos faz humanos.

Definição de letramento corporal

A definição concisa de letramento corporal é a seguinte:

> Em conformação com as condições de cada indivíduo, o letramento corporal pode ser descrito como a motivação, a confiança, a competência motora, o conhecimento e a compreensão para manter a atividade física ao longo de toda a vida.

Em mais detalhes, o conceito deve dar conta dos seguintes atributos, concatenados a partir dos resultados de pesquisas anteriores sobre o assunto. As seções a seguir — A a F — detalham atributos demonstrados por um indivíduo corporalmente letrado. A subseção Aa é um adendo à A e propõe que a condição de ser corporalmente letrado é relevante para todas as pessoas, durante toda a vida e a despeito da cultura em que vivem.

A. O letramento corporal pode ser descrito como uma disposição caracterizada pela motivação de tirar partido do potencial motor inato para contribuir significativamente para a melhoria da qualidade de vida.

Motivação para tomar parte em atividades físicas é um atributo fundamental para se tornar corporalmente letrado.

Indivíduos corporalmente letrados têm uma atitude positiva em relação à sua dimensão incorporada, demonstram confiança nas suas capacidades físicas, realizam atividades cotidianas com facilidade e praticam atividades físicas conscientes de que terão uma experiência positiva e gratificante. Ser corporalmente letrado prolonga a vida ativa e o envolvimento com atividades físicas contribui para uma vida de mais qualidade em todos os sentidos. Indivíduos corporalmente letrados mantêm uma atitude positiva diante da atividade física durante toda a vida e se envolvem com atividades físicas diferentes e adequadas na medida em que entram na idade adulta e idosa. Idosos corporalmente letrados em geral mantêm sua independência por mais tempo em relação àqueles menos ativos. O letramento corporal é um "bem" de longo prazo que enriquece a vida em todas as idades.

Aa. Todos os seres humanos manifestam esse potencial. Porém, sua expressão dependerá do que cada indivíduo traz em relação a todas as capacidades, notadamente ao seu potencial motor, e será específica à cultura na qual ele se insere.

O letramento corporal é um conceito universal, aplicável a qualquer pessoa, a despeito do tempo e do local onde vive. A idade, sua condição geral e a extensão das suas capacidades incorporadas, assim como a cultura local, irão, naturalmente, influenciar a natureza específica do letramento corporal de cada indivíduo. Haverá diferentes desafios e oportunidades a depender de cada cultura, tanto no que respeita às demandas cotidianas como nas formas de atividades físicas estruturadas e culturalmente reconhecidas. Como seres humanos, todos estamos no mundo em uma "forma incorporada". O universo particular que habita cada indivíduo influenciará a manifestação da sua capacidade incorporada. Mesmo assim, todos podem desenvolver e melhorar seu letramento corporal e se beneficiar disso.

B. Indivíduos corporalmente letrados se movimentarão com harmonia, economia e confiança em uma ampla variedade de situações fisicamente desafiadoras.

Indivíduos corporalmente letrados lidarão com sua dimensão incorporada com segurança. Isso inclui o controle geral sobre o corpo, que pode ser descrito como mover-se com graça ou harmonia. As capacidades-chave aqui são coordenação e controle, que podem ser demonstradas em movimentos de corpo inteiro, como deslocar-se, equilibrar-se e pular, assim como em movimentos mais refinados, como escrever à mão e tocar um instrumento musical. Indivíduos corporalmente letrados terão desenvolvido suas capacidades em diversas circunstâncias, preparando o terreno para uma interação fluida diante dos cenários mais variados, como descrito no item C, a seguir. Essas capacidades incorporadas lhes permitem responder às demandas cotidianas e também aproveitar as oportunidades de participar de atividades físicas.

C. Indivíduos corporalmente letrados serão mais perspicazes para "ler" todos os aspectos do ambiente físico, antecipando-se às necessidades e possibilidades de movimento, e respondendo adequadamente com inteligência e imaginação.

Um indivíduo corporalmente letrado tem fluência para interagir com o ambiente no contexto da vida cotidiana e também das atividades físicas. Fundado na competência motora aludida anteriormente, que tem sido desenvolvida em contextos variados, o indivíduo será capaz de responder adequadamente às demandas que tiver pela frente, por mais costumeiras ou inovadoras que sejam. Interagir de modo eficaz com o meio é satisfatório e gratificante.

D. Esses indivíduos terão um senso do *self* incorporado muito bem estabelecido no mundo. Isso, junto com uma interação articulada com o ambiente, resultará em uma autoestima e autoconfiança positivas.

Por meio de atividades físicas gratificantes, o indivíduo corporalmente letrado pode desenvolver uma visão positiva do *self*, assim como autoconfiança. Essa visão positiva do *self* é derivada da gratificante experiência que resulta da interação incorporada com o ambiente. De certo modo, o indivíduo torna-se consciente de sua natureza corporal e se sente confortável com ela, podendo, assim, abraçar essa dimensão do ser como parcela significativa da sua pessoalidade. Mais adiante, como resultante da maneira como a capacidade física contribui para um vasto leque de outros atributos humanos, como linguagem, cognição e racionalidade, o indivíduo poderá evoluir na autoconfiança e na autoestima globalmente.

E. Sensibilidade e consciência da capacidade incorporada conduzirão a uma autoexpressão fluente por meio de uma comunicação não verbal e a uma interação perceptiva e empática com os outros.

Indivíduos corporalmente letrados têm confiança na sua dimensão incorporada e recebem um *feedback* positivo desse aspecto do seu *self*. Essa consciência alerta e assertiva e a experiência do *self* é usada como sustentáculo de uma comunicação não verbal. Confiantes na capacidade de usar sua dimensão incorporada para se expressar, esses indivíduos podem estabelecer uma relação mais empática com os outros. Pessoas corporalmente letradas sentem prontamente o que o outro está sentindo e reagem com apoio e compreensão. Essa interação interpessoal fica evidente em todos os contextos da vida.

F. Além disso, indivíduos corporalmente letrados terão a capacidade de identificar e articular qualidades essenciais que influenciam a efetividade do desempenho do seu próprio movimento e compreenderão os princípios da saúde corporal no que tange a aspectos básicos, como exercício, sono e nutrição.

Indivíduos corporalmente letrados estão sensivelmente cientes da sua dimensão incorporada e podem tirar o melhor proveito das suas experiências motoras. Essa consciência incorporada lhes permite descrever e avaliar seu próprio movimento e também participar de uma discussão sobre como esse movimento pode ser aperfeiçoado. Além disso, podem melhor avaliar os efeitos do exercício no seu estilo de vida. Podem usar as experiências com uma diversidade de atividades físicas e o conhecimento de aspectos correlatos, como a dieta, para melhor compreender o impacto da atividade na saúde em geral e no bem-estar. O letramento corporal, portanto, incorpora uma compreensão racional e bem informada da nossa condição humana.

As relações entre os atributos do letramento corporal

Essas relações são mais bem descritas em duas etapas. Motivação, confiança e competência motora e interação efetiva com o ambiente são os três atributos que integram o núcleo do conceito e se reforçam mutuamente.

A Figura 2.1 mostra as inter-relações entre esses três atributos do letramento corporal. Suas relações recíprocas podem ser descritas como segue:

- A motivação (A) incentiva a participação, e esse envolvimento pode aumentar a confiança e a competência motora (B). O desenvolvimento da confiança e competência pode, por seu turno, manter ou incrementar a motivação.
- O desenvolvimento da confiança e da competência motora (B) pode facilitar uma interação fluente com uma grande variedade de ambientes (C). Essa relação efetiva com o ambiente e os novos desafios que traz consigo, por sua vez, podem melhorar a confiança e a competência motora.
- O sucesso do desenvolvimento de relações eficazes com ambientes diversos (C) reforça a motivação (A). Esse reforço, por seu turno, estimula a exploração e promove uma interação efetiva com o ambiente.

Figura 2.1 A relação entre os atributos-chave do letramento corporal.

A Figura 2.2 mostra a relação entre todos os atributos. Como se constata, os outros três atributos (D, E e F) desenvolvem-se à medida que a motivação, a confiança e a competência motora e suas interações crescem. Por exemplo, quando a atividade física proporciona experiências gratificantes, as pessoas tendem a ter um sentido positivo de *self* e melhoram sua autoconfiança global (D). Além disso, a consciência da dimensão incorporada junto com uma autoestima sólida resultará em uma autoexpressão fluente e perceptiva, e em uma interação empática com

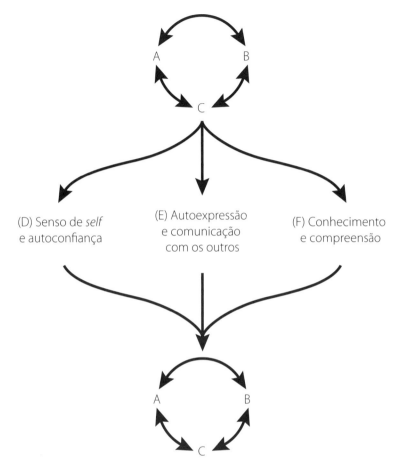

Figura 2.2 A relação entre todos os atributos do letramento corporal.

os outros (E). Conhecimento e compreensão (F) serão beneficiados por todos os aspectos da participação.

A Figura 2.2 também mostra como esses três atributos (D, E e F) podem fortalecer, mais adiante, os atributos centrais de motivação, confiança e competência motora e interação fluente com o ambiente. Por exemplo, um senso de *self* fortalecido resultará em motivação e disposição para aceitar desafios, enquanto uma interação fluente com os outros resultará em confiança e capacidade de trabalhar coletivamente em outros espaços de atividade física. Da mesma forma, conhecimento e compreensão ajudarão a valorizar o desenvolvimento de competência motora e a percepção dos diferentes ambientes.

O indivíduo corporalmente letrado

Talvez seja útil abandonar essa descrição um tanto formal das características dos indivíduos corporalmente letrados, como vimos até aqui, e passarmos à descrição de uma pessoa em uma situação real. O letramento corporal ficará evidente em muitos aspectos do cotidiano e na interação com os outros, bem como em ambientes específicos de atividade física.

Indivíduos corporalmente letrados sobressairão com segurança e autoconfiança. Demonstrarão um senso de harmonia no seu movimento, aliado a uma postura alerta, ainda que com um pensamento profundo. Dentro de seu potencial motor, os indivíduos terão um controle e uma coordenação motora robustos e uma consciência sensível de todos os aspectos de sua disposição para mover-se. Estarão à vontade consigo mesmos como incorporados e aceitarão seu potencial motor. O *feedback* positivo que recebem após uma atividade corpórea bem-sucedida reforçará sua confiança e o prazer que sentem ao empregar suas capacidades motoras. Estarão aptos a responder com inteligência ao contexto mutável do movimento, seja ele relacionado ao movimento de outrem, de objetos ou de aspectos ambientais. O êxito na área motora contribuirá para melhorar a autoconfiança e a autoestima. Esse senso positivo do *self* será reforçado com a experiência gratificante de uma interação incorporada efetiva com o ambiente. Indivíduos corporalmente letrados relacionam-se facilmente com outros, demonstrando uma sensibilidade para a comunicação não verbal que os conecta aos outros. Dessa maneira, terão uma relação mais empática com os outros.

Indivíduos corporalmente letrados terão prazer nas atividades físicas, entusiasmo em participar e confiança que terão algum sucesso. Sentirão alegria em praticar e experimentar outras atividades e receberão de bom grado ajuda e orientação. Terão uma consciência aguçada de suas experiências de movimento e estarão aptos a expressar e a articular os diferentes aspectos dessas experiências e a discutir maneiras de melhorá-las. Compreenderão a importância da atividade física para uma saúde e um bem-estar duradouros e prontamente saberão falar sobre esses aspectos. Os indivíduos irão defender e promover o envolvimento em atividades físicas em conversas com os outros e serão capazes de enxergar no longo prazo, na certeza de que participar de várias formas de atividade física será parte integrante da sua vida. Apreciarão o valor intrínseco da atividade física, bem como sua contribuição para a saúde e o bem-estar. Exercitar-se será reconhecido pelo prazer e pela sensação de completude que a atividade traz em si, além dos desafios e do desenvolvimento pessoal que proporciona.

Letramento corporal como capacidade

No decorrer deste livro, o letramento corporal é referido como capacidade, que é compreendida como um potencial que todos os seres humanos têm. O letramento corporal como capacidade descreve a expressão da dimensão incorporada como um aspecto da natureza humana inata. Como seres humanos, abrigamos uma série de dimensões por meio das quais podemos interagir com o mundo. Por essa definição, mobilizar cada uma dessas dimensões corresponde a uma determinada capacidade. Identificar os diferentes aspectos da natureza humana de forma alguma vai contra os princípios monistas defendidos neste livro. Como será explicado adiante, cada pessoa carrega em si um sistema de dimensões interconectadas e indeléveis.

Duas abordagens mais recentes sustentam essa visão multidimensional dos seres humanos. Uma foi proposta por Martha Nussbaum (2000), e a outra, por Howard Gardner (1993). Nussbaum chama a expressão desses aspectos da natureza humana de "capacidades" (*capabilities*), enquanto Gardner as chama de "inteligências" (*intelligences*). Nussbaum (2000) identificou dez capacidades humanas, assim chamadas, pois dizem "do que as pessoas são realmente capazes de fazer e se tornar". São elas: vida, saúde corporal, integridade corporal, sentidos, imaginação e pensamento, emoções, razão prática, vínculos, outras espécies, jogar/brincar e controle sobre o próprio ambiente. Ela afirma que desenvolver essas capacidades significa melhorar a qualidade de vida. Além disso, sugere que, na ausência de quaisquer delas, o indivíduo não terá alcançado a plenitude da existência humana. Gardner (1993) identifica sete "inteligências", que são linguística, lógico-matemática, espacial, musical, corporal-cinestésica, interpessoal e intrapessoal. Ele descreve uma inteligência como um potencial biopsicológico — todos os membros de uma espécie têm o potencial de exercitar cada uma dessas inteligências.

Essas duas categorizações sobre o potencial humano emanam de diferentes perspectivas, mas compartilham alguns elementos. Inerente a ambas, há dois fatores, sendo um a identificação de aspectos, ou dimensões, da humanidade, e outro, a identificação de que é possível expressar aquela dimensão em alguma forma de ação. Em ambos os casos, de maneiras diferentes, a corporeidade é reconhecida como uma característica humana fundamental, que traz em si potencial para o desenvolvimento.

Ainda que o letramento corporal não se encaixe exatamente na categorização de Nussbaum nem na de Gardner, há vários elementos-chave na descrição das capacidades que permitem categorizá-lo como capacidade, e não inteligência. Nussbaum (2000) argumenta que cada capacidade tem um valor intrínseco e não deve ser vista como um meio para conduzir a outros fins. Também explica que as capacidades são transculturais e que seu desenvolvimento deve ser respeitado por todas as sociedades, governos e regimes. Conquanto não as descreva como direitos humanos, afirma que todos os seres humanos deveriam ser livres para exercitar cada capacidade e expressá-la da forma que escolherem. Para a autora, cada capacidade é uma oportunidade para alcançar a plenitude do ser humano e argumenta que, ao cultivá-las, cada pessoa deve ser percebida como um fim em si mesma, não como um meio para fins alheios. Essas características da capacidade corroboram muito do que é expresso neste capítulo e, mais adiante, servirão como um lembrete de que no cerne do debate está o bem-estar de cada indivíduo como pessoa única e digna de respeito. Finalmente, embora não apoie nenhum tipo de paternalismo ou intrusão no desenvolvimento dessas capacidades, Nussbaum (2000) acredita que atenção deve ser dada a elas na escolarização.[1]

À medida que seguimos na vida, cada um de nós é confrontado com diferentes situações e contextos que determinarão quais das nossas capacidades precisam ser postas em prática e adaptadas. O valor potencial de cada capacidade não diminuirá conforme a vida é vivida, embora a sua expressão possa ser diferente. Isso ratifica a afirmação de que o letramento corporal, compreendido como capacidade humana, tem valor para todo e qualquer indivíduo, do berço ao túmulo. No entanto, como indica Nussbaum (2000), aproveitar ou negligenciar qualquer aspecto desse potencial é uma escolha pessoal, e alguns podem até preferir não desenvolver ou usar uma determinada capacidade.

Premissas que sustentam o conceito de letramento corporal

Um detalhamento mais minucioso sobre a fundamentação filosófica do letramento corporal será descrito no Capítulo 3. Mesmo assim, nesse estágio convém relacionar algumas premissas importantes que auxiliam na compreensão do conceito, as quais são, grosso modo, tão desafiadoras quanto a adoção da própria terminologia de letramento corporal. Muitas dessas premissas estão relacionadas com o monismo, os diferentes funcionamentos do corpo ou corporeidade e as inter-relações entre as dimensões humanas.

A primeira premissa diz respeito à nossa natureza holística. O letramento corporal somente pode ser conceituado no contexto de uma abordagem monista do ser humano. Essa atitude para com a vida considera cada indivíduo como um todo indivisível. Não há sentido algum em falar da corporeidade ou do corpo como um aspecto distinto da personalidade. Em consonância com recentes pesquisas e visões filosóficas, essa designação é insustentável. O letramento corporal é uma capacidade humana expressa por uma corporificação que lhe é inerente; um ser cuja natureza é caracterizada e delimitada por uma presença incorporada no mundo.

A segunda premissa baseia-se em uma valorização dos diferentes funcionamentos pelos quais a dimensão incorporada é vivida. O letramento corporal encontra-se na aceitação de que a natureza incorporada tem muito mais importância do que sua simples forma objetiva. Junto com o *corpo objeto*, há também o *corpo vivido* ou a corporeidade vivida. Esse último modo de corporeidade contribui para muitos aspectos da vida em um nível pré-reflexivo ou pré-consciente. Entretanto, a falta de uma percepção consciente desse modo de funcionamento da corporeidade, em vez de lhe diminuir a importância, na verdade mascara muito o alcance dessa dimensão de nós mesmos. É interessante notar que, em geral, costuma-se descrever a percepção consciente dos seres humanos como "a ponta do *iceberg*" no funcionamento da consciência. Propõe-se que o subconsciente, operando aquém da consciência, gesta a maior parte do funcionamento diário. Esse é um exemplo do monismo em ação. Sem a percepção consciente, muitas das dimensões humanas são incorporadas às ações e ao modo como percebemos as coisas. É seguramente o que ocorre com a corporeidade. Como veremos, experiências incorporadas têm um papel relevante na percepção, no desenvolvimento linguístico e nos relacionamentos interpessoais, por exemplo. O termo *corporeidade* é empregado ao longo deste livro para referir-se tanto ao corpo instrumento quanto ao corpo vivido. O letramento corporal está assentado e depende da valorização da corporeidade em ambos os modos de entendimento.

A terceira premissa em que se baseia o conceito de letramento corporal reza que o desenvolvimento ou a manifestação de qualquer dimensão humana terá, quase sempre, um impacto em todas as outras dimensões. Todos os aspectos de um indivíduo são inexoravelmente inter-relacionados e interdependentes. Exercitar qualquer dimensão humana afetará todas as demais. De acordo com essa visão, longe de constituir um aspecto isolado do nosso ser, a dimensão incorporada trabalha em estreita colaboração com os outros modos. Veremos que o letramento corporal pode ter efeitos significativos no desenvolvimento da cognição, da imaginação e do raciocínio, por exemplo. De maneira recíproca, o desenvolvimento do potencial relativo a outras dimensões pode influenciar o letramento corporal. O incremento da independência, da criatividade ou das capacidades intelectuais também estimulará o letramento corporal. Aqui podem ser vistas a natureza holística, a complexidade da compleição e a riqueza do potencial humano.

O letramento corporal, segundo a definição deste livro, baseia-se no monismo, na aceitação de diferentes modos de viver a corporeidade e no funcionamento interdependente de todas as dimensões da natureza humana. Este capítulo apresentou a definição de letramento corporal, discutiu a noção de letramento corporal como capacidade e lançou luz sobre premissas fundamentais nas quais essa capacidade está assentada. O Capítulo 3 examinará em detalhes algumas das doutrinas filosóficas sobre as quais o conceito é construído.

Leituras recomendadas

GARDNER, H. *Frames of mind*: the theory of multiple intelligences. London: Fontana, 1993.

NUSSBAUM, M. C. *Women and human development*: the capabilities approach. Cambridge: Cambridge University, 2000.

3

O embasamento filosófico do conceito de letramento corporal

Margaret Whitehead

Introdução

Este capítulo aborda alguns aspectos da fundamentação filosófica do conceito de letramento corporal. Duas das premissas apresentadas no Capítulo 2 serão aprofundadas, o monismo e a contribuição que a corporeidade vivida traz a vários aspectos da existência humana. Essa discussão começa com uma explicação sobre a natureza dos seres-no-mundo e avança para uma análise do papel da corporeidade na percepção e resposta.

O conceito de letramento corporal apresentado neste livro vem sendo desenvolvido há muitos anos (WHITEHEAD, 1990). No princípio, esse estudo começou fortemente comprometido com o valor intrínseco da atividade incorporada, um valor que extrapolava a saúde, a preparação física e os benefícios acumulados às capacidades mentais que costumamos obter após um período de atividade física "relaxante". Um estudo preliminar da filosofia revelou um vasto leque de atitudes para com a dimensão incorporada: dos que a consideravam inferior às capacidades mentais àqueles que enxergavam um protagonismo nesse aspecto do ser humano. Esta, proposto por filósofos sem qualquer interesse especial ou preconceito em relação à atividade física em si, descortinou um novo caminho de pesquisas. Havia um claro potencial, a partir da visão desses filósofos, para formular uma argumentação que sustentasse o valor da dimensão incorporada para qualquer indivíduo. Esse valor teria uma autoridade real e seria capaz de tirar partido das percepções e evidências de estudiosos. Parecia que, enfim, profissionais atuando no campo do movimento, incluindo educadores físicos, seriam capazes de identificar o valor intrínseco do seu trabalho. Todos os profissionais interessados na atividade física estariam aptos a defender seu campo de atuação diante de muitos que o consideravam uma mera opção recreativa, não sendo digno de séria consideração. O resultado dessa pesquisa gerou não apenas uma justificativa para a atividade física ao longo da vida inteira, mas uma descrição clara do significado da dimensão incorporada do início ao fim da vida. Poderíamos dizer que a pesquisa inicial produziu muito mais do que esperávamos ou prevíramos inicialmente.

Monismo

Como a crença no monismo é fundamental para darmos o devido valor ao conceito de letramento corporal, precisamos clarificar essa perspectiva da existência humana. O crescente respeito, da parte de alguns filósofos, em relação à dimensão incorporada reside no seu compromisso com o indivíduo como ser holístico. Uma posição monista rejeita o dualismo e sua alegação de que uma pessoa consiste de duas partes distintas: o corpo e a mente, considerando o corpo inferior à mente. Além disso, o dualismo dá pouco valor à atividade corporal em si, exceto para manter a vida e, assim, prolongar a vida da mente. Para muitos profissionais do campo da atividade física, essa não é uma postura aceitável. Vivenciamos em nós e em outros os efeitos profundos e duradouros da atividade física em muitas áreas do desenvolvimento humano. Qualificar a corporeidade como um mero objeto ou máquina é inaceitável e insensato, por desconsiderar e banalizar uma dimensão-chave de nós mesmos que, para muitos, é um aspecto altamente significativo da realidade da vida.

O monismo, ao ver a pessoa como um todo indivisível e essencial, aproxima-se muito mais da realidade da existência humana. Essa posição é veementemente defendida por muitos, como, por exemplo, Ryle (1949), que refuta o mito do "fantasma na máquina", e Strawson apud Gill (2000), para quem a pessoa é logicamente anterior a qualquer descrição das dimensões que constituem o indivíduo. Em outras palavras, a pessoa é antes de tudo uma entidade, e descrições de seus diferentes aspectos isolam características específicas, as quais, de fato, não são dimensões isoladas, mas partes de uma entidade intrincada e integrada. Não se trata de uma questão de "unir as partes separadas", pois elas já estão funcionando como um todo. Apesar de filósofos e pesquisas científicas apoiarem de forma categórica a visão monista, é lamentável que a visão dualista da condição humana tenha se mantido firmemente arraigada na psique ocidental.

As raízes do dualismo remontam a Platão. Muito da sua filosofia repousa sobre a superioridade do intelecto diante da inferioridade do corpo. Foi, contudo, Descartes, no século XVII, o filósofo mais influente a estabelecer a ideia de duas características humanas distintas — a mental e a corporal, sendo a mental inequivocamente a mais importante. Sua justificativa para essa visão baseia-se no argumento de que a única coisa da qual ele não tinha dúvidas era a de que ele estava pensando, de onde vem a afirmação: "Penso, logo existo". Do ponto de vista histórico, essa visão parece inatacável, senão ao menos óbvia e lógica.[1] O trabalho de vários autores recentes, entretanto, refuta essa posição e sugere que só podemos pensar porque somos incorporados.[2] Por exemplo, Bresler (2004, p. 36) expressa a interdependência de mente e corpo, propondo que "o corpo está na mente" e "a mente está no corpo". Essas ideias estão bem distantes das afirmações dualistas de Descartes. Curiosamente, Modell (2006, p. 6) escreve que "à conhecida exceção de Eccles (1993), praticamente nenhum neurobiologista crê em um dualismo cartesiano — a separação da matéria da mente".

Não obstante essas afirmações, a visão de Descartes ficou aprisionada no pensamento ocidental de tal maneira que a linguagem cotidiana reitera o dualismo na maneira como se refere ao corpo como substantivo — isto é, como objeto.[3] Temos uma tendência a dizer que fazemos algo "ao corpo" ou "com o corpo". Costumamos prestar atenção ao "corpo objeto", por exemplo, quando o lavamos e o vestimos, quando tentamos ganhar ou perder peso ou quando precisamos de auxílio de um médico ou de outro profissional da saúde. Também prestamos atenção a essa dimensão "concreta" de nós mesmos em situações em que o uso instrumental do corpo é requerido, como quando precisamos abrir um vidro de geleia, subir uma escada ou jogar uma partida de tênis. Em geral, considera-se essa perspectiva do corpo uma extensão do seu valor.

O que a linguagem dualista ignora é o fato de que há mais de uma maneira pela qual a corporeidade contribui para a natureza humana. A experiência da corporeidade vivida — de viver como seres incorporados — raramente é mencionada. Mais que isso, uma tal maneira de viver a corporeidade parece inconcebível para muitas pessoas. Dizer que você não *tem um corpo*, e, sim, *é um corpo*, é difícil, senão impossível, para muitos compreenderem e aceitarem. Um desafio importante em estabelecer o conceito de letramento corporal é o de ajudar a compreender o papel da corporeidade vivida e, consequentemente, mostrar como ela corrobora para uma visão monista do ser humano. Isso implica um exame crítico da presunção quase inconsciente que temos do dualismo. Aceitar que a corporeidade vivida e o monismo são passos determinantes para avançarmos, uma vez que a corporeidade é vista como algo fundamental na nossa existência, para além da sua óbvia função instrumental, é dizer que essa dimensão humana merece o devido destaque ao lado das demais capacidades humanas. O caminho que leva a essa compreensão é, no entanto, desafiador, pois depende de conciliar alguns dos princípios do existencialismo, relacionados à natureza de seres-no-mundo, e um princípio básico da fenomenologia — a preocupação com a percepção. Essas duas áreas da filosofia serão explicadas a seguir.

Existencialismo e fenomenologia

Conhecer alguns dos princípios fundamentais dessas escolas filosóficas é essencial para compreender o letramento corporal como o propomos neste livro. Embora possam parecer um pouco áridas, as linhas gerais dessas posições filosóficas podem ser expressas sucintamente.

Essencial ao existencialismo é a crença de que os indivíduos criam a si mesmos à medida que vivem no mundo e interagem com ele. O impulso persistente de interagir com o que nos cerca é chamado de *intencionalidade*. Os indivíduos são levados, por meio da intencionalidade, a perceber e a reagir a tudo e a todos que os cercam. Vivemos em um estado constante de relacionamento com o mundo, e, portanto, nossa existência se desenrola como um diálogo permanente entre nós mesmos e o meio que nos cerca. Essa visão assemelha-se à de que somos o que somos muito mais por influência da nossa criação do que da nossa natureza. Claro que chegamos a esse mundo com uma riqueza de capacidades potenciais, bem como pontos fortes e propensões hereditárias — nossa natureza — todavia, o que fazemos de nós mesmos depende das experiências que temos. No fundo, somos seres-no-mundo. Um axioma do existencialismo diz que "a existência precede a essência". Em outras palavras, a singularidade de cada um, ou essência, advém de uma resultante das experiências ao longo da vida. As pessoas não vêm ao mundo "prontas e acabadas". Somos quem somos porque acumulamos as experiências de todas as situações em que nos envolvemos, sejam elas intencionais ou ao acaso.

A visão dos fenomenologistas é perfeitamente compatível com a dos existencialistas. Os fenomenologistas preocupam-se em explicar que todo indivíduo perceberá o mundo da perspectiva única da sua experiência anterior. Cada um "faz sentido do mundo" assim como lhe parece. Um corolário disso é que cada percepção modificará a compreensão do mundo e assim tingirá as percepções futuras. Cada experiência ou percepção desencadeará uma mudança que nos torna as pessoas únicas que somos. Embora seja algo difícil de conceber, os fenomenologistas alegam que não existe nada "lá fora" sólido e estabelecido, nada é objetivo diante da nossa compreensão. Aquilo que percebemos são *fenômenos*, termo que deriva do grego para "aparências". Fenômenos são coisas que nos aparecem, não necessariamente coisas explicadas por uma investigação científica.[4] Os fenômenos são um casamento das nossas experiências anteriores conforme criam entendimento de objetos e situações no ambiente. Objetos ou situações familiares estarão imbuídas de conotações anteriores, e sua percepção estará afetada por essas conotações. Um local onde antes vivenciamos uma situação difícil estará carregado de associações pessoais e, assim, será percebido de maneira muito diferente por quem o visita pela primeira vez. O que os indivíduos conhecem sobre o mundo exterior é obtido pelo sentido que atribuem ao mundo e isso é o resultado da soma total das experiências vividas previamente. Os psicólogos chamam esse fenômeno de *assimilação*. Na assimilação, o indivíduo precisa modificar ou interpretar o que é percebido para que faça sentido com a sua compreensão preexistente. "Vemos" as coisas como elas se mostram. Embora seja difícil imaginar, significa que, em certo sentido, cada um tem um mundo particular e único. Se sou alérgica a picadas de vespa, a simples visão de uma vespa me provocará medo instantâneo; se não tiver vivido uma experiência traumática anterior, ao me deparar com uma vespa darei de ombros ou ficarei apenas importunada. É interessante o fato de os psicólogos associarem assimilação à acomodação, sendo esta a maneira pela qual o indivíduo precisa mudar para dar à experiência algum sentido. Para dar sentido a uma situação, é preciso rever ideias ou percepções anteriores para "acomodar" novas informações. Por exemplo, a avaliação de uma pessoa que antes considerávamos incompetente terá de mudar quando a encontramos realizando uma tarefa meticulosa de maneira eficiente. Existe, então, um processo de mão dupla. O observador "lê" o mundo a partir do seu ponto de vista particular, "tingindo" a situação de forma que para ele "faça algum sentido". Ao mesmo tempo, a pessoa pode, em certa medida, ter de se adaptar diante daquilo que é percebido. Como precisamos acomodar novas experiências, estas nos modificam. Criamos nosso próprio mundo e estamos em permanente mudança, sempre sofrendo modificações à medida que interagimos com o mundo.

Dessa maneira, a relação entre as visões existencialista e fenomenológica de mundo fica bem evidente. Os fenomenologistas explicam por que e como, em termos existencialistas, somos o que somos, devido ao acúmulo de experiências que resultam da nossa interação com o mundo. À medida que a intencionalidade nos incita a interagir com nosso entorno, nós mudamos: conhecimento, compreensão e propensões são estabelecidas, desenvolvidas, modificadas, questionadas e confirmadas. Os indivíduos tornam-se as pessoas que são a qualquer momento.

Com base nesse posicionamento, pode ser argumentado que, se os indivíduos criam a si mesmos por meio da interação com o mundo, essas dimensões humanas que possibilitam essa interação têm um papel determinante na experiência e na existência humanas. A interação ocorre por meio da percepção e da resposta. Mais adiante, argumentaremos que a dimensão incorporada, abrangendo a corporeidade vivida e a corporeidade em seu modo instrumental, tem um papel decisivo em ambos os aspectos da interação. É preciso ter em mente que nos escritos de alguns filósofos o papel da corporeidade na percepção e na resposta abrange todas as capacidades sensoriais, como visão e paladar, assim como os mecanismos de resposta envolvidos na fala. Ainda assim, neste livro, a corporeidade refere-se apenas ao sentido perceptivo incorporado da propriocepção e às respostas manifestas pela coordenação motora ampla e fina. A propriocepção[5] dota o indivíduo com um registro perceptivo de todas as interações com o mundo obtidas por meio do emprego da dimensão incorporada. Essa informação perceptiva é essencial para compreender o mundo e contribui para os processos de assimilação e acomodação.

A contribuição significativa da capacidade de se movimentar para a percepção e a resposta está em sintonia com os textos de existencialistas e fenomenologistas. Não há dúvidas de que ambos são categóricos sobre a essencial importância da capacidade para nos movermos, ou para a motilidade. Na verdade, ao questionar suas próprias visões, esses filósofos repetidamente voltavam à capacidade de movimentar-se quando questionavam o "como" e o "porquê" da natureza da existência. Como escreve Gill (2000, p. 13): "A *corporeidade* é, afinal, o eixo ou fulcro de todo o saber tácito, que por sua vez é a matriz de todo o saber explícito", e vai além demonstrando como Polanyi (1966) teve o cuidado de não se referir às capacidades para se movimentar da dimensão incorporada como fundação, mas como eixo contínuo do pensamento e do conhecer. A capacidade para se movimentar é considerada altamente importante como veículo pelo qual os indivíduos podem responder ao mundo e se expressar.

Esta seção discorreu sobre os aspectos fundamentais do existencialismo e da fenomenologia, que delineiam as bases para valorizarmos a contribuição da dimensão incorporada para a existência humana. Precisamos agora de uma explicação adicional sobre a contribuição da corporeidade para a percepção e para a resposta. A percepção é o veículo por meio do qual os indivíduos compreendem o mundo, enquanto a resposta cria um engajamento vivo com os seus entornos.

Intencionalidade operativa, percepção incorporada e resposta

Como indica a seção anterior, tanto existencialistas como fenomenologistas veem os humanos essencialmente como seres-no-mundo que criam a si mesmos à medida que interagem com o seu entorno. Sem essa permanente relação com o mundo, não seríamos capazes de dar conta do alcance das dimensões das quais somos compostos, nem de desenvolver as capacidades que brotam dessas dimensões. De fato, estaríamos desprovidos das experiências que proveem a substância que faz cada indivíduo tornar-se aquilo que é. Esse estímulo inato que nos permite estar em perpétua e ativa relação com o mundo é conhecido como intencionalidade, que pode ser compreendida como a inquietação de perceber e responder ao mundo. A intencionalidade na qual a corporeidade tem um protagonismo é conhecida como intencionalidade operativa.

A intencionalidade operativa pode ser entendida como a incorporação dos aspectos da percepção e da resposta nos quais a corporeidade tem um papel central. O papel da dimensão incorporada na percepção advém da experiência que temos quando nos relacionamos com um objeto ou aspecto por meio do movimento. A interação incorporada com um aspecto no mundo torna-se uma parte integral para compreendê-lo. Quando nos movemos em relação a um objeto ou a um aspecto do mundo, vivenciamos com eles uma relação incorporada específica. Esse relacionamento integra-se, então, à compreensão que temos deles. Na verdade, a percepção inclui a maneira como podemos nos relacionar mais efetivamente com o objeto ou o aspecto do mundo por meio da dimensão incorporada. Nossa percepção de um lance de escadas incorpora o conhecimento tácito de como subir e descer os degraus, assim como nossa percepção de um galão de água incorpora o conhecimento tácito de como podemos erguer aquele pesado objeto.

Essa faceta da percepção costuma ser desprezada de três maneiras. Primeiro, ela opera em um nível pré-reflexivo, isto é, em um nível abaixo da consciência, e é, portanto, ignorada e dada como sem relevância. Em segundo lugar, e como consequência dessa primeira situação, não há recurso linguístico disponível capaz de descrever articuladamente essa relação incorporada com o mundo. Finalmente, esse elemento da percepção é, de forma quase imperceptível, incluído na apreensão holística de um objeto obtido pela percepção sinestésica* humana. Por meio da sinestesia, a informação que provém dos diferentes receptores externos, como olhos e ouvidos, e internos, como aqueles envolvidos na propriocepção, é automaticamente combinada de tal forma que nos permite ser sensível a um objeto como um todo. Não precisamos rejuntar as diferentes características de um objeto e combiná-las a cada vez que nos deparamos com ele. No âmbito dessa compreensão de um objeto ou de um aspecto de mundo, o elemento operativo da percepção costuma ser desconsiderado. Há nisso uma ironia. Somos essencialmente seres-no-mundo, seres que se relacionam com o mundo por meio da corporeidade. É interessante notar que alguns autores falam do "corpo que sabe", e Bresler (2004) intitula seu livro *Knowing Bodies, Moving Minds* (*Corpos cientes, mentes em movimento*). É correto afirmar que inúmeros aspectos do mundo são perceptíveis a nós a partir da perspectiva do nosso ser incorporado. Isso é referendado por Merleau-Ponty (1964, p. 3), que explica: "Uma mente perceptiva é uma mente encarnada". Ele vai além e argumenta que, em relação à intencionalidade operativa, há uma relação íntima entre percepção e movimento, e essas dimensões humanas não são separadas entre si, mas funcionam em conjunto.

Ao refletir sobre esses *insights*, podemos descobrir como a percepção das coisas abrange seu significado para nós enquanto seres incorporados. A consideração final a ser feita sobre a percepção incorporada tem a ver com as semelhanças e diferenças naquilo que cada um de nós percebe. Semelhanças surgirão do fato de que todos somos similarmente incorporados. Diferenças na percepção serão o resultado de todas as experiências obtidas de um dado aspecto do mundo — os contextos anteriores com os quais nos deparamos com aquele aspecto e

---

* N. de R.T. Deve-se destacar a diferença entre *sinestesia* e o termo mais conhecido como *cinestesia* ou *propriocepção*. A cinestesia refere-se ao processamento de informações sensoriais sobre o grau de tensão muscular, aceleração e velocidade de um ou mais segmentos corporais, da posição de um segmento corporal ou de todo o corpo. Já a sinestesia refere-se, como descrito no texto, ao processamento integrado de informações sensoriais de diferentes órgãos sensoriais, como visão, audição, olfato, paladar, tato e cinestesia.

as situações em que esse contato ocorreu. Matthews (2006, p. 28) propõe que "damos conta do mundo a partir do nosso próprio ponto de vista". Como indicado anteriormente, não há um "único mundo", e cada um de nós habita um universo pessoal; um lugar impregnado de significados oriundos do nosso histórico pessoal de interações.

Descreve-se a intencionalidade como a urgência em perceber e responder ao mundo. Como se depreende da concepção delineada anteriormente da percepção incorporada, o modo como os indivíduos percebem ou dão sentido às coisas no mundo está relacionado diretamente com os modos em que eles podem empregar sua dimensão incorporada em relação a essas mesmas coisas. No contexto da intencionalidade operativa, também é impossível separar percepção de resposta. Na verdade, há dois "níveis" trabalhando em qualquer resposta que damos ao mundo. O mais óbvio deles é o controle consciente da dimensão incorporada como instrumento quando realizamos uma determinada tarefa, tal como podar o jardim, escrever o nome de alguém ou chutar uma bola. O outro "nível" de resposta é um pouco mais difícil de compreender, uma vez que fica a cargo da corporeidade vivida e abaixo do nível consciente. No que concerne àquilo que podemos chamar de "significado operativo", não existe um termo para expressar a maneira como nossa dimensão incorporada "sabe", abaixo do nível de consciência, como interagir com aquilo que nos cerca. Polanyi (1966) chama isso de *conhecimento tácito*, que é adquirido por meio da interação com o mundo, mas não está subordinado à atenção consciente, e é apreendido por meio da experiência em vez de articulado e sujeito a uma descrição pormenorizada. É normalmente chamado de "saber como" e pode ser expresso, por exemplo, na habilidade de andar de bicicleta. A maneira pela qual cada pessoa se equilibra, controla e coordena sua dimensão incorporada não é "sabida" da mesma forma que sabemos um endereço ou uma receita de bolo. O conhecimento tácito é, em um certo sentido, "guardado" na corporeidade e invocado sem atenção consciente.[6] Esse "saber" é descrito por Nietzsche (1969) como "uma grande inteligência" que reside dentro do nosso corpo.[7]

Muitas vezes, quando interagimos no mundo por meio das ações, haverá nelas elementos conscientes e inconscientes na inicialização e no controle da corporeidade. Em certo sentido, a corporeidade-enquanto-instrumento será controlada conscientemente, enquanto a corporeidade vivida buscará em experiências anteriores os meios para fornecer uma base essencial à maneira como respondemos ao mundo. Tal é o uso fluente desse conhecimento tácito acumulado que mal prestamos atenção a essa capacidade incorporada — ela é presumida, passa em branco e nem é percebida. No plano consciente, enquanto aprendemos a interagir com o mundo, vamos adquirindo esse precioso saber tácito prestando pouca ou nenhuma atenção a ele. Esse aprendizado normalmente consiste de tentativa e erro, e muito dele é adquirido enquanto desenvolvemos competências incorporadas normalmente associadas com a maturação,* como caminhar, alimentar-se e vestir-se. A exploração inquieta que uma criança faz ao experimentar o seu entorno é um exemplo clássico desse aprendizado. Isso será exemplificado mais adiante, no Capítulo 9.

Como pudemos ver anteriormente, nossa capacidade de resposta depende em larga medida das nossas interações anteriores com determinado aspecto ou objeto do mundo. Se nunca tivéssemos visto, tocado, movido ou usado uma cadeira antes, observaríamos incrédulos esse objeto, sem saber o que poderíamos ou deveríamos fazer com ele. A interação incorporada nos ajuda a dar sentido ao que nos cerca. Essa relação será aprofundada no Capítulo 5 no que tange à "leitura" do ambiente. Essa circularidade não tem fim; as pessoas percebem, usam a informação para dar uma resposta, e, respondendo, enriquecem a percepção, o repertório de conhecimento tácito e o repertório de respostas. Nesse ciclo, as pessoas mudam, crescem e se desenvolvem.

Este capítulo discutiu o monismo e alguns dos princípios existencialistas e fenomenológicos com vistas a embasar o desenvolvimento do conceito de letramento corporal. O conceito firma-se na aceitação de uma abordagem monista, cabendo à corporeidade vivida ou instrumental um papel de destaque. Destacamos a contribuição significativa da corporeidade vivida na percepção e na resposta para demonstrar como a dimensão incorporada, geralmente desprezada, atua na existência humana e no desenvolvimento de cada indivíduo como único.

Leituras recomendadas

CLARK, A. *Being there:* putting brain, body and world together again. Cambridge: MIT, 1997.

GILL, J. H. *The tacit mode.* Nova York: State University of New York, 2000.

MATTHEWS, E. *Merleau-Ponty:* a guide for the perplexed. London: Continuum, 2006.

WHITEHEAD, M. E. Meaningful existence, embodiment and physical education. *Journal of Philosophy of Education*, v. 24, n. 1, p. 3-13, 1990.

---

* N. de R.T. Cabe lembrar que, atualmente, a maturação como um processo endógeno de regulação do desenvolvimento neuromotor é dependente de experiências variadas em gênero e número.

4
Motivação e significado do letramento corporal para cada indivíduo

Margaret Whitehead

Introdução

Este é o primeiro de três capítulos que irão explorar em detalhes os atributos do letramento corporal. Este capítulo discutirá a importância da motivação e a afirmação de que o letramento corporal melhora a qualidade de vida. Consideraremos então a proposição de que o letramento corporal é importante e tem valor para toda pessoa e está ao alcance de qualquer um, independentemente de idade, aptidão incorporada e cultura em que vive.

O atributo inicial (A e Aa) do letramento corporal, exposto no Capítulo 2, afirma que:

> O letramento corporal pode ser descrito como uma disposição caracterizada pela motivação de tirar partido do potencial inato de se movimentar para contribuir significativamente para a melhoria da qualidade de vida. Todos os seres humanos manifestam esse potencial. Porém, sua expressão dependerá da aptidão individual em relação a todas as capacidades que dizem respeito ao seu potencial motor e será específica à cultura em que vivem.

Motivação e letramento corporal

Compreende-se a motivação como um impulso, uma vontade e uma ânsia em fazer uma determinada ação. No centro do letramento corporal está um desejo de ser ativo, de persistir em uma atividade, de melhorar a competência motora e de experimentar novas atividades. Indivíduos corporalmente letrados exibirão uma "alegria de movimento" e celebrarão, por meio do movimento, sua capacidade de tirar partido da capacidade incorporada. Serão confiantes nas suas capacidades motoras sabendo que terão uma grande probabilidade de êxito. Um indivíduo corporalmente letrado curtirá um desafio, estará disposto a usar seu tempo e despender esforços e recursos na atividade física. A motivação é essencial se há a necessária disposição e concentração para crescer no contexto de movimento, mantendo a capacidade e tornando possível o progresso. Um indivíduo corporalmente letrado terá uma atitude positiva em relação à prática da atividade física e cuidará de exercitar-se uma vez por semana ou, talvez, diariamente. Sem essa ênfase na ação, haverá pouca chance de alcançar ou manter o letramento corporal.

Tem-se sugerido que a maioria das pessoas raramente realiza atividade física devido à falta de motivação. O termo *atividade física* é empregado aqui para incluir atividades como caminhada e jardinagem, assim como todas as modalidades de esportes, dança e outras atividades recreativas como esqui, pilates e boliche. Pode ser que experiências prévias, geralmente durante o período escolar, tenham ajudado essas pessoas a desenvolver sua competência motora, mas essas experiências não resultaram em um desejo ou interesse de continuarem ativas. A situação leva à pergunta: por que essas pessoas carecem de motivação?

É possível que certos aspectos de sua experiência anterior tenham sido negativos e as tenham impedido de continuar ativas. As experiências passadas podem não ter sido recompensadoras, com as pessoas experimentando pouco sucesso. No pior dos casos, podem ter sido ridicularizadas e submetidas a humilhações e críticas de pessoas próximas, como pais, professores e colegas. Sua confiança pode ter sido afetada. De fato, a ideia de participar de uma atividade física pode até lhes provocar medo. Estabelecer e manter o letramento corporal depende fortemente das experiências que os indivíduos viveram no seu envolvimento com atividades físicas. O Capítulo 7 avalia a importância de cultivar o autorrespeito para manter a atividade, enquanto o Capítulo 14 versa sobre questões pedagógicas centrais para a promoção do letramento corporal. Em resumo, é mais provável que a motivação seja promovida em situações em que fica patente a valorização pelo esforço e pela superação, contribuindo assim para um aumento da autoconfiança e da autoestima. Nessas situações, celebram-se as capacidades de cada indivíduo e exibe-se um respeito mútuo por parte de todos os envolvidos. A motivação decorre essencialmente da confiança e da autoestima adquiridas com a experiência; isto é, a experiência percebida como exitosa e reconhecida como tal.

A motivação para tomar parte em todas as formas de atividade incorporada é inata na criança, sendo a expressão da intencionalidade operativa de interagir com o mundo. Uma discussão sobre o movimento e a criança encontra-se no Capítulo 9. Parece haver um impulso, uma necessidade, uma curiosidade insaciável para explorar e interagir com todos os aspectos do ambiente. Esse é o mais puro exemplo de ser-no-mundo e de vivenciar ou criar o *self*: por meio da interação com o mundo. A criança parece estar em um constante estado de dissonância, necessitando de forma urgente encontrar equilíbrio. Essa é uma maneira precoce de motivação intrínseca, típica e predominantemente manifesta no mover-se. O cenário ideal é aquele no qual jamais é perdida a motivação natural da criança de explorar e experimentar meios de interagir com o ambiente. O indivíduo continua desfrutando da atividade física por si, colhendo o amplo leque de benefícios que ela traz para o enriquecimento de sua vida.

É triste que essa motivação intrínseca possa ser perdida devido a experiências menos positivas vivenciadas pelos jovens. A motivação intrínseca pode ser descrita como um impulso de agir apenas pelo benefício da experiência em si, e não como um meio para outros fins. Em situações em que a motivação foi perdida, devem-se tomar medidas para incentivar esses jovens, ou mesmo pessoas mais idosas, a retomar as atividades físicas e a sentir os efeitos positivos da prática. Exemplos de pessoas que retomaram a atividade física podem ser encontrados nos Capítulos 8 e 10. Formas de motivações extrínsecas podem ser necessárias para essa retomada. Comumente essa motivação vem na forma de aprovação e elogios de outras pessoas ou alguma forma de recompensa, como um presente surpresa, no caso de alguém mais jovem, ou a possibilidade de perder peso, no caso de um adulto. Com esses indivíduos, a ideia seria oferecer oportunidades de sucesso, fomentar interesse e reacender uma vontade de aproveitar o seu potencial corporal. Se isso for bem-sucedido, pode haver um retorno à motivação intrínseca, em que os indivíduos não dependem mais de outros para incentivá-los à ação. Em outras palavras, adquirem uma disposição positiva de praticar atividades físicas e, assim, tornam-se corporalmente letrados.

Letramento corporal para melhoria da qualidade de vida

Afirma-se que ser corporalmente letrado pode ter um impacto significativo na melhoria da qualidade de vida. Como discorremos no Capítulo 3, nossa natureza de seres-no-mundo, que criam a si mesmos interagindo com o ambiente, reveste de uma extrema relevância todos os aspectos do nosso ser responsáveis por esse contato. Quanto mais ampla, crítica e aguçada nossa percepção e nossa interação com o ambiente, mais iremos conhecer o mundo e realizar nosso potencial. A única maneira pela qual podemos atingir nosso potencial pleno, abrir perspectivas de desenvolvimento e viver uma vida plena é engajar-se ativamente com o meio. Como a dimensão incorporada está implicada em boa parte dessa interação, não há dúvidas de que essa capacidade humana tem potencial para exercer um papel fundamental na melhoria da qualidade de vida. O papel dessa dimensão na percepção e na resposta foi descrito no Capítulo 3. Entretanto, talvez não tenhamos enfatizado o bastante a maneira pela qual esse modo de interação permeia quase tudo o que fazemos na vida. De fato, nossa capacidade incorporada é tão integrada à vida que é simplesmente impossível conceber uma existência sem corporeidade. É certo dizer que sem nossa capacidade incorporada motora não haveria existência. Corroborando essa perspectiva, Merleau-Ponty (1962, p. 166) descreve a existência como "encarnação perpétua", e Sartre (1957, p. 476) escreve: "para a realidade humana, ser é agir".

Essa situação ilustra bem a importância fundamental da dimensão incorporada e, portanto, do letramento corporal na vida como a conhecemos. Há pelo menos duas maneiras pelas quais a capacidade incorporada faz uma contribuição importante à vida. Ambas se originam da nossa natureza como uma entidade única indivisível, na qual as experiências são onipresentes, informativas, comoventes e transformam a todos. Olharemos primeiramente para uma contribuição mais ampla para uma vida mais plena, seguida de uma reflexão sobre contribuições mais específicas para o crescimento relativo ao desenvolvimento de outras características humanas, como a cognição e a linguagem.

O letramento corporal, como expressão de uma capacidade fundamental, é um veículo pelo qual os indivíduos podem perceber e desenvolver sua natureza humana característica. Vários autores escreveram sobre como nos tornamos mais humanos à medida que exercitamos quaisquer das nossas capacidades potenciais. Há um sentido no qual essas experiências são autoafirmadoras, intrinsecamente satisfatórias e gratificantes. Cada capacidade tem seu próprio valor e deixará o indivíduo apto a florescer de uma determinada maneira. Porém, cada uma contribuirá também para o bem-estar integral da pessoa. Por exemplo, ao exercitar a habilidade de cantar, apreciar obras de arte ou resolver fórmulas matemáticas, nos sentimos pessoalmente realizados e aguçamos nosso sentido de *self*. Cada uma dessas atividades constitui quem somos e constrói nossa autoconfiança. O letramento corporal não é exceção.

Aproveitar o potencial incorporado pode contribuir, sem sombra de dúvidas, para o senso do *self*. O respeito próprio e a autoconfiança adquiridos por meio do emprego de potencial incorporado podem ser profundamente gratificantes. O emprego dessa capacidade humana traz à tona um aspecto essencial e fundamental do nosso ser. Por meio do exercício e desafiando os limites da dimensão incorporada, os indivíduos celebram um aspecto singular da nossa humanidade. Mais que isso, celebram a essência do nosso ser, fonte de muitas outras capacidades. O emprego efetivo da capacidade incorporada é uma experiência holística e gratificante. Embora a conquista seja relativa à pessoa em questão, a experiência de perceber um crescimento de competência é algo comum a todos. Isso pode ser notado na execução de uma simples tarefa pela primeira vez, aprendendo a usar um novo aparelho eletrônico, praticando uma nova modalidade esportiva ou executando um movimento complexo na ginástica ou mergulhando. Não restam dúvidas do potencial para uma satisfação intrínseca no exercício dessa capacidade humana. Ela pode ser uma experiência de autoafirmação para nós mesmos como seres incorporados, uma experiência gratificante e profunda de melhorar a competência motora, de tornar-se mais independente e realizado.

Além dessa experiência intrinsecamente valiosa e satisfatória, ainda que frequentemente menosprezada, de envolvimento na atividade física à disposição de todos, há, claro, vários benefícios adicionais, se podemos chamá-los assim, do emprego da dimensão incorporada. Há uma série de benefícios à saúde muito bem documentados, como prevenção da obesidade, aumento da resistência a algumas formas de câncer e manutenção da flexibilidade osteoarticular. Além disso, há o vigor decorrente do exercício ao ar livre, somado aos efeitos fisiológicos de estímulo ao sistema cardiovascular, pela secreção de hormônios como as endorfinas, que contribuem tanto para relaxar quanto para energizar o estado de ser. A simples sensação de liberdade para se mover depois de horas de trabalho sentado; o prazer de pôr em prática uma capacidade humana diferente. Há também a sensação de pertencimento a um grupo, de partilhar um interesse comum com os demais e as experiências positivas de ser valorizado e respeitado por outras pessoas. A atividade física também pode ter efeitos benéficos para aliviar o estresse e contribuir para a recuperação de uma variedade de doenças e problemas de saúde.

Além dos benefícios adicionais à autoafirmação que surgem com o emprego, o desenvolvimento e a manutenção da competência motora, existe o crescente benefício que esse potencial da dimensão incorporada pode trazer para outras capacidades humanas, como cognição, linguagem, raciocínio e expressão de emoções. Essa posição, defendida por Merleau-Ponty e agora endossada por uma série de filósofos e cientistas contemporâneos, é fundada na crença monista da indivisibilidade ou interdependência da mente e do corpo. Lakoff e Johnson (1999, p. 3) explicam que "a mente é intrinsecamente incorporada". Burkitt (1999) elabora sobre o tema e escreve:

> O que chamamos "mente" somente existe porque temos corpos que nos dão o potencial para ser ativos e animados no mundo, explorando, tocando, enxergando, ouvindo, perguntando, explicando; e só podemos nos tornar pessoas e nós mesmos porque estamos localizados corporalmente em um determinado espaço e tempo em relação a outras pessoas e coisas ao nosso redor. (BURKITT, 1999, p. 12).

Esse ponto de vista rejeita a noção de que as faculdades mentais são separadas, independentes e de certa forma superiores às capacidades incorporadas. Sheets-Johnstone (1992, p. 43) também contesta diretamente esse ponto de vista afirmando que "uma inteligência humana desprovida de um corpo seria um deficiente intelectual". Não há dúvida do papel significativo que o intelecto exerce na maneira como vivemos nossas vidas, não há o que discutir em relação a isso, mas chama a atenção como autores, repetidamente, se referem a corporeidade como fonte do intelecto.

Embora não haja dúvidas que a contribuição das capacidades incorporadas é importante em todas as etapas da vida ou, como explica Polanyi, citado em Gill (2000), é o "eixo contínuo" de pensamento e saber, a interação corporal com o entorno nos primeiros dias, meses e anos de vida é especialmente importante, e muito se escreveu sobre como a dimensão incorporada está envolvida no desenvolvimento infantil.

Por exemplo, Clark (1997) sugere que o desenvolvimento cognitivo não pode ser compreendido de forma isolada da relação íntima que a criança tem com o mundo por meio da sua dimensão incorporada. Da mesma forma, Sheets-Johnstone (2002) descreve as crianças como aprendizes da sua dimensão incorporada. Desde o nascimento, a criança está ativamente percebendo e respondendo, familiarizando-se com qualidades como calor e frio, texturas, perto e longe, peso e relações espaciais — acima e abaixo, para citar apenas algumas áreas do conhecimento básico. A ausência da fala (discurso) nos primeiros 18 meses de vida não deve ser entendida como uma ausência de aprendizagem. Boa parte da aprendizagem está ocorrendo, no que tange ao desenvolvimento da competência motora, na percepção do mundo ao redor e na formulação inicial de conceitos fundadores da cognição. Muitos autores concordam que de forma alguma as capacidades incorporadas são subalternas a quaisquer outras capacidades; na verdade, é justamente o oposto. De fato, os cientistas estão começando a mostrar que é por meio da dimensão incorporada que muitas das outras capacidades podem se desenvolver. O estímulo da competência motora garante uma estrutura que é essencial para muitos aspectos do desenvolvimento. Por exemplo, sugere-se que é a partir das bases da compreensão do mundo pela interação corporal que a criança começa a atribuir sentido por meio da linguagem. O significado referido vai além da simples nomeação de pessoas e objetos. As crianças desenvolvem a capacidade de apreciar e, portanto, atribuir nomes a características como peso, tamanho e forma. Podem identificar relações espaciais como abaixo e acima, perto e longe, assim como aspectos temporais — agora, em breve, depois, amanhã. Todos esses conceitos linguísticos emergem da experiência incorporada do ambiente.

Burkitt (1999) argumenta que a percepção e a ação incorporada formam as bases do significado. O significado não é, portanto, resultado da aplicação de regras cognitivas ou de regras gramaticais, mas surge por meio da interação incorporada com o mundo. Outros autores defendem esse ponto de vista explicando que o conhecimento proposicional somente torna-se compreensível no contexto da experiência incorporada e que os conceitos que os indivíduos desenvolvem não deve ser compreendido no âmbito exclusivo de uma faculdade mental inata e desencarnada. Não existe mente desprovida de corpo. O que sabemos, o que está "na nossa mente", é como um resultado direto da nossa interação incorporada com o mundo.[1]

Lakoff e Johnson (1999) desenvolvem essa linha de pensamento e mostram como a compreensão de conceitos básicos fornece as bases para a racionalidade e o raciocínio: "a razão não é desincorporada, mas emerge da natureza dos nossos cérebros, corpos e experiências corporais" (LAKOFF; JOHNSON, 1999, p. 4). Eles atribuem, por exemplo, uma base claramente incorporada a ponderação de uma ideia contra a outra e ao "equilibrar" um determinado resultado diante de outro. Conceitos assim são primeiro experimentados pré-reflexivamente via interação incorporada com o mundo; entretanto, são essas interações que fornecem a compreensão fundamental da diferença e dos diferentes resultados. Sheets-Johnstone (2002, p. 104) reitera esse ponto de vista afirmando que "a racionalidade é antes de tudo um princípio fundado no corpo". Ela explica que a base da racionalidade é "produzir sentido" e a aquisição dessa capacidade depende inteiramente da natureza da corporeidade.

Assim como a dimensão incorporada, essencial ao desenvolvimento de áreas cognitivas, como formulação conceitual, linguagem e raciocínio, alguns autores veem um papel muito claro para essa dimensão humana no que concerne às emoções. Examinando rapidamente esse ponto de vista, mencionaremos duas questões, justamente a importância das emoções e o envolvimento da dimensão incorporada na experiência e na demonstração das emoções. No que tange à importância das emoções, parece não haver dúvidas de que são um aspecto fundamental da vida humana. Há muita literatura sobre esse aspecto da natureza humana. Por exemplo, para autores como McMurray e Dunlop, as emoções têm uma importância central na vida humana — na verdade, estão na essência da vida como a conhecemos. McMurray (1935 apud DUNLOP, 1984) afirma que o intelecto emana da vida emocional: "Está enraizado nela e dela retira seu sustento e seu alimento". As emoções não são apenas um elemento da vida, mas uma parte essencial e integral de ser humano.

Considerando o envolvimento da dimensão incorporada na emoção, é crucial nos afastarmos de uma posição que considere as emoções um aspecto distinto do funcionamento humano. Na verdade, não existem "emoções desincorporadas". Aquilo que percebemos, ou melhor, aquilo que vemos e ouvimos do comportamento alheio, não é meramente a "manifestação exterior" de um "estado interior", ou emoção. Best (1974) avalia essa posição e explica que a emoção está no movimento em si. A dimensão incorporada não é um veículo passivo para expressar uma emoção. Movimentos e ações são o próprio material das emoções. O movimento não revela uma emoção; ele é parte e parcela dela. Burkitt (1999, p. 16) acredita que "o componente corporal de uma emoção é vital para que a vivenciemos" e vai além, argumentando que o envolvimento incorporado na sensação e na percepção das emoções não é resultante de um estado mental, mas parte integral da própria emoção. Mais adiante, explica que as emoções surgem a partir da nossa interação com os outros e nossa resposta à circunstância em que nos encontramos. As emoções têm um elemento relacional essencial e são parte do sistema de comunicação humano. Assim, são importantes para uma interação sensível com o outro. Ao perceber o outro, precisamos estar alertas e empáticos diante das emoções que são expressas. Embora haja emoções básicas partilhadas por todos os seres humanos, a expressão específica das emoções é regulada e aceita segundo práticas de uma classe social ou cultura. Segundo Burkitt (1999, p. 124): "o sentimento emocional é produzido e regulado no mesmo e exato instante". A dimensão incorporada é essencial à expressão das emoções e também está envolvida no controle destas, garantindo que sejam culturalmente apropriadas e socialmente aceitáveis.[2]

Considerando os pontos de vista de que a dimensão incorporada é um componente emocional básico na experiência e na expressão das emoções, bem como desempenha um papel na regulação da emoção e na comunicação com os outros, pode-se argumentar que uma consciência sensível da dimensão incorporada tem sua importância para esse aspecto da vida humana. Indivíduos corporalmente letrados, dotados de versatilidade, confiança e competência ante sua dimensão incorporada, tendem a estar em melhor posição de experimentar, expressar e apreciar diferentes emoções e, também, monitorar e controlar emoções em conformidade com as expectativas culturais. Essa questão será retomada no Capítulo 6. Esta seção do capítulo analisou a maneira pela qual o desenvolvimento da capacidade incorporada pode melhorar outros aspectos da natureza humana. Gallagher (2005, p. 247) resume essa posição:

> Nada que diga respeito à experiência humana segue intocado pela corporeidade humana: dos processos perceptivos e básicos que já estão em curso desde a infância à interação sofisticada com outras pessoas; da aquisição e uso criativo da linguagem às faculdades cognitivas mais elaboradas.

O letramento corporal pode ser para todos

Este tópico refere-se à universalidade do conceito de letramento corporal (ver também WHITEHEAD, 2007d). Propõe-se que todos os seres humanos têm o potencial de tornar realidade essa capacidade, não obstante o fato de que sua manifestação será de acordo com as aptidões com a qual cada um é dotado e a cultura em que vive. Há, portanto, duas áreas principais a considerar. A primeira está relacionada a um potencial individual incorporado, e a outra, ao contexto cultural.

A dimensão incorporada é um importante e essencial bem humano. Como seres incorporados, todos nós, de certa maneira, "vivemos através" da nossa dimensão incorporada. A interação incorporada, com tudo aquilo que nos cerca é a base do nosso desenvolvimento, incluindo a descoberta do mundo, a autoconsciência e a autoconfiança. Essa foi uma das ideias fundamentais para os *insights* de existencialistas e fenomenologistas na descrição que fizeram da condição humana como essencialmente uma corporeidade-no-mundo. Assim, podemos argumentar com propriedade que o letramento corporal é aplicável a todos, qualquer que seja a natureza da sua aptidão incorporada. Todos podem se beneficiar muito de serem corporalmente letrados, isto é, do desenvolvimento de interação incorporada com o mundo.

Muito já se debateu se o letramento corporal é uma condição alcançável por todos ou apenas pelos "fisicamente dotados". Argumentamos neste livro que o letramento corporal está dentro do escopo de cada indivíduo, independentemente do seu potencial incorporado, mas que a expressão dessa capacidade humana será diferente no que tange à aptidão incorporada de cada um. É lamentável que isso seja objeto de debate, de certa maneira ignorando o potencial de muitas pessoas e as desestimulando de desenvolver esse aspecto da sua humanidade. O fato de essa questão ser objeto de dissenso ilustra a maneira como as capacidades incorporadas são vistas na cultura ocidental. Parece haver, no ocidente, uma atitude açodada de autodepreciação da maneira como vemos a capacidade incorporada. Muitas pessoas rejeitam a simples ideia de que têm algum potencial nessa área. Propositadamente evitam envolver-se em quaisquer atividades físicas, afirmando que não têm habilidade e "não foram feitas para isso". É possível que a mídia tenha uma parcela de culpa nesse infeliz comportamento. A televisão e a imprensa concentram-se nos esportes de alto rendimento e nas competições internacionais, promovem estrelas do esporte, mostram e descrevem impressionantes conquistas físicas e dedicam tempo e espaço à promoção de esportes radicais. A incansável exposição de esportes de alto desempenho na mídia ocidental, com sua mensagem oculta de que são a única manifestação da capacidade incorporada digna de atenção, leva muitas pessoas a julgarem a si mesmas como "incompetentes". Como o nível do desempenho apresentado na grande mídia está fora do seu alcance, muitos concluem que a atividade física "não é para eles", afirmando coisas como "não sou bom em esportes". Não se sentem motivados a participar de atividades físicas e falta-lhes confiança; de antemão, sentem-se fracassados, envergonhados e perdem autoestima. O uso das suas capacidades condizentes com sua dimensão incorporada não é percebido como uma fonte potencial de realização, satisfação ou bem-estar. Isso é muito triste e não deveria ser assim.

Na verdade, essa não é a questão — quase todas as pessoas têm potencial para alcançar letramento corporal e beneficiar-se dele. Com a excessão de indivíduos gravemente incapacitados, todos têm os componentes básicos do letramento corporal. Essas competências estão disponíveis para o usufruto e o desenvolvimento de todos nós, para além do envolvimento incorporado essencial com o mundo, parte integrante da vida em geral. São muitas e variadas as oportunidades de aproveitar a capacidade incorporada por meio de alguma forma de atividade física estruturada — no que diz respeito tanto à natureza da atividade quanto ao grau de desafio. A questão certamente é o contexto, ou contextos, que cada um de nós precisa encontrar para obter satisfação e recompensa ao expressar e desenvolver o letramento corporal. Cada indivíduo terá sua própria jornada rumo ao letramento corporal. Todos podem fazer progressos, e cada um demonstrará seu letramento corporal no contexto da sua aptidão. O elemento importante é que os indivíduos progridam dentro da sua jornada particular. Os benefícios do letramento corporal estão disponíveis para todos.

Letramento corporal, deficiência e a população de idosos

No contexto da alegação de que o letramento corporal é um conceito universal, normalmente questiona-se em que medida essa capacidade é válida ou pode ser obtida por pessoas com alguma deficiência. A questão resulta, em parte, da ênfase no desempenho esportivo de alto nível como objetivo principal na prática da atividade física, conforme mencionamos anteriormente. Costuma-se duvidar do valor e da própria relevância da atividade física para pessoas com deficiência, excetuando-se apenas o valor como condicionamento físico ou os aspectos terapêuticos. No entanto, pais, cuidadores e professores desses indivíduos precisam considerar que qualquer desenvolvimento das competências motoras tem valor, e não cabem comparações com pessoas que não têm deficiências.

Pode ser útil fazer uma comparação com a aprendizagem da leitura. Curiosamente, há o que conhecemos como "fases da leitura". Uma vez alcançada alguma dessas fases, diz-se que a criança é capaz de ler. A capacidade de ler, mesmo em nível mais básico, é reconhecida como um avanço e valorizada em termos de oportunidades que representa para um indivíduo. Quanto mais competente na leitura, maior o potencial para uma pessoa ampliar os horizontes e enriquecer sua vida. Da mesma maneira, o menor passo adiante na jornada do letramento corporal deve ser valorizado e comemorado. Todas as pessoas deveriam ser incentivadas a progredir, ampliando assim seus horizontes e enriquecendo suas opções de vida. O foco nas conquistas obtidas por pessoas com deficiência física não deve ser relativo ao que outras pessoas conseguem, mas o progresso obtido na sua jornada pessoal de letramento corporal.

Pessoas com deficiência podem estar começando sua jornada rumo ao letramento corporal e o progresso pode ser muito lento; mesmo assim, para aqueles que já progrediram um pouco, será importante para refinar uma capacidade incorporada de ordem superior. Defendo fortemente que qualquer progresso obtido nessa jornada, qualquer que tenha sido o ponto de partida, terá um impacto profundo no indivíduo em questão. Isso vale tanto para o desafio de subir uma escada, manejar um garfo e uma faca ou apanhar uma bola para um jovem com deficiência quanto para o que representa dirigir um carro, disputar uma partida de tênis ou escalar um penhasco íngreme para alguém que não tenha nenhum tipo de deficiência. Cada pessoa tem o potencial de ser corporalmente letrado, mas a expressão dessa capacidade será única a cada indivíduo, assim como sua própria personalidade. A intervenção motora com pessoas com deficiência será discutida adiante, no Capítulo 11; no entanto, não há dúvidas de que cada pessoa pode se beneficiar enormemente com o desenvolvimento do seu letramento corporal. Melhorar a coordenação motora ou apresentar um pequeno progresso em uma tarefa motora qualquer pode ser extremamente gratificante e incrementar a autoestima, a autoconfiança e, em última análise, a independência da pessoa com deficiência.

Outra questão correlatada refere-se ao valor do letramento corporal e sua obtenção por parte da população de meia-idade. Costuma-se considerar que a atividade física é irrelevante para aqueles que se tornam velhos — essas atividades seriam para os "jovens e aptos". Isso é, contudo, profundamente falso, como será explicado no Capítulo 10. Há evidências crescentes de que estimular a competência motora durante as fases avançadas da vida contribui enormemente para a qualidade de vida dos idosos. Não se trata de um desenvolvimento do potencial corporal, como nos jovens, mas manter opções de atividade física e, assim, melhorar a confiança, a independência e o autorrespeito dessa parcela da sociedade.

Como ocorre com qualquer potencial humano, há uma experiência positiva ao exercitar uma capacidade, qualquer que seja a magnitude do progresso alcançado. O que defendemos aqui é o cultivo de uma atitude positiva em relação ao próprio potencial incorporado e o reconhecimento de que a atividade física é intrinsicamente gratificante e autoafirmativa. A motivação, a confiança e a competência para participar de atividades físicas estão ao alcance de qualquer um. O que mais preocupa são situações em que as pessoas se desviam do seu caminho para evitar atividades físicas, sejam elas faxina em casa, caminhadas, jogos com bola ou natação. Uma vez que exista prontidão para participar de atividades físicas, para disponibilizar tempo e esforço, então letramento corporal pode ser um ativo pessoal e ter um papel no enriquecimento da vida.

Letramento corporal e cultura

Uma segunda área de debate acerca da universalidade do conceito de letramento corporal diz respeito à relevância dessa capacidade no contexto sociocultural em que vivemos. Há, possivelmente, três questões a considerar. Uma tem a ver com o fato de que todos compartilhamos a mesma estrutura e funcionamento incorporado, a despeito da cultura da qual somos parte, e outra diz respeito às demandas físicas e motoras que o estilo de vida de determinada cultura exerce na dimensão incorporada. A questão final está relacionada às atitudes da dimensão incorporada que prevalecem em uma determinada cultura.

No que tange à primeira questão, podemos argumentar que, onde e quando houver vida, a capacidade incorporada é um aspecto significativo do ser humano. Existencialistas e fenomenologistas não pensariam duas vezes sobre a validade dessa proposição. Dois aspectos fundamentais da nossa condição humana, discutidos na seção anterior, são pertinentes aqui. Primeiro, que a vida humana é vivida, necessariamente, de um ponto de vista incorporado, em que todo o conhecimento do mundo e desenvolvimento individual derivam da interação incorporada com o entorno. Em segundo lugar, o papel relevante desempenhado pela dimensão incorporada no desenvolvimento de outros aspectos do funcionamento humano, como cognição, formação de conceitos e raciocínio. Gibbs (2006, p. 41) endossa essa noção ao escrever "percepção, cognição e linguagem são completamente incorporadas". Essa posição tem o apoio de autores contemporâneos como Sheets-Johnstone (1994) e Nussbaum (2000). O primeiro, ainda que aceite a influência da cultura nos padrões e comportamentos motores, sempre nos recorda das raízes como seres incorporados animados, que têm um parentesco evolutivo comum. Nussbaum (2000) identifica várias "capacidades humanas funcionais centrais" que são próprias a cada indivíduo independentemente de contexto cultural. A autora argumenta que todas essas capacidades precisam ser cultivadas para alcançarmos o que Marx chamou de ser "verdadeiramente humano". Entre as capacidades identificadas, ela cita uma série de aspectos relacionados à natureza incorporada. Há suficiente argumento para sustentar a visão de que empregar a capacidade incorporada é fundamental para a vida dos seres humanos, independentemente de quando e onde a vida é vivida. Nesses termos, o conceito de letramento corporal pode ser visto como universalmente relevante.

A segunda questão diz respeito à expressão do letramento corporal no contexto das diferentes demandas físicas e motoras que determinada cultura exerce sobre a dimensão humana incorporada. Podemos examinar essa questão em dois níveis. Em um nível fundamental, propõe-se que, sendo o incorporamento algo comum a todos, o alcance dos padrões e das capacidades motoras expresso nos Capítulos 5 e 15 também é comum a todos os seres humanos. Embora possamos observar que o alcance dos componentes motores que identificamos tenha um viés da "cultura ocidental", o leitor está desafiado a reescrevê-los para o contexto do caçador-coletor, do agricultor e do esquimó nômade. É improvável que possam ser excluídos desse exercício de imaginação, embora o uso e a expressão dos padrões e das capacidades possam variar. Os componentes básicos da competência motora serão, portanto, os mesmos em qualquer cultura. Dito isso, casualmente, diferentes culturas oferecerão demandas diferentes ao letramento corporal e oferecerão oportunidades diferentes para desafiar essa capacidade humana. Por exemplo, no cotidiano ocidental, as pessoas raramente precisam caminhar grandes distâncias, carregar peso ou envolver-se em tarefas árduas, como escavar o solo. Ainda há atividades laborais, como a construção civil, que requerem grande esforço físico, mas a maioria das atividades necessárias hoje em dia requer uma coordenação motora mais intrincada, mais precisão e menos utilização de grandes grupos musculares.[3] Por exemplo, precisamos saber dirigir um carro e operar um computador. Seria interessante examinar as demandas específicas à dimensão incorporada sobre aqueles que viviam na Era Medieval e sobre aqueles que vivem hoje em países no terceiro mundo. Parece-nos que todos os humanos recorrem às suas competências motoras fundamentais, mas algumas dessas serão exercitadas com mais frequência e se tornarão mais desenvolvidas para refletir as demandas de um estilo de vida específico.

Haverá também diferenças nas atividades físicas estruturadas que estarão disponíveis. Cada cultura tem suas formas próprias de atividade física, sejam gêneros de danças, tipos de nado ou de esportes competitivos. Essas atividades serão, em certo sentido, parte do tecido social e podem ser utilizadas na educação para iniciar os jovens em formas de atividades culturalmente aceitas. Na cultura ocidental, podemos citar esportes coletivos e atletismo, enquanto em certas culturas orientais a educação pode se dar em artes marciais e gêneros de dança. Embora os fundamentos do letramento corporal sejam essencialmente os mesmos para todos, a maneira como serão empregados irá variar de acordo com a cultura em que se inserem.

Burkitt (1999) concordaria com isso e argumentaria que, embora a dimensão incorporada e, portanto, o letramento corporal, tenha um papel fundamental na vida de todos os seres humanos, o papel específico da corporeidade depende da cultura em que o indivíduo vive. Ele escreve:

> Contudo, no que diz respeito aos seres humanos, não é apenas a interação entre organismo e ambiente que define nosso ser, pois esses "movimentos" da vida também se inter-relacionam com a nossa história de grupos sociais e culturais e são afetados por ela. (BURKITT, 1999, p. 25).

Aqui não estão incluídos apenas os aspectos mais funcionais do exercício da dimensão incorporada, mas também as demandas decorrentes de operar efetivamente no contexto de práticas sociais estabelecidas, incluindo as relações interpessoais peculiares que são vistas como aceitáveis em dada cultura.

O aspecto final a ser observado deriva da sugestão anterior e tem a ver com a maneira específica pela qual a dimensão incorporada é vista por determinada cultura. Gibbs (2006, p. 36) discute a questão e observa, curiosamente, que os seres humanos habitam "ambientes físicos permeados pela cultura" e que nossa dimensão incorporada traz em si "significados e memórias culturais" (GIBBS, 2006, p. 37). Ele prossegue discutindo quantas das nossas experiências incorporadas têm raízes no contexto sociocultural em que vivemos. Há o sentido de que nossa dimensão incorporada tem um "significado" particular que inclui atitudes culturais estabelecidas. Ele conclui afirmando: "Mais do que biologicamente dada, a corporeidade é uma categoria de análise social, que com frequência revela dimensões complexas das interações" com outros humanos e com o ambiente. Muito já se escreveu sobre atitudes diante da dimensão incorporada ao longo da história do homem e em diversas culturas. Esse é um campo fascinante com implicações para a expressão do letramento corporal, mas está além do escopo deste livro.[4] Voltaremos a abordar questões culturais no Capítulo 12.

É essencial sinalizar, entretanto, as implicações para o letramento corporal decorrentes da forma como a dimensão incorporada é vista — o que Shilling (2003) chama de alta modernidade em culturas ocidentais desenvolvidas. Como descrevem com propriedade Shilling (2003) e Grogan (2008) em seus textos sobre sociologia do corpo, há a tendência preocupante de as pessoas perceberem a si próprias predominantemente em termos da sua corporeidade-enquanto-objeto, assim como a de julgarem a si mesmas baseadas nas atitudes dos outros em relação a esse aspecto de sua pessoalidade. A sociedade, por meio dos seus membros, exerce enorme pressão nas pessoas no que tange ao "corpo ideal" — como deveriam parecer e se apresentar. A mídia tem um papel determinante nesse processo. Voltaremos ao poder da mídia no Capítulo 8. Como infeliz resultante disso, as pessoas esquecem que são mais do que sua corporeidade-enquanto-objeto. A autoestima fica afetada quando percebem que não estão à altura do modelo ideal e, em alguns casos, as pessoas se sentem alienadas da sua corporeidade-enquanto-objeto. Meninas e mulheres são o grupo em maior risco aqui (ver também WHITEHEAD, 2007b, 2007c). Sugerimos que a sociedade ocidental deveria ser muito mais permeável a variações de tamanhos e formas da dimensão incorporada e desenvolver atitudes positivas diante da competência motora do maior contingente de pessoas, e não de uns poucos. O envolvimento em atividades físicas, quando conduzido com sensibilidade, pode melhorar atitudes diante da corporeidade e, assim, contribuir para a autoestima, a autoconfiança e a qualidade de vida.

Este capítulo examinou em mais detalhes a importância da motivação na manutenção do letramento corporal e a questão da aplicabilidade universal do conceito. Argumentamos que o letramento corporal é alcançável por qualquer pessoa, inclusive aquelas com deficiência e idosos. Cada indivíduo está na sua jornada particular rumo ao letramento corporal. No que concerne ao letramento corporal em diferentes culturas, argumentamos que todos partilhamos essa capacidade enquanto seres humanos; entretanto, sua manifestação específica sempre estará influenciada pelas demandas e oportunidades particulares de uma sociedade e pela importância cultural dessa dimensão de nós mesmos. O capítulo seguinte examina a competência motora e o atributo do letramento corporal em relação à interação efetiva com uma vasta gama de ambientes físicos.

Leituras recomendadas

BURKITT, I. *Bodies of thought:* embodiment, identity and modernity. London: Sage, 1999.

CLARK, A. *Being there:* putting brain, body and world together again. Cambridge: MIT, 1997.

GIBBS JR., R. G. *Embodiment and cognitive science.* Cambridge: Cambridge University, 2006.

LAKOFF, G.; JOHNSON, M. *Philosophy in the flesh:* the embodied mind and its challenge to western thought. New York: Perseus Books, 1999.

WHITEHEAD, M. E. *Physical literacy and its importance to every individual.* Dublin: National Disability Association of Ireland, 2007a.

5

Letramento corporal, competência motora e interação com o ambiente

Margaret Whitehead

Introdução

Este capítulo discutirá o segundo e o terceiro atributos de um indivíduo corporalmente letrado. Consideraremos primeiro a competência motora e situações fisicamente desafiadoras. Em seguida, faremos uma explanação da ideia de "leitura" do ambiente físico a partir do ponto de vista filosófico que considera os humanos essencialmente seres-no-mundo.

O segundo e o terceiro atributos (B e C) do letramento corporal, expressos no Capítulo 2, afirmam que:

> Indivíduos corporalmente letrados se movimentarão com harmonia, economia e confiança em uma ampla variedade de situações fisicamente desafiadoras.
>
> Indivíduos corporalmente letrados serão mais perspicazes para "ler" todos os aspectos do ambiente físico, antecipando-se às necessidades e possibilidades de movimento, e respondendo adequadamente a eles com inteligência e imaginação.

Letramento corporal e competência motora

Embora a competência motora seja um atributo central demonstrado por um indivíduo corporalmente letrado, é preciso lembrar que esse atributo sozinho jamais poderá ser o único elemento do letramento corporal. A expressão da competência motora deve estar acompanhada de uma atitude positiva em relação à atividade.

Indivíduos corporalmente letrados não são apenas competentes, mas também confiantes em relação ao potencial motor do qual são dotados. Sentem-se motivados a desfrutar de sua dimensão incorporada. Não obstante essas ressalvas, é preciso esclarecer a natureza do movimento humano como base da competência motora. Os elementos da competência motora expressos a seguir podem ser vistos como uma descrição da natureza da jornada que cada um terá de empreender em termos de letramento corporal. O objetivo é progredir, e não dominar todos os aspectos da competência motora.

Com o passar dos anos, propuseram-se vários sistemas de análise do movimento humano, que passaram a determinar os componentes do movimento e as maneiras como podem ser combinados na produção de habilidades e técnicas sofisticadas. A análise a seguir, e mais detalhada nos Capítulos 9 e 15, de forma alguma pretende ser o método definitivo para descrever o movimento humano. Mesmo assim, origina-se do conhecimento e da experiência de vários especialistas em movimento. A análise incorpora elementos de outras abordagens sobre o tema, todas com valiosas contribuições para a compreensão da natureza do movimento, seus elementos básicos e as complexidades de combinar esses componentes. Compreender a natureza do movimento humano é essencial para apreciar tanto a variedade de movimentos possíveis quanto o modo como cada um pode ser executado de forma mais eficiente e eficaz. Cada análise expressa o material empregado em termos de movimento, oferecendo um vocabulário e uma linguagem que podem ser usados para descrevê-lo. Quem quer que esteja preocupado em promover a competência motora precisa estar apto a usar o vocabulário de movimento com fluência, tanto para o planejamento como para o trabalho com os praticantes. Compreender os componentes do movimento humano é uma ferramenta fundamental para todas as pessoas que queiram estimular o letramento corporal.

A análise a seguir é concebida para abarcar o movimento desde o nascimento, passando por padrões motores específicos, manifestos em contextos de atividade distintos, como jogos competitivos, montanhismo ou dança contemporânea. A análise é composta por quatro aspectos do movimento e identifica um crescente refinamento no emprego da capacidade incorporada:

- o repertório motor de uma criança;
- capacidades* motoras;
- padrões de movimento — gerais e refinados;
- padrões de movimento específicos concebidos deliberadamente para um cenário particular de atividades.

---

* N. de R.T. O termo *capacidade* é usado pela autora com diferentes sentidos. "Capacidade para se movimentar" refere-se à possibilidade de se orientar e se mover pelo espaço com recepção e manipulação de objetos. "Capacidade motora" refere-se a um uso estrito para denominar os constituintes ou traços que dão suporte para o mover-se corporal, como resistência, força, velocidade, etc.

O repertório motor de uma criança é fundamentado nas competências motoras normalmente demonstradas enquanto o crescimento físico e o desenvolvimento do recém-nascido avançam pelos primeiros anos de vida. Esse repertório inclui movimentos como rolar, engatinhar, andar, segurar, levantar, acenar e bater palmas. Pelo uso contínuo, esse primeiro repertório motor se estabelece na memória motora. A qualidade da execução desse repertório é melhorada conforme ele é repetido em diferentes situações. Esse estágio do desenvolvimento da competência motora é mais bem explicado no Capítulo 9.

O refinamento do repertório motor na infância, assim como ao longo do curso da vida, é alcançado por meio da aquisição e da aplicação de uma série de capacidades motoras a essas três competências básicas, conforme descrito a seguir:

- simples, como equilíbrio, coordenação e flexibilidade;
- combinadas, por exemplo, harmonia, que exige equilíbrio e estabilidade do eixo corporal,* e agilidade, que combina flexibilidade, equilíbrio e coordenação;
- complexas, envolvendo outras combinações, por exemplo, a coordenação oculomanual, que necessita orientação espacial, agilidade e habilidade.

Enquanto as capacidades são geralmente adquiridas da mais simples para as mais complexas, não há uma hierarquia rígida para a ordem em que são assimiladas ao repertório motor infantil. O desenvolvimento da competência motora assemelha-se mais à exploração de um grande terreno do que seguir uma trilha estreita montanha acima.

O próximo aspecto nessa análise do movimento é o desenvolvimento de padrões de movimento gerais e refinados. Os componentes do repertório de movimento da criança são progressivamente aperfeiçoados à medida que as capacidades são empregadas naquilo que podemos chamar de padrões de movimento inatos ou fundamentais. Padrões fundamentais são, por exemplo, o movimento de rebater, enquanto padrões mais refinados são uma rebatida com um taco de beisebol. Em um estágio final, o desenvolvimento de padrões de movimento específicos produz padrões contextualmente projetados, acionados no contexto de determinadas atividades. O padrão específico de rebater evolui para a técnica exigida no críquete ou no beisebol. Como podemos ver, a análise sugere que o movimento inclui padrões de movimento decorrentes do desenvolvimento desde o nascimento

---

* N. de R.T. A autora utiliza o termo *core stability*, que optamos por colocar como "estabilidade do eixo corporal" na falta de um termo adequado em português. Ele se refere à estabilidade muscular de toda a região do tronco corporal, em que a musculatura abdominal tem crucial importância. O uso da palavra *core*, em inglês, visa destacar a centralidade dessa região do tronco corporal para a orientação do corpo no espaço e das relações intersegmentos corporais, motivo pelo qual foi utilizada a expressão "eixo corporal".

que, em seguida, são refinados por meio das capacidades para se movimentar em técnicas ainda mais sofisticadas. Uma explicação mais detalhada desse refinamento progressivo pode ser encontrada no Capítulo 15. É útil ter em mente que, embora essa análise concentre-se na competência motora no âmbito da atividade física estruturada, os padrões e as capacidades motoras estão constantemente sendo acionados no dia a dia. Por exemplo, caminhar, correr, apanhar e carregar coisas são tarefas cotidianas, assim como escrever, usar talheres e digitar textos. As ocupações também podem demandar o uso de padrões e capacidades específicos. Um chefe de cozinha, um cabeleireiro e um decorador utilizarão, cada um, uma determinada gama de padrões motores no seu trabalho. Cada padrão motor dependerá de capacidades como controle, coordenação e flexibilidade, e cada um se tornará mais refinado conforme o uso. A competência motora, junto com outros atributos do letramento corporal, é evidente e tem um valor para além das atividades físicas estruturadas, impactando na vida como um todo.

Há duas observações a serem feitas no que tange ao alcance das competências motoras descritas anteriormente.

A primeira refere-se à amplitude e à profundidade do potencial da dimensão incorporada em relação ao letramento corporal. Como indicamos antes e desenvolveremos nos capítulos adiante, somos capazes de trazer à luz uma ampla variedade de padrões motores e refiná-los por meio da apropriação de várias capacidades. Sugere-se que a promoção do letramento corporal é mais bem fundamentada cultivando-se um amplo repertório motor infantil, desenvolvendo todas as capacidades motoras e aplicando-as no desempenho efetivo do maior número possível de padrões fundamentais de movimento. A partir disso, pode ser desenvolvida uma série de padrões de movimento específicos e contextualizados. Como veremos no Capítulo 15, essa fundamentação tornará os indivíduos capazes de selecionar um ou mais contextos de atividades que correspondam aos seus pontos fortes e ofereçam experiências que satisfaçam seus interesses pessoais. Mais adiante, quando chegar à idade adulta e à velhice, e o potencial incoporado e os interesses pessoais se modificarem, os indivíduos serão capazes de aproveitar a experiência anterior e encontrar satisfação em diferentes contextos de atividade. Essa recomendação tem implicações no planejamento das oportunidades de movimento para crianças e adolescentes. Uma experiência mais ampla de padrões de movimento e atividades é importante, pois dotará os indivíduos com a capacidade de estabelecer competências motoras sólidas, apropriadas às suas aptidões, e oferecerá a cada um uma ampla variedade de experiências, a partir das quais eles possam escolher os contextos de atividades das quais querem participar. O fundamental aqui é a amplitude e o equilíbrio da experiência. Isso se mantém seja qual for o sistema de análise de movimento que utilizemos. Uma base mais ampla de competência motora é essencial, pois constitui o alicerce do letramento corporal. À medida que o conceito foi desenvolvido, surgiram dúvidas sobre se alguém altamente especializado e proeminente em uma dada atividade motora, provavelmente em detrimento de outras, pode ser considerado corporalmente letrado. Há muito o que debater aqui. No pior dos cenários, atletas de alto rendimento podem aguçar seus padrões de movimento e, consequentemente, sua forma física, a tal ponto que praticar outras atividades torna-se um problema. Podemos citar como exemplo o levantador de peso profissional. Em outro cenário, um atleta de alto rendimento pode continuar participando de outras atividades motoras sempre que as oportunidades surgirem. Seria o caso de considerar esse segundo atleta, mas não o primeiro, corporalmente letrado. Talvez a superespecialização ocorra em detrimento do letramento corporal e, em vez de abrir portas para um envolvimento duradouro com atividades físicas, pode, na verdade, fechá-las.

A segunda observação remonta aos comentários feitos ao final do Capítulo 4 referentes à expressão do letramento corporal em diferentes culturas. Propusemos que, embora os componentes da competência motora sejam comuns a todas as pessoas, todas corporalmente semelhantes em seu incorporamento, o desenvolvimento e o refino serão, em certa medida, definidos culturalmente. Diferenças no emprego dessas competências e, portanto, na expressão do letramento corporal refletirão nas demandas e expectativas cotidianas e nas formas das atividades físicas estruturadas típicas de um país ou região. Porém, isso não muda a necessidade de cultivar um amplo repertório motor infantil e ajudar as crianças a desenvolver suas capacidades motoras. A seleção dos padrões fundamentais de movimento a serem apresentados e seu refino subsequente podem, contudo, estar estritamente relacionados à cultura em que vivem. Esse é um tema fascinante que pede mais investigação. Não obstante a cultura onde vivem, indivíduos corporalmente letrados estarão em uma jornada em que usarão um crescente número de padrões e capacidades motoras para sua realização. Ao atingir a idade adulta e a velhice, competências serão mantidas, ainda que possam se modificar.

Desafios relacionados ao dualismo e ao elitismo

Em relação ao atributo relacionado à competência motora, surgiram questões relacionadas ao dualismo e ao elitismo. Entretanto, o letramento corporal não é um conceito dualista nem elitista. No que concerne à primeira questão, seria equivocado julgar que identificar especificamente uma competência motora em referência ao letramento é uma contradição em relação aos princípios monistas. O monismo não nos impede de prestar atenção nas diferentes dimensões que, juntas, constituem o que significa o ser humano. A visão fundamental do monismo é a de que, no fundo, somos uma entidade individual indivisível, a despeito de abrangermos muitas capacidades distintas. Estas são interdependentes e, essencialmente, funcionam em estreita colaboração. O ser humano, visto de uma perspectiva monista, é uma entidade altamente complexa dotada de capacidades que se coconstroem e que se enriquecem mutuamente. O conceito de letramento corporal identifica uma capacidade específica que está intrincada e significativamente relacionada a todas as outras. Considerando-se a competência motora um atributo separado, sobressaem os aspectos funcionais da corporeidade-enquanto-objeto. No entanto, a questão é que ganhamos existência em uma forma física e nossa competência motora é um importante aspecto da vida.

No que tange ao elitismo, como mencionamos em seção anterior, o letramento corporal foi desenvolvido em parte para se distanciar da associação simplista do potencial incorporado com os esportes de alto rendimento. O letramento corporal não é de forma alguma elitista; ele pode ser obtido por qualquer um e constitui uma capacidade fundamental da natureza humana. A noção de competência motora, por definição, precisa ser compreendida no contexto da aptidão individual, particularmente no que se refere à dimensão incorporada única a cada pessoa. É consenso que avaliar o letramento corporal de alguém é algo desafiador, pois requer julgar conquistas obtidas diante dos progressos e potenciais individuais. Essa abordagem é contrária a muitas das práticas atuais, em que as conquistas são comparadas com normas e padrões gerais. A ideia de progresso como algo direcional, como "subir uma escada", não capta a realidade do desenvolvimento da competência motora, que mais parece a exploração de uma estrutura tridimensional para escalada. No contexto do letramento corporal, a noção de mapear o progresso, e não mensurá-lo, é mais apropriada. Uma compreensão da variedade do repertório motor que pode ser desenvolvido, das múltiplas capacidades que podem ser adquiridas e dos padrões cada vez mais refinados de movimento que podem ser exercitados cria um andaime no qual a jornada individual rumo ao letramento corporal pode ser mapeada. Cada um trilha a sua jornada; quanto mais longe for, mais ricas serão as oportunidades de vida. Todos os indivíduos têm potencial motor que deveria ser cuidadosamente estimulado e celebrado conforme o letramento corporal é fomentado.

Situações fisicamente desafiadoras

Até agora, o capítulo analisou competência motora; no entanto, a definição completa do letramento corporal vai além da gestão da dimensão incorporada *per se* e indica que indivíduos corporalmente letrados podem interagir de maneira efetiva, de acordo com sua aptidão, com uma ampla variedade de ambientes e dar respostas a situações que desafiam sua competência motora.

É quase impossível relacionar os diferentes tipos de ambiente em que os indivíduos podem precisar interagir, e é salutar ter em mente que cada um desses ambientes irá "requisitar" um envolvimento específico e diferente da dimensão incorporada. O Quadro 5.1 propõe revelar a larga variedade de ambientes

Quadro 5.1 Categorização de ambientes com exemplos da vida cotidiana e contextos de atividades

Natureza do ambiente	Exemplos do cotidiano e de situações que não correspondem a cenários estruturados para atividade física	Exemplos de cenários estruturados para atividade física
Ambiente caracterizado por força gravitacional	Caminhada, corrida	Tipos de dança, artes marciais e ginástica
Ambiente caracterizado por força gravitacional mais superfícies diversas como gelo e neve, condições climáticas, meios diferentes, como água	Caminhada em superfície escorregadia ou sob vento forte, caminhada em um rio de pouca profundidade	*Skate*, natação, corrida de orientação
Ambiente com objetos fixos	Limpar janelas, escalar árvores	Alguns tipos de ginástica, montanhismo, *parkour*, esqui alpino (*slalom*), esqui
Ambiente com objetos pesados móveis ou semi-fixos	Deslocar móveis com alavanca, usar um balanço	Levantamento de peso, *bowls**
Ambiente com objetos manuseáveis que podem ser carregados, empurrados ou propelidos	Transportar uma bandeja de chá ou mala, apanhar um prato que cai	Recuperar e lançar a bola rebatida no críquete, arremessar/ agarrar *netball*, arremessos no atletismo
Ambiente com instrumentos que requerem destreza	Operar uma máquina, tocar um instrumento musical, dirigir um carro, escrever com caneta	Dardos
Ambiente que inclui implemento como uma extensão do braço	Conduzir uma orquestra, cortar lenha	Manusear a fita na ginástica rítmica
Ambiente que inclui o uso de um implemento como uma extensão do braço em relação a um objeto estático	Usar um mata mosca, cortar pão	Golfe, bilhar
Ambiente que inclui uso de implemento em relação a um objeto móvel	Capturar uma borboleta	Hóquei, tênis, rebatidas no críquete, tiro a alvo móvel

* N. de R.T. Popular no Reino Unido, é um esporte semelhante à bocha.

(Continua)

(Continuação)

Natureza do ambiente	Exemplos do cotidiano e de situações que não correspondem a cenários estruturados para atividade física	Exemplos de cenários estruturados para atividade física
Ambiente que inclui outras pessoas e apenas força gravitacional	Negociar o trajeto por uma rua ou via cheia de pessoas	Dança em grupo
Ambiente em constante mudança incluindo outras pessoas, usando utensílio e/ou objeto portátil		*Netball*, basquete, hóquei, lacrosse, esgrima
Ambiente altamente imprevisível que costuma incluir outras pessoas	Evacuação de um prédio cheio de pessoas durante um incêndio	Vela, exploração de cavernas

potenciais e servir de exemplo para como podem ser categorizados. Trata-se de um exercício complexo, e as categorias identificadas não são mutuamente excludentes nem tampouco dão conta de cada circunstância. Da mesma forma, os exemplos apresentados estão abertos ao debate.

A crescente complexidade dos ambientes pode ser vista no Quadro 5.1. Eles variam de situações em que os indivíduos se movem sozinhos, sem qualquer equipamento ou aparelho, em um ambiente previsível, e vão a situações extremamente imprevisíveis, em que pode haver interação com outros bem como necessidade de usar equipamentos e aparelhos. Em todos os casos, a dimensão incorporada está intrincadamente envolvida em efetivar uma relação produtiva com o ambiente. A complexidade dos padrões de movimento e da capacidade motora que precisarão ser configurados é muito vasta. Sugere-se que indivíduos corporalmente letrados terão competência motora suficiente para superar os desafios impostos na interação com o ambiente, conforme as suas aptidões. Além disso, terão a confiança decorrente de experiências anteriores, prazerosas e efetivas, no campo do movimento, e não ficarão intimidados com novas situações ou desafios inéditos. O modo como isso é realizado será discutido mais adiante neste capítulo. Indivíduos corporalmente letrados estarão em uma jornada em que deverão interagir efetivamente com características de uma crescente variedade de ambientes.

À medida que a idade avança, na idade adulta e na velhice, os contextos para essa interação se transformam, por exemplo, tornando-se mais previsíveis.

Letramento corporal e a "leitura" do ambiente

Indivíduos corporalmente letrados, dotados com uma série de competências motoras descritas no início deste capítulo, devem ser capazes de conseguir uma interação efetiva e dinâmica com uma grande variedade de ambientes, sejam eles novos ou conhecidos. Quanto mais rico for o repertório de competências, melhor será a forma como os indivíduos reagirão às necessidades incorporadas percebidas nesses ambientes. Isso é importante, como sugerimos antes, uma vez que os seres humanos se desenvolvem e criam a si mesmos como resultado das interações com o ambiente. A capacidade de interagir com o mundo é referida, na definição do letramento corporal, como a faculdade de "ler" o ambiente. O que se pretende dizer com "ler"?

Podemos recorrer ao significado de "ler" no mundo da escrita. Em termos gerais, a habilidade de ler pode ser descrita como indicação de que o indivíduo é capaz de dar sentido à palavra escrita e, mais adiante, pode discernir unidades autônomas, como palavras, frases e parágrafos, para dar sentido a um todo maior e mais coerente. Nesses termos, "ler" vai muito além de reconhecer palavras e requer uma compreensão ou um entendimento de um trecho ou texto. O leitor é capaz de engajar-se com o material que lê à medida que o material repercute no conhecimento e na experiência que ele já tem. Para tanto, deve colocar em prática uma série de habilidades cognitivas. A informação nova conecta-se à compreensão existente e enriquece a experiência e a base de conhecimento daquele indivíduo. Muito disso ocorre em um nível subconsciente. Além de ser capaz de interagir com o mundo escrito de forma significativa, o leitor é capaz de responder verbalmente ou por escrito para articular, desenvolver ou contestar o que foi lido.

Se traduzirmos isso para o contexto do letramento corporal, teremos a seguinte imagem: ao perceber o ambiente, o indivíduo corporalmente letrado, usando uma série de sentidos, aprecia, por meio da experiência, os componentes relevantes do que se apresenta para ele (como forma, tamanho, peso, tipo de superfície, velocidade e movimento dos outros). Esses aspectos do ambiente são imediatamente compreendidos como significativos naquilo em que repercutem com as competências corporais, fazendo o indivíduo saber, de modo intuitivo, como se mover e se relacionar efetivamente com o somatório dos aspectos do ambiente em questão. As oportunidades e os desafios apresentados pelo ambiente serão compreendidos e provocarão uma apropriada resposta motora. Essa capacidade de perceber o ambiente pareando-o com uma determinada resposta motora é resultado de experiências prévias, e a resposta desencadeada ocorre em um nível pré-consciente.

É possível, entretanto, que o domínio da "leitura" incorporada ocorra de maneira um tanto diferente do modo como aprendemos a ler palavras inicialmente. Reconhecer palavras se dá em um nível consciente e somente se torna pré-

-consciente, ou automático, uma vez que dominemos tal capacidade. Em contraste, os alicerces da "leitura" incorporada são estabelecidos em um nível pré--consciente à medida que as crianças interagem com o mundo que as cerca. Por meio de tentativa e erro, as crianças constroem um repertório de padrões de movimento que correspondem ou são efetivos na interação com aspectos do ambiente. Alguns desses padrões serão identificados em um nível consciente quando a linguagem for adquirida e compreendida. Por exemplo, pais e cuidadores podem chamar a atenção da capacidade de uma criança ou da necessidade dela se mover com cuidado em uma superfície escorregadia ao carregar um objeto delicado ou usar a força para erguer um livro pesado. No entanto, "leituras" incorporadas mais exigentes e especializadas serão adquiridas da mesma forma que a leitura de uma palavra escrita, ou seja, uma instrução consciente direta e alguma prática serão necessárias à medida que um padrão motor mais complexo é aprendido. A esse respeito, ler a palavra escrita e a mais sofisticada leitura incorporada funcionarão de forma semelhante; palavras estranhas e padrões motores especificamente contextualizados serão adquiridos de forma consciente antes de se tornarem parte de um repertório intuitivo de capacidades.

Para compreender a natureza da leitura corporal do ambiente, é recomendável reportar-se à discussão no Capítulo 3 acerca da percepção incorporada e da resposta corporal. Como explicamos, "ler" o ambiente inclui tanto apreender informações quanto agir com base nelas. A relação incorporada que temos com o mundo surge do impulso de interagir com o entorno, definido como intencionalidade operativa. Como resultado da intencionalidade operativa, os objetos são compreendidos como detentores de um significado particular, isto é, um "significado operativo" que contém a informação de como podemos nos relacionar fisicamente com eles.

Como indicado no Capítulo 3, é difícil isolar esse significado, uma vez que a percepção opera sinestesicamente. Nesse processo, todas as mensagens sensoriais são imediatamente amalgamadas. Não percebemos a natureza de um objeto primeiro por meio de modos sensoriais separados para, então, unir as informações e criar o objeto. Um objeto é reconhecido instantaneamente, como um todo. A informação é coletada exteroceptivamente, por meio dos sentidos, como visão e audição, e também interoceptivamente. A informação interoceptiva sobre o movimento inclui aquela captada pelas terminações nervosas e oferece um sentido proprioceptivo. A propriocepção se origina na dimensão incorporada combinando mensagens das terminações nervosas nas articulações, na pele e no ouvido interno e oferece uma imagem "em tempo real" da posição e dos movimentos de todas as partes da dimensão incorporada. Enquanto percebemos um objeto ou sua característica, "lemos" de que forma ele interagiu conosco no passado. Essa informação, ou significado operativo, é inefável e costuma ser negligenciada tanto pela inexistência de termos linguísticos para descrevê-la quanto pelo fato de que todas as informações sensoriais estão amalgamadas.

Devem-se destacar vários filósofos contemporâneos que utilizaram as noções de intencionalidade operativa e significado operativo e, cada um a seu modo, deram suporte a essa perspectiva. Clark (1997) destaca a interação entre o ser incorporado e o mundo habitado expressando a visão de que nossos padrões comportamentais podem ser descritos como um "diálogo" entre nós mesmos e os fatores ambientais. A ideia é também propor que, na interação com o mundo, nem sempre a nossa corporeidade toma a frente dessa relação; o próprio mundo pode tomar a iniciativa. Clark (1997, p. 224) fala de um "acoplamento" entre um indivíduo e seu mundo e explica que esse acoplamento termina por deixar de fora muito do nosso "conhecimento" de mundo. Esse conhecimento, ou significado operativo, está disponível para ser recuperado e utilizado quando necessário. Gibson apud Weiss e Haber (1999, p. 129) dá um passo adiante e chama a informação "guardada" pelo mundo de "oferecimentos" (*affordances*).* Ele explica que "podemos definir os oferecimentos como oportunidades para agir no ambiente de um organismo". Ele prossegue argumentando que os objetos no ambiente não são coisas inanimadas às quais atribuímos um conceito abstrato, mas têm um significado imediato. De certa maneira, eles "interagem" ou "comunicam-se" conosco, indicando como podemos efetivamente interagir com eles.[1] Gill (2000) menciona uma simbiose entre a corporeidade e o mundo, tão íntima que não há, nem jamais poderá haver, uma distinção clara entre quem conhece e o que é conhecido.[2] A julgar por esses *insights*, existe um sentido pelo qual o próprio mundo "ativa" certos aspectos da corporeidade para estabelecer um equilíbrio entre nós e o mundo. Nós "sabemos" imediatamente como nos relacionar com um ambiente; competências incorporadas adequadas ficam "em alerta"; nos sentimos "em casa" e prontos para interagir com nosso entorno.

Como indicamos no terceiro atributo do letramento corporal, o indivíduo corporalmente letrado não apenas pode "ler" o ambiente físico, mas também está apto a responder adequadamente com imaginação e inteligência. Essa sugestão tem algumas semelhanças com ideias discutidas por outros autores, como Best (1978, p. 58) e Arnold (1979, p. 17), que referem, respectivamente, a "inteligência cinestésica" e a "ação inteligente". A imaginação e a inteligência mencionadas no contexto do letramento corporal identificam a capacidade de executarmos uma resposta motora diante daquilo que nos é percebido. Isso dependerá do acervo de respostas motoras que já tenhamos desenvolvido e do uso da capacidade de selecioná-las e modificá-las à luz de necessidades específicas de dada situação. O acervo de respostas motoras refletirá em parte o conjunto de ambientes com os quais o indivíduo interagiu. A adequação da resposta escolhida dependerá de uma percepção aguçada da situação e da flexibilidade de empregar padrões

---

* N. de R.T. Essa palavra é um neologismo criado na língua inglesa pelo psicólogo James Gibson. Para evitar confusão sobre sua tradução, mantemos o original em inglês.

de movimento recém-refinados. Essas capacidades são decorrentes da experiência e são características de criatividade e imaginação. A confiança forjada em interações incorporadas anteriores dotará o indivíduo da capacidade de interagir de maneira eficaz em situações ainda mais diversas e desafiadoras. Ao obter uma interação efetiva em um ambiente desconhecido, novos significados são criados e uma nova mistura de competências motoras é adicionada ao repertório existente. À medida que a informação perceptiva se expande e o acervo de competências motoras aumenta, o indivíduo vai ficando cada vez mais eficaz na interação com as situações que pode encontrar.

Lendo e respondendo ao ambiente em situações cotidianas e espaços estruturados para a prática de atividades físicas

Esse aspecto do letramento corporal pode ser visto na prática em situações cotidianas e em espaços de atividades físicas. A "leitura" do ambiente pode ser expressa a partir de duas perspectivas diferentes. A primeira é mais fácil de compreender porque pode, em certa medida, ser descrita. Nessas situações, podemos facilmente constatar que os indivíduos adaptam seu movimento às necessidades da ocasião. Exemplos cotidianos incluem o cuidado ao caminhar em uma superfície congelada, carregar um objeto pesado e cruzar um córrego pisando sobre rochas. Na atividade física, é o que chamamos comumente de fazer uma "leitura do jogo", no contexto de uma competição e em eventos ao ar livre, como velejar, respondendo de modo adequado às condições climáticas imprevisíveis, como vento e correntes marítimas. Aqui, com frequência, há uma percepção consciente das circunstâncias e alguma consideração do movimento em relação a elas.

A segunda perspectiva, na verdade, é anterior à essa descrição. Ler e responder ao ambiente nesse sentido refere-se à maneira como nós, indivíduos, interagimos fluentemente com nosso entorno sem precisar parar e pensar. Por exemplo, não precisamos perguntar: "Como vou subir as escadas?", "Como vou conseguir me vestir?", "Como vou correr para apanhar o ônibus?". Em um contexto familiar de atividade física, não precisamos parar e pensar "Como vou agarrar a bola?", "Como vou dar uma cambalhota?" ou "Como vou cabecear a bola?". Executamos esses movimentos rotineiros "automaticamente", eles são parte do nosso repertório de competências que são acionadas de modo pré-reflexivo à medida que nos deparamos com novos desafios. Nessas situações, não precisamos prestar atenção à nossa interação corporal com o mundo, pois ela é levada a efeito sem um esforço consciente da riqueza do "conhecimento" acumulado pela nossa dimensão incorporada. Claro que há situações nas quais podemos, de fato, nos fazer essas perguntas. Se quebrasse minha perna, poderia naturalmente perguntar "Como vou subir as escadas?". Se estivesse jogando tênis durante uma ventania, teria de perguntar "Como posso dar conta desse vento quando for sacar?" ou, se fosse um iniciante em um jogo de bola, certamente me perguntaria: "Como vou agarrar a bola?". Isso é típico de situações desconhecidas, no contexto de habilidades abertas, e quando nos encontramos em novos contextos de atividade física. Uma vez que sejam introjetadas, essas novas competências tendem a "descer" para o nível pré-reflexivo, mencionado anteriormente.

Nossa capacidade de interagir com o mundo é um aspecto fundamental de ser humano e está no cerne do valor do letramento corporal. A ideia de uma relação estreita entre a dimensão incorporada e o mundo é altamente significativa nas nossas vidas e é resumidamente expressa por Clark (1997, p. 98): "O sucesso adaptativo não fica armazenado no cérebro, mas em ligações corpo-cérebro imersas em ambientes ecologicamente reais".

Esta seção propôs que indivíduos corporalmente letrados não param de acumular um acervo de competências motoras e uma capacidade de interagir com uma vasta gama de ambientes. Eles irão desenvolver uma interação motora inteligente com um mundo por meio da leitura perceptiva do ambiente e da aplicação adequada das respostas existentes, efetuadas, quando for necessário, junto com respostas recém-criadas. Esses indivíduos aprenderão a partir de suas interações com o mundo, modificando e refinando ininterruptamente seu acervo de respostas.

Leituras recomendadas

BURKITT, I. *Bodies of thought*: embodiment, identity and modernity. London: Sage, 1999.

CLARK, A. *Being there*: putting brain, body and world together again. Cambridge: MIT, 1997.

GILL, J. H. *The tacit mode*. New York: State University of New York, 2000.

WHITEHEAD, M. E. *Developing physical literacy*. Roehampton: Physical Education Conference Today´s Children, 2005a. (Paper)

6

Letramento corporal, a consciência do *self*, relações com os outros e o papel do conhecimento e da compreensão no conceito

Margaret Whitehead

Introdução

Este capítulo examina os três últimos atributos do letramento corporal: a criação de um senso de *self*, o desenvolvimento de uma autoexpressão fluente e uma comunicação eficaz com os outros, e a aquisição de conhecimentos pertinentes ao movimento e à saúde. Os três atributos finais do letramento corporal (D, E e F) estabelecem que:

> Indivíduos corporalmente letrados terão um senso de *self* incorporado muito bem estabelecido no mundo. Isso, junto com uma interação articulada com o ambiente, resultará em uma autoestima e autoconfiança positivas.
>
> Sensibilidade e consciência da capacidade incorporada conduzirão a uma autoexpressão fluente por meio de uma comunicação não verbal e a uma interação perceptiva e empática com os outros.
>
> Além disso, indivíduos corporalmente letrados terão a capacidade de identificar e articular qualidades essenciais que influenciam a efetividade do desempenho do seu próprio movimento e compreenderão os princípios da saúde corporal no que tange a aspectos básicos, como exercício, sono e nutrição.

Os primeiros três elementos da definição de letramento corporal formam o núcleo da capacidade. Os três atributos finais desenvolvem-se normalmente à medida que crescem a motivação, a confiança, a competência motora e a interação fluida. Como explicamos no Capítulo 2, à medida que temos experiências gratificantes relacionadas à atividade física, o sentido de *self* e a autoconfiança global podem ser melhoradas. Além disso, a percepção da dimensão incorporada junto com uma autoestima sólida promoverá uma autoexpressão fluente e uma interação perceptiva e empática com os outros. Conhecimento e compreensão podem ser enriquecidos por todos os aspectos desse envolvimento.

De maneira recíproca, os três atributos finais podem ter um efeito positivo na motivação, na confiança, na competência motora e na interação fluente com o ambiente. Por exemplo, um sentido de *self* bem instituído fortalecerá a motivação e a disposição de aceitar desafios, enquanto uma interação fluente com os outros aumentará a confiança e a capacidade de trabalhar coletivamente em contextos de atividade física. Da mesma forma, o conhecimento e a compreensão darão as bases para valorizar o desenvolvimento da competência motora e a percepção dos diferentes ambientes.

Letramento corporal e o desenvolvimento de um sentido positivo do *self*

Sugere-se que, ao ser corporalmente letrado — isto é, ser motivado a empregar sua competência motora e ser capaz de interagir efetivamente com o ambiente —, o indivíduo poderá melhorar globalmente seu sentido de *self* e sua autoestima. Essa ideia está em consonância com o pensamento monista e não é exclusiva da capacidade oriunda da dimensão incorporada. De uma perspectiva monista, que advoga a natureza holística de toda a experiência humana, a afirmação de que as percepções da dimensão incorporada podem nutrir o sentido de *self* é inconteste. Além disso, voltando às visões fenomenologistas e existencialistas segundo as quais os indivíduos criam a si mesmos interagindo com o que os cerca, temos que todos os aspectos pelos quais eles interagem com o mundo terão um papel permanente na reafirmação e recriação deles mesmos. A corporeidade é, sem dúvida, um aspecto significativo da pessoalidade, por meio da qual interagimos com o mundo e, dessa forma, essa dimensão assume um papel importante na formação do autoconceito e das atitudes em relação a nós mesmos. O letramento corporal, incluindo a aquisição do potencial incorporado e a pronta interação com o mundo, oferece um caminho muito claro pelo qual podemos desenvolver uma atitude positiva em relação a nós mesmos. Isso será desenvolvido no Capítulo 7.

É interessante notar que estudos pioneiros na psicologia sobre desenvolvimento da identidade individual na criança concentravam-se na corporeidade-enquanto-objeto e não na dimensão incorporada como fonte de uma capacidade dinâmica. O reconhecimento da própria imagem no espelho foi defendida como um momento crítico em que a criança se dava conta de que tinha uma identidade separada. Não havia referência alguma à consciência do *self* antes que esse *reflexo* da corporeidade no espelho fosse visto como um objeto distinto. Portanto, é desafiadora para o pensamento a leitura das considerações atuais de filósofos e psicólogos que se afastam dessa posição e sustentam que a autoconsciência como um ser incorporado é evidente bem antes do estágio da *imagem refletida* (ver também WHITEHEAD, 2005b). Gallagher (2005) escreveu exaustivamente sobre imagem e esquema corporal da criança e como estes, em suas diferentes formas, contribuem para o desenvolvimento da consciência que a criança tem de si. Ele também debate em profundidade o alcance das experiências no uso das competências corporais para obter um senso de propriedade e de agência, argumentando que, desde a infância mais precoce e antes de dar-se conta de um *self* visual através da imagem refletida, a criança tem o que chama de *self proprioceptivo*; isto é, um sentido das suas próprias possibilidades motoras. Da mesma forma, Burkitt (1999, p. 76) atribui à forma mais precoce da autoconsciência a capacidade de mover-se. Ele escreve:

> O sentido original "Eu" é o "Eu posso", um senso prático das possibilidades corporais, e, portanto, o senso de identidade que os humanos têm não é baseado em um pensamento desincorporado nem em uma representação visual precoce do *self*.

Para Burkitt (1999), somos antes de tudo seres motórios. Gallagher (2005, p. 9) vai além e propõe que a corporeidade movente é *exatamente o que constitui o self*. De fato, ele propõe que é apenas através do movimento, por meio da corporeidade, que os indivíduos podem começar a desenvolver qualquer sentido do *self*.[1]

Como indica esse atributo do letramento corporal, a contribuição para a autoconsciência e a autoconfiança não reside isoladamente em uma específica autoconsciência incorporada, mas também no modo como as competências incorporadas nos permitem desenvolver relações efetivas com o mundo. Para aqueles corporalmente letrados, a autoconfiança crescerá à medida que prontamente interagem com o mundo. Há um sentido de autoafirmação na superação de desafios motores, quaisquer que sejam eles. Esses indivíduos estão em sintonia com o ambiente que os cerca. Para uma criança, ou pessoa com alguma deficiência que dá conta de vestir-se, ou para um adulto que consegue dominar o uso de uma nova ferramenta ou escalar um penhasco difícil, essas conquistas podem ser altamente realizadoras e gratificantes. Burkitt (1999) vai além em propor que as diferentes percepções que temos acerca de aspectos da corporeidade podem, em um nível consciente ou pré-consciente, influenciar a experiência perceptiva ou emocional do mundo.[2] A maneira como a dimensão incorporada afeta a percepção do ambiente é um aspecto do conceito que pode ser mais bem desenvolvido.

A contribuição para o senso individual do *self*, uma atitude positiva em relação à natureza dinâmica incorporada e interação fluente com o mundo não diminui à medida que passamos da infância para a idade adulta. Por exemplo, Burkitt (1999, p. 76) refere-se a como a corporeidade tem um papel central no desenvolvimento do indivíduo e escreve: "O sentido do *self* que desenvolvemos é baseado primeiramente no modo como sentimos o corpo e na maneira como ele nos conecta com o mundo". Gallagher (2005) reforça essa visão ao propor a ideia de que, por meio da maneira como a corporeidade estrutura a experiência, a presença incorporada no mundo molda a experiência humana do *self*. Esses autores, sem nada a recriminar em relação à prática da atividade física, postam-se claramente em favor desse modo da existência. Seu trabalho não minimiza a dimensão física; em vez disso, sugere que a fisicalidade humana merece mais atenção ao longo de toda a vida.

Também concordam que o emprego eficaz da dimensão incorporada pode melhorar a autoestima. Grogan (2008) descreve os efeitos positivos que o exercício físico pode ter na saúde mental e no bem-estar, argumentando que ele pode ser uma maneira de melhorar a autoestima. Esse tema será desenvolvido no Capítulo 7. Grogan (2008) propõe que, para ter esse efeito benéfico, o exercício deve ter um caráter menos competitivo e mais prazeroso. Os praticantes devem desfrutar de uma experiência positiva participando ativamente e reconhecendo seu progresso, sendo estimulados e sentindo-se gratificados. Gallagher (2005) refere-se especificamente aos efeitos que a atividade física pode ter na autopercepção e na autoestima:

> Exercícios, dança e outras práticas que afetam a motilidade e os esquemas posturais podem afetar a avaliação emotiva que temos da nossa imagem corporal... Portanto, mudanças no controle motor associadas ao exercício alteram a maneira como essas pessoas se relacionam emocionalmente e percebem os seus corpos. (GALLAGHER, 2005, p. 144).

No entanto, no contexto da autopercepção e da autoestima, essa atitude positiva diante da dimensão incorporada precisa acolher a corporeidade-enquanto-objeto, assim como valorizar as experiências potencialmente gratificantes que o exercício dessa dimensão de nós mesmos pode trazer. Infelizmente, isso pode representar um problema para o desenvolvimento do letramento corporal. É fato que há na cultura ocidental uma preocupação excessiva com a corporeidade-enquanto-objeto. A mídia incessantemente transmite mensagens sobre a "forma ideal" da corporeidade-enquanto-objeto para homens e mulheres. Isso representa um paradigma irreal para a maioria das pessoas, o que resulta em muitas delas "aprender" a ver sua dimensão incorporada como insatisfatória e fracassar em atingir os ideais mostrados. Muito já se escreveu em textos de sociologia do corpo sobre os efeitos perturbadores dessa situação. O que mais preocupa é a tendência, na cultura ocidental, de os indivíduos enxergarem a si mesmos predominantemente em termos da sua corporeidade-enquanto-objeto. A baixa autoestima generalizada pode ser atribuída, na maioria dos casos, a uma insatisfação com a corporeidade-enquanto-objeto, e essa é a infeliz realidade que cabe ao letramento corporal enfrentar. Menosprezar a dimensão incorporada e considerá-la fora dos padrões não é um bom ponto de partida para convencer alguém de que exercitá-la pode ser uma experiência gratificante e realizadora. A exposição pública da dimensão incorporada é um forte impedimento à prática da atividade física. Grogan (2008) defende que haja uma atitude muito mais receptiva às variações de tamanhos e formas da corporeidade-enquanto-objeto e menos ênfase à estética dessa corporeidade-enquanto-objeto, prestando-se mais atenção ao funcionamento dessa dimensão humana. O objetivo de desenvolvermos o conceito de letramento corporal é, em parte, alertar as pessoas para o fato de que a corporeidade é muito mais do que sua forma objetiva.

Ao mesmo tempo em que autores no campo da sociologia costumam verificar a satisfação com corporeidade-enquanto-objeto em relação à autoestima, não há dúvidas de que defendem a importância prática da atividade física para fortalecer a autoconfiança. Pessoas que trabalham com jovens e idosos têm experiências para corroborar esse ponto de vista. Quando indivíduos desenvolvem seu potencial corporal e dominam novas competências, o aumento que sentem na autoconfiança é refletido muito além do contexto da prática da atividade física e beneficia outros aspectos da vida, seja enfrentando um novo desafio motor no dia a dia ou no contexto de uma atividade física. Há alguma evidência de que, em contextos educativos, o desenvolvimento de competências nas atividades físicas estruturadas pode ter um efeito positivo na autoconfiança e na motivação para a aprendizagem em geral. Pode-se melhorar o desempenho e as conquistas em outras áreas do currículo, como padrões de comportamento e atitudes na escola. Exemplos de pessoas que apresentam esse benefício mais amplo podem ser encontrados nos Capítulos 8, 10 e 11.

Dadas as visões manifestas em capítulos anteriores sobre a maneira como as condições de seres incorporados influencia muito do funcionamento humano, essas últimas descobertas não chegam a surpreender. O desenvolvimento de quaisquer das capacidades terá um efeito duradouro na autoconsciência, na autopercepção e na autoconfiança. O letramento corporal não é exceção. Na verdade, podemos argumentar que essa capacidade tem o potencial de não apenas reafirmar o sentido do *self*, mas também de melhorar a relação com o mundo, o que a torna de suma importância. É uma capacidade fundamental para o funcionamento dos seres humanos e, sem dúvida, digna de respeito e consideração ao longo da vida.

Entretanto, devemos lembrar que a melhoria da autoconsciência e da autoconfiança não é restrita ao letramento corporal. Certamente, seja qual for o âmbito de atuação do indivíduo e as capacidades desenvolvidas, haverá um potencial para um impacto positivo global no senso de *self* e na autoestima. Um ganho de capacidade para tocar um instrumento musical, dominar um idioma estrangeiro ou resolver fórmulas matemáticas complexas contribuirão para aumentar o respeito próprio. O letramento corporal não é o único a possibilitar a melhoria da qualidade de vida; sua singularidade reside na natureza das experiências que proporciona. O foco dessas experiências está no exercício ativo da corporeidade, no aproveitamento do potencial incorporado.

Letramento corporal, autoexpressão, autoapresentação e interação com os outros

Esse atributo do letramento corporal emerge do aspecto da capacidade descrita anteriormente, no que tange ao desenvolvimento de um sentido positivo do *self*. Esse sentido positivo do *self* normalmente implica uma autoapresentação confiante, resultado tanto da autoestima global, para a qual o letramento corporal muito contribui, quanto da confiança que os indivíduos têm na sua dimensão incorporada. Indivíduos não são excessivamente conscientes da sua autoapresentação e de nenhuma forma manifestam uma atitude de depreciação em relação à sua dimensão incorporada. Não se distraem monitorando e julgando a si mesmos diante do juízo alheio enquanto defendem oralmente uma ideia ou assimilam uma informação qualquer. Há uma concentração relaxada na tarefa que desempenham e uma harmonia em todos os aspectos da sua comunicação — composta pela linguagem verbal e por gestos, postura e contato visual, para citar apenas alguns dos elementos da comunicação não verbal. Indivíduos nervosos, exageradamente cientes de si e com baixa autoestima costumam transmitir mensagens dúbias na sua linguagem verbal e no seu comportamento não verbal. Como explica Robertson (1989), este último pode funcionar como uma mensagem sobre o mensageiro, e não reforçar o argumento que está sendo exposto. Por exemplo, uma pessoa ansiosa pode dar as boas-vindas a um convidado, mas sua dimensão incorporada, em vez de demonstrar hospitalidade e afeição, pode denunciar frieza e desconfiança. Seria o mesmo que dizer "Seja bem-vindo" e, ao mesmo, tempo cruzar os braços e dar um passo atrás. Esse indivíduo pode nem sequer se dar conta da contradição entre a comunicação verbal e a não verbal que está usando. Em outras situações, como em uma entrevista, por exemplo, ele pode querer aparentar tranquilidade e confiança, mas não se dá conta de que gesticula atabalhoadamente e tem uma postura tensa.

Em contraste, indivíduos corporalmente letrados, em sua autoexpressão e autoapresentação, tendem a mostrar uma qualidade holística, em que o verbal e o não verbal se reforçam mutuamente. Essa qualidade pode, em parte, resultar da aquisição de uma série de competências motoras. Esse repertório moldará um acervo de possibilidades de movimentar-se de onde posturas e gestos adequados podem ser iniciados. É consenso que, para aqueles com alguma deficiência, essa expressão do letramento corporal será menos desenvolvida. Mesmo assim, a autoconfiança, em conjunto com uma série de componentes para se movimentar, pode melhorar seguramente a autoapresentação, não importa em que altura da jornada rumo ao letramento corporal o indivíduo esteja.

O segundo elemento nesse atributo, referente à interação perceptiva e empática com os outros, advém da confiança e da autoexpressão sensível, conforme discorremos anteriormente. Indivíduos corporalmente letrados podem usar a consciência perceptiva que têm de si para avaliar como os outros se sentem e, assim, responder de modo apropriado. Em certo sentido, indivíduos corporalmente letrados podem *se identificar* com a maneira com que os outros se apresentam e, como resultado, relacionar-se com eles de uma postura compreensiva e empática. Uma série de questões decorrem dessa possibilidade e serão brevemente abordadas aqui. Elas decorrem de descobertas científicas que explicam como opera essa interação sensível, como a dimensão incorporada reside no cerne das relações interpessoais e sugerem que essa capacidade é evidente nos bebês. Finalmente, trataremos da relação dessa faceta do letramento corporal com o desfrute das artes performáticas.

Descobertas recentes da neurociência começaram a explicar como ocorre a interação fluente. Nos capítulos anteriores, tratamos do funcionamento sinestésico dos sentidos, no qual toda informação sensorial é compreendida *como um todo*, independentemente do aspecto que esteja sendo percebido. Os sentidos separados são chamados *modos de percepção*, e a fusão de toda a informação percebida é chamada de *percepção intermodal*. Um objeto ou outra pessoa são, consequentemente, percebidos como um todo, mesmo se todos os aspectos do que é percebido não estejam evidentes. Esse funcionamento intermodal também inclui os sentidos interoceptivos que informam o *estado* da própria dimensão incorporada. De maneira muito complexa, o acervo de experiências, vivenciado sinestesicamente, permite traduzir em sentimentos aquilo que outros mostram e falam.[3]

Essa tradução pode ser explicada por aquilo que a teoria neurocientífica chama de *neurônios-espelho*. Esses neurônios ligam o que é percebido do outro àquilo que o expectador já vivenciou, permitindo-o "colocar-se no lugar da outra pessoa". Os neurônios-espelho criam uma situação em que visualizar e talvez ouvir outra pessoa ativa os próprios sistemas incorporados, permitindo *espelhar* a experiência alheia. Gallagher (2005, p. 50) explica que "os padrões neurais responsáveis por gerar uma imagem motora de uma ação são, em grande parte, os mesmos padrões neurais ativados quando observamos e executamos essa ação". Os neurônios-espelho estimulam no outro uma associação daquilo que é percebido com as vivências e as experiências passadas. Gallagher (2005, p. 102), por exemplo, explica: "Os mesmos neurônios disparam quando o sujeito vê alguém executar uma determinada ação, como segurar um objeto ou trazer a mão à boca, ou quando o próprio sujeito executa a ação". Propõe-se aqui que as áreas do cérebro responsáveis por planejar uma ação são as mesmas que ativamos quando observamos os outros.

Esses *insights* têm muito a ver com o letramento corporal, pois sugerem que uma interação social eficaz é bastante afetada pela dimensão incorporada.

Gallagher (2005) afirma que a compreensão do outro é primeiramente uma forma de interação intercorporal e menciona um exemplo no qual a dimensão incorporada de um indivíduo funciona como meio para compreender os outros. Duas de suas afirmações nos permitem chegar a essa conclusão. Gallagher (2005, p. 208) escreve que "compreender a outra pessoa é [...] uma forma de prática incorporada" e, novamente, que a interação interpessoal "é mais uma forma de 'leitura corporal' que 'leitura mental'" (GALLAGHER, 2005, p. 207). Dessa forma, propõe-se que os observadores não leem o significado diretamente a partir do que percebem do outro, mas por meio de um estímulo interno do seu acervo intermodal de experiências (ver também WHITEHEAD, 2005b). O observador não interage diretamente com a outra pessoa na mesma medida em que interage com "um modelo internamente simulado de si mesmo" (GALLAGHER, 2005, p. 222). Não é difícil, portanto, conceber uma situação em que, quanto mais rico for o acervo intermodal de experiências, mais rico será o repertório de potenciais *correspondências* com aquilo que é percebido nos outros. Gallagher prossegue sugerindo que essa interação intermodal é uma capacidade fundamental com a qual nascemos. Referindo-se a pesquisas recentes, ele escreve:

> Entre 5 e 7 meses os bebês são capazes de detectar correspondências entre a informação visual e auditiva que especificam a expressão das emoções. Muito importante, a percepção das emoções no movimento dos outros é a percepção de uma conduta corporal dirigida a quem percebe e não a teoria ou a simulação de um estado emocional. (GALLAGHER, 2005, p. 227).

Ainda nessa fase, os bebês usam a consciência do seu *self* incorporado para compreender as ações incorporadas alheias. Bebês não assumem um papel passivo ao observar os outros, mas estão em interação dinâmica com eles. Enquanto observam, crianças pequenas vivenciam diferentes aspectos do ser e, assim, começam a construir seu próprio repertório de percepções. Gallagher explica que o modo como a corporeidade é usada na interação precoce com os outros oferece aos indivíduos o acesso primário para compreender o semelhante, e o uso dessa dimensão incorporada persiste durante toda a vida.

Olhando além da primeira infância, podemos dizer que o que compreendemos dos outros depende do que conseguimos apreciar em nós mesmos. De fato, quanto mais percebemos a corporeidade, melhor podemos identificar nuances das experiências alheias. Cabe dizer que Gallagher também afirma que a interação efetiva com os outros depende de um dado grau de argúcia na percepção que o observador tem da própria dimensão incorporada. Não é de surpreender que ele sugira que pessoas com dificuldade de desenvolver relações interpessoais podem ter problemas com suas capacidades motoras, carecem de experiência intermodal e/ou têm neurônios-espelho menos eficazes. Ao referir esses neurônios no contexto do transtorno do espectro autista, ele sugere que:

> Tem sido demonstrado que esses processos sensório-motores são importantes para explicar alguns aspectos básicos da cognição social. Aqui temos uma evidência relevante de que a compreensão das ações e intenções de outras pessoas depende, em certa medida, de uma reverberação espelhada no próprio sistema motor. (GALLAGHER, 2005, p. 232).[4]

Além dessa correspondência de experiências, sugere-se que, ao interagir com os outros, nos reportamos ao nosso acervo de experiências e também contribuímos com ele. A argúcia da sensibilidade e o controle da corporeidade não apenas afetam a sensibilidade e a empatia com o semelhante, mas a própria percepção que temos dos outros pode, de forma recíproca, enriquecer a percepção que temos de nós mesmos.

É intrigante pensar que essas teorias explicariam a reação que temos ao assistir a espetáculos de artes performáticas. Há muito tempo acredita-se que existe uma espécie de apreciação proprioceptiva, ou empática, do movimento de um ator ou dançarino, por exemplo, e, além disso, que pessoas com experiências motoras mais ricas podem apreciar melhor a *performance* cênica. No passado, essas afirmações foram desconsideradas devido à falta de evidências para comprová-las. Entretanto, depois das pesquisas com neurônios-espelho, existe suporte para essas afirmações. Não estaremos exagerando se sugerirmos que o indivíduo corporalmente letrado, dotado de um robusto acervo de componentes motores, pode desfrutar de uma experiência mais rica ao assistir a espetáculos cênicos. Além disso, há o efeito recíproco que ocorre nessa interação, conforme mencionamos anteriormente. Nesse contexto, não apenas esses indivíduos sentirão uma empatia com o que lhes é apresentado em cena, mas a percepção e o desfrute do espetáculo contribuirão para seu próprio repertório de sentimentos e emoções. Assim, o indivíduo corporalmente letrado pode ter uma experiência mais rica dessa expressão artística e, a um só tempo, beneficiar seu repertório de emoções.

Até aqui este capítulo argumentou que indivíduos corporalmente letrados e equipados com um forte sentido de *self* podem expressar-se fluentemente e acionar suas experiências incorporadas e percepções em prol de uma relação mais empática e compreensiva com o semelhante. Essa última característica, como dissemos, é evidente em bebês e crianças e é a base da interação com os outros durante toda a vida.

Letramento corporal e conhecimento proposicional

Em relação ao indivíduo corporalmente letrado, a questão do papel do conhecimento proposicional envolvendo linguagem e compreensão traz um desafio para o conceito. Como discorremos no Capítulo 2, para discutir o conceito é preciso mudar a forma como normalmente falamos e pensamos sobre a dimensão incorporada.

O letramento corporal é uma capacidade cuja compreensão demanda a apreciação dos aspectos conscientes e inconscientes do funcionamento incorporado humano, isto é, tanto a corporeidade-vivida quanto a forma corporal concreta. Precisamos de um novo discurso para ir além das expressões de uso corrente na cultura ocidental que se referem a uma única forma à dimensão incorporada, ou seja, como um objeto. A noção de termos uma dimensão incorporada que funciona em dois níveis não faz parte da linguagem cotidiana, sendo *corpo* o termo usado para referir-se a essa condição humana. O corpo é classificado como substantivo, um objeto, e será uma tarefa imensa mudar a maneira como apreciamos a dimensão incorporada e o hábito de nos referirmos a ela como um objeto. É claro que um dos desafios do conceito de letramento corporal é *reeducar* as pessoas para que percebam que sua corporeidade é mais do que um objeto a ser vestido, alimentado e medicado.

Nesse contexto, portanto, sugerir que o próprio letramento corporal inclua um atributo muito associado à linguagem dualista é verdadeiramente problemático. É fascinante aprender com Brownell (1995) que os chineses têm três palavras para se referir ao *corpo*, cada uma reconhecendo um modo diferente de corporeidade. Elas são *shen* — a corporeidade vivida animada; *ti* — a corporeidade-enquanto--objeto, ou instrumental; e *shi* — a corporeidade-enquanto-cadáver. Infelizmente, no idioma inglês,* não temos as opções de *ti* e *shen* e normalmente nos referimos à dimensão incorporada como *ti*. A visão da corporeidade levando em conta o letramento corporal baseia-se tanto no *ti* como no *shen* e propõe que, embora sejam diferentes modos de corporeidade, ambos estão indissoluvelmente interligados em relação ao funcionamento dos seres humanos.[5] Há uma intrigante história contada por Csordas apud Weiss e Haber (1999, p. 43), que narra uma discussão entre um antropólogo ocidental e um filósofo da Nova Caledônia. Este diz que antes de a sua tribo ter contato com o Ocidente, seu povo não tinha noção da corporeidade-enquanto-objeto, pois viviam de modo holístico. Na verdade, não tinham sequer uma palavra para designar seu corpo como uma entidade à parte. Ao ser perguntado sobre que contribuição o pensamento ocidental havia dado ao seu povo, o filósofo respondeu: "O que vocês nos trouxeram foi o corpo".[6]

Há algo de irônico em qualquer questão sobre o lugar do conhecimento, da compreensão e do repertório motor em relação ao letramento corporal. Como indicamos no Capítulo 4, muitos dos conceitos usados na linguagem cotidiana são baseados na interação corporal com o mundo. Lakoff e Johnson (1999) sugerem que conceitos como acima, abaixo, perto e longe não são compreendidos até que sua correspondente interação com o mundo, por meio da dimensão incorporada, tenha sido vivenciada. Novamente, longe de serem elementos estranhos à fala, aspectos que aludem à dimensão motora permeiam toda a linguagem na forma de metáforas. Dizemos que estamos com o *peso* da responsabilidade,

---

* N. de R.T. Na língua portuguesa também não temos essas opções.

temos amigos *próximos*, nos sentimos *para baixo* quando estamos deprimidos e dizemos que um colega está *à frente* dos demais quando compreende algo que ainda foge à compreensão. Todos os termos destacados são metáforas baseadas em experiências motoras.

Ao desenvolver o conceito de letramento corporal nunca foi objetivo menosprezar a importância da corporeidade-enquanto-objeto, ou, em outras palavras, a presença física no mundo, mas, sim, acrescentar outra faceta à percepção da dimensão incorporada. Em muitas situações, é adequado e importante encarar a corporeidade objetivamente. Por exemplo, é essa a visão que temos quando aprendemos um novo padrão de movimento, e a mesma perspectiva com que esperamos ser atendidos por um médico, dentista ou fisioterapeuta que cuida da corporeidade.

O atributo do letramento corporal que trata da aquisição do conhecimento e da compreensão tem dois componentes. O primeiro diz respeito à percepção dos princípios essenciais do movimento e do desempenho. Seria um ponto pacífico esperar que indivíduos corporalmente letrados saibam valorizar os componentes básicos do movimento e sejam capazes de avaliar seu próprio desempenho e o de outrem. Isso exigirá um repertório apropriado, bem como alguma capacidade de observar o movimento. Sempre que possível, essa capacidade deve ir além de um simples diagnóstico inicial do que é executar um movimento mais ou menos eficaz e aprofundar-se em uma compreensão de como desenvolver e melhorar o padrão ou a habilidade motora. Requisitos curriculares da educação física escolar na Inglaterra (QCA, 2007) endossam esse aspecto do letramento corporal e incluem entre os seus objetivos desenvolver "o conhecimento e a compreensão do que é preciso ser alcançado e [...] melhorado". No contexto do letramento corporal, como um envolvimento automotivado com atividades físicas ao longo da vida é claramente importante que os indivíduos assumam a responsabilidade pelo próprio movimento. Boa parte da atividade ao longo da vida não será monitorada por um professor ou técnico, e será necessário avaliar o próprio desempenho e tomar as medidas necessárias para melhorá-lo.

O segundo aspecto do conhecimento e da compreensão é relativo à saúde e à aptidão e vê o indivíduo corporalmente letrado como tendo uma compreensão básica de questões como o valor do exercício, uma dieta adequada e a necessidade de repouso e sono. Os requisitos curriculares da Inglaterra (QCA, 2007) novamente asseguram essa perspectiva e incluem a afirmação de que os discentes devem "Compreender que a atividade física contribui para o funcionamento saudável do corpo e da mente, sendo um componente essencial de um estilo de vida saudável". Esse conhecimento e compreensão terão início a partir de uma base muito simples, na primeira infância, cabendo às crianças valorizar o efeito que o exercício tem em aspectos da sua corporeidade, como coração e pulmões, e gradativamente, sempre que possível, se tornarão mais sofisticadas, voltando a atenção para aspectos mais complexos da saúde e da aptidão.

De fato, ao assumirmos responsabilidade pela saúde e pelo bem-estar, é essencial que adotemos uma visão objetiva de nós mesmos para decidir como melhor gerenciar aspectos da vida. Seria inaceitável para o conceito de letramento corporal omitir o cuidado, a atenção e o respeito que precisamos ter com a dimensão incorporada enquanto instrumento ou mecanismo. Há um grande debate na cultura ocidental sobre, por exemplo, a quantidade de exercício que deveríamos fazer, a natureza do alimento que precisamos ingerir e os medicamentos que deveríamos usar. É preciso aceitar, então, que para ser corporalmente letrado em nossa cultura, com todo o seu conhecimento sofisticado sobre a saúde, é preciso ter uma compreensão básica dos princípios da saúde incorporada no que tange a áreas como exercício, sono e nutrição. Dito isso, é preciso recordar que incluir esse atributo no letramento corporal resultará em uma tensão entre o discurso normalmente usado para se referir ao conceito e aquele usado na linguagem cotidiana.

Não obstante às expectativas discutidas anteriormente, o atributo do letramento corporal referente ao conhecimento e à compreensão não exige o domínio de conceitos técnicos da biomecânica e da medicina, mas a compreensão suficiente para dar valor a como o movimento é estruturado e a importância de cuidar da corporeidade-enquanto-objeto. Esse mesmo atributo trouxe outras duas questões ao debate. A primeira diz respeito a se, para ser corporalmente letrado, é preciso dar-se conta, em um nível não declarativo, da natureza como seres-no-mundo e o papel desempenhado pela corporeidade na existência em um nível pré-reflexivo. A resposta a essa questão é negativa, pois essas noções são complexas e um tanto abstratas. Uma apreciação mais ampla pode ser uma vantagem, mas não parece essencial para abarcar os princípios existencialistas e fenomenológicos requeridos para ser corporalmente letrado. Entretanto, uma sólida compreensão dos princípios filosóficos subjacentes ao letramento corporal é desejável, senão fundamental, para profissionais que desejam promover o letramento corporal em contextos de atividade física. O segundo ponto do debate é se podemos ser corporalmente letrados se tivermos adquirido esse atributo, mas nenhum dos outros. Em outras palavras: "Pode o letramento corporal ser uma realização puramente intelectual?". A resposta novamente é negativa, pois no coração do conceito estão a motivação, a confiança e a competência motora, que contribuem para um envolvimento vitalício e ativo em uma ou mais formas de atividade física estruturada.

A descrição de indivíduos corporalmente letrados desenvolvida ao longo da Parte I desta obra revela que cada um de nós está empreendendo uma jornada pessoal mais adequada às aptidões. Cada um de nós irá melhorar na motivação, na confiança, na competência motora e na capacidade de interagir com uma variedade de ambientes. Cada um conseguirá melhorar a autoestima e crescerá em uma autorrepresentação confiante e irá interagir de maneira mais empática com os outros. Cada um gradativamente acumulará uma compreensão e um conhecimento maior e mais profundo da natureza do movimento e da relação entre atividade física, saúde e bem-estar.

Cada indivíduo corporalmente letrado experimentará uma melhoria na qualidade de vida, aproveitando uma das dimensões humanas que lhe é inata.

Leituras recomendadas

BURKITT, I. *Bodies of thought:* embodiment, identity and modernity. London: Sage, 1999.

GALLAGHER, S. *How the body shapes the mind.* Oxford: Clarendon, 2005.

WHITEHEAD, M. E. Physical Literacy: philosophical considerations in relation to developing a sense of self, universality and propositional knowledge. *Sport, Ethics and Philosophy*, v. 1, n. 3, p. 281-298, 2007d.

PARTE II

Conexões contextuais

7

O *self* corporal e o letramento corporal

Kenneth Fox

Introdução

O objetivo deste capítulo é oferecer um esboço dos conceitos-chave por trás da natureza do *self* corporal em termos de conteúdo, estrutura e relação com a autoestima. A intenção é prover linhas gerais para estimular e facilitar a discussão sobre como o letramento corporal pode estar entrelaçado com autopercepções. Mais importante, ele fornece o entendimento teórico para a discussão sobre o letramento corporal e o desenvolvimento de um senso positivo de si (Cap. 6). Este capítulo reúne conceitos teóricos e pesquisas empíricas conduzidas nos últimos 20 anos sobre percepção do *self* corporal, descritas detalhadamente em Fox e Wilson (2008). É escrito primordialmente a partir da perspectiva de um psicólogo social, de um especialista no desenvolvimento humano, de um professor/educador e pai.

Problemas conceituais e de definição em torno do *self*

O primeiro desafio diante de quem estuda o *self* se trata do grande volume de fontes literárias de diversos tipos. O tema é central para disciplinas tão díspares como filosofia, sociologia, psicologia, teologia e até mesmo economia, o que não chega a ser surpresa, pois, uma vez que a sociedade passou pela modernidade e foi além, cresceu a importância do indivíduo como unidade de análise da teoria social. Dada a importância de uma maior autonomia do indivíduo na sociedade, refletida em intenções e estratégias políticas contemporâneas de oferecer *escolhas*, o *self* tornou-se um elemento central para a compreensão da tomada de decisão e da motivação. Há evidências suficientes para mostrar que a percepção de si influencia tanto a escolha como a persistência em um amplo leque de comportamentos, como compras em supermercados e escolhas de carreira e amizades. Não importa se nos esforçamos ou não para praticar atividades físicas ou esportes, empenhar-se na escola ou no trabalho ou nos aventurarmos para sermos aceitos em um determinado círculo de amizades, tudo isso tem a ver com aspirações pessoais e com a percepção que temos de nossa capacidade.

Além disso, o que sentimos em relação a nós mesmos passou a ser visto como contribuição importante para a capacidade de obter conquistas e para a saúde mental. Uma autoestima elevada costuma ser vista como elemento de bem-estar social e estabilidade emocional, sendo, portanto, uma base sólida de crescimento e aprendizagem. Baixa autoestima é um sintoma comum de transtornos mentais como depressão, instabilidade e infelicidade. Como resultado, autopercepção e autoestima são alvos diretos ou indiretos de vários programas educacionais e terapêuticos.

Diferenças de linguagem e de classificação na literatura prejudicaram a capacidade de compreender e encontrar soluções compartilhadas para questões relativas à natureza do *self* e aos mecanismos pelos quais opera. Contudo, nos últimos anos, surgiram várias definições e temas mais aceitos intra e interdisciplinarmente. Podemos ver o conceito do *self* sendo usado com mais frequência, sobretudo na literatura anterior à década de 1990. Trata-se de um termo de vasta abrangência que resume como o indivíduo descreve a si mesmo e pode combinar traços de personalidade como *Sou honesto, amigável ou não muito confiável*; papéis sociais (às vezes chamados de identidades) como *Sou pai, filho e estudante*; competências como *Sou forte, inteligente e tímido*; ou características como *Sou alto, jovem e magro*. A autoestima, ao contrário, é uma afirmação avaliativa sobre o valor enquanto pessoa. Portanto, está carregada de implicações emocionais, de tal sorte que uma autoestima elevada traz consigo otimismo e orgulho pessoal, enquanto uma autoestima baixa pode ressaltar sentimentos de vergonha e desesperança. O impulso humano saudável é o de procurar oportunidades para sentir-se bem com o seu *self*. Onde isso não acontece, e, dado o crescimento da prevalência de doenças mentais, isso parece ser algo comum, vemos sintomas de depressão, como tristeza, ansiedade, apatia, isolamento, defensividade exagerada e sentimento de inutilidade e autodepreciação extrema. Em casos extremos, pode até concorrer para uso abusivo de drogas e automutilação.

Autodireção e aprimoramento

Desde os primeiros escritos de James (1892), os psicólogos sociais acreditam que o *self* tem dois elementos. O *self* diretor, ou o *eu*, fornece um resumo subjetivo permanente das atividades, competências e conquistas do *self* objetivo, conhecido como *mim*. O *self* diretor é o núcleo cognitivo, ou o painel de controle, que procura sintetizar os elementos do *self* e como eles interagem na vida. Ele resume as conquistas e faz afirmações gerais sobre seu mérito, um dos quais é a autoestima. As melhores mensurações de autoestima utilizadas por psicólogos evitam referências a determinados aspectos da vida, como amizades e trabalho, ou aspectos físicos, e se concentram em tópicos como respeito próprio, valor e sentimentos gerais de realização, explorando o que é conhecido como autoestima global.

Essa abordagem é fundamental porque pessoas e subgrupos populacionais variam nas fontes e na ponderação da informação que fazem de si mesmos ao julgar seu próprio valor. Gerações mais jovens podem ser mais preocupadas com aspectos da aparência física, como manter-se mais magro ou ter um corte de cabelo da moda. Para populações mais velhas, podem ser mais importantes as amizades ou a contribuição que fazem à comunidade local. Competências e atributos altamente valorizados no subgrupo ou nível social influenciarão os critérios utilizados pelos indivíduos no juízo de valor que fazem de si próprios. O grau de conformação do indivíduo às demandas sociais acaba sendo uma escala para avaliar aqueles mais submissos, possivelmente taxados de "escravos da moda" ou "sem opinião própria". Aqueles que rejeitam os valores sociais são mais bem classificados como "individualistas" e, no pior dos casos, "esquisitos" ou "egocêntricos".

Alinhados com o impulso humano positivo de sentir-se bem consigo mesmo, o *self* diretor, quando opera de maneira eficaz, pode traçar estratégias que maximizam os resultados positivos e minimizam os negativos (ver FOX, 1997 para mais detalhes). Uma das possíveis técnicas é selecionar e ponderar a informação para que o *self* assuma mais responsabilidade no sucesso do que no fracasso. Outra é direcionar esforços para condutas que gerem sucesso e impedir outras que resultem em uma sensação de fracasso. Quando não há escolha a não ser se envolver, é possível descontar a importância do envolvimento ou desprezar a atividade e evitar esforçar-se, impossibilitando, assim, expor-se a qualquer tipo de inadequação. Essa é uma ocorrência comum nas escolas em que a baixa competência em uma determinada disciplina pode ser minimizada atribuindo-se pouca importância a ela. Quando os jovens demonstram desinteresse em determinado conteúdo escolar, podem estar expressando a visão de que foram forçados a minimizar sua relevância porque não se sentem competentes diante dele.

Em última análise, por meio do seu papel gerencial, o *self* diretor cumpre duas tarefas principais: desenvolve um senso de coerência e uma identidade nuclear que é estável em diferentes contextos. Isso é importante para projetar uma identidade e para estabelecer personalidade ou individualidade e para prover um quadro previsível com o qual o outro pode interagir. Isso permite o surgimento de relacionamentos saudáveis e maduros. Uma vez que um núcleo sólido e harmonioso é estabelecido, o indivíduo fica mais bem equipado para enfrentar desafios, explorar, estender seus limites, aprender com situações difíceis e continuar crescendo. Essas tarefas são extremamente presentes na adolescência, quando os jovens estão tentando saber quem são e como querem ser vistos. Para o jovem que experimenta, corre riscos e comporta-se como borboletas explorando a vida, os contratempos e as mudanças de humor são lugares comuns. Cientes desse comportamento, pais

76   Margaret Whitehead (Org.)

e professores que evitam ter reações exacerbadas e agem com certa sensibilidade tendem a ser mais úteis do que aqueles de comportamento mais controlador (ver FOX, 2009 para uma discussão mais detalhada sobre atitudes parentalidade para a atividade física).

O desenvolvimento do sistema do *self*

O *self* é, portanto, mais bem visto como um sistema dinâmico em constante reação e ajuste às experiências da vida, particularmente na juventude. Essa noção é defendida por vários teóricos, incluindo Harter (1996), Epstein (1991), Markus e Wurf (1987), por meio de sua teoria de esquemas do *self*, e Deci e Ryan (1995, 2002), por meio da teoria da autodeterminação, que trataremos em mais detalhes a seguir.

O conceito da multidimensionalidade do *self* é anterior à década de 1980. Em vez de ver o *self* como um todo unificado, psicólogos como Shavelson, Hubner e Stanton (1976) começaram a descrever modelos hierárquicos multifacetados do *self*. Um autoconceito, ou uma autoestima, generalizado estava no seu auge e era sustentado por percepções em diferentes âmbitos da vida, como escola, trabalho ou ocupação, espiritualidade, amizades e o *self* corporal. Abaixo desses domínios estavam percepções em outros subdomínios mais específicos, como capacidades matemáticas ou linguísticas, amizades com pessoas do mesmo sexo ou do sexo oposto, aparência e capacidade física. A noção era a de que experiências nesses domínios específicos poderiam, se repetidas o bastante, repercutir em níveis mais gerais do *self*. Talvez então os programas educacionais pudessem ajudar crianças a vivenciar autopercepções mais positivas do *self* nesses domínios e, posteriormente, facilitar o desenvolvimento de um forte senso de *self* e uma elevada autoestima.

Entretanto, a complexidade do sistema do *self* precisa de tempo para se desenvolver. Crianças de 5 a 8 anos normalmente têm percepções muito simples de si mesmas. Têm pouca experiência e capacidade de julgar seus níveis de capacidade e suas características em relação aos outros. Concentram-se no "aqui e agora" e naquilo que está à vista. Demonstram pouca capacidade de perceber abstrações, como a saúde, e em grande parte raciocinam em um nível "bandido e mocinho", em que seu comportamento é regulado externamente para satisfazer ou moldar-se aos outros. Nessa idade, é possível mensurar percepções de aparência, aspectos como altura e capacidades como velocidade de corrida e, em menor intensidade, capacidade como trabalhos escolares e popularidade entre amigos. Está claro que aparência física e atividades esportivas são demasiado públicas e se sobressaem mais. Mesmo assim, percepções nessa idade não são sofisticadas e costumam ser imprecisas, à medida que são excessivamente otimistas. Crianças mais jovens não dominam o conceito de diferenças de capacidades entre seus pares e creem que o melhor desempenho é fruto do maior esforço. Assim, são altamente motivadas, esforçam-se e são ansiosas para agradar aqueles que as cercam, como pais e professores. Em certa medida, é lamentável que esse estado psicológico ingênuo, mas positivo, não dure mais tempo.

À medida que se desenvolvem (9 a 12 anos), as crianças aprendem a comparar suas capacidades e tornam-se mais precisas nas suas avaliações. Também são mais capazes de diferenciar seu desempenho em um conjunto maior de domínios, como trabalhos escolares, amizades, aparência e habilidades físicas (NICHOLLS, 1989). É possível, então, explorar uma autoestima generalizada ou global, que reflete melhor seu estado emocional. Elas começam a se dar conta de que a combinação de esforço e capacidade é igual a maior desempenho, o que começa a influenciar de fato seu nível de motivação. Por exemplo, se constatam ter baixa habilidade para jogar futebol e não julgam que seus esforços sejam suficientes para superar isso, podem correr o risco de desenvolver e introjetar uma sensação de impotência, ou seja, um estado em que impera a crença de que "por mais que eu tente, não fará diferença, então por que continuar tentando?". Fica fácil desistir. Infelizmente, essa situação é muito evidente no que tange à participação na prática de atividades físicas na segunda infância, juventude e idade adulta.

Na adolescência, há o desenvolvimento de um sistema do *self* mais complexo, semelhante ao do adulto, construído a partir de percepções em vários âmbitos da vida. O Perfil de Autopercepção para Adolescentes de Harter (1988) procura avaliar percepções de competência em 12 áreas da vida. A adolescência é um período em que o *self* diretor trabalha bastante. Havighurst (1972) sugere que a tarefa básica do adolescente é encontrar e estabelecer uma identidade. Jovens nessa faixa etária têm um senso de autoestima, mas podem ser inconscientes e temperamentais enquanto procuram achar seu lugar.

Percepções do *self* continuam sendo indicadores de comportamentos ao longo da vida. Na velhice, por exemplo, há um forte sentido para achar que o desenvolvimento e a aprendizagem ainda estão em curso (STATHI; FOX; MCKENNA, 2002). A necessidade de um significado de conquista pessoal não necessariamente diminui e continua fazendo parte do bem-estar subjetivo. Com efeito, deixar de gerir a vida cotidiana de forma independente e eficaz devido a alguma incapacidade mental ou física pode ser um importante fator de depressão em adultos. Permanecer ativo e socialmente envolvido é fundamental para a saúde mental de idosos, pois ajuda a prevenir e retardar o surgimento de demências e a manter a função física. O conceito de letramento corporal é, pois, igualmente relevante para idosos e para jovens. Esse assunto será discutido em mais detalhes no Capítulo 10.

O *self* corporal

Após o reconhecimento da multidimensionalidade do sistema do *self*, passou-se a prestar mais atenção às suas partes. Aspectos físicos do *self* passaram a ser vistos como elementos consistentes e importantes, o que não é de surpreender, dado que o *self* corporal é visível e o instrumento primário de interações face a face. O *self* corporal costuma ser comparado ao *self público*, já que oferece um veículo para funções humanas importantes como sustento, expressão, sexualidade e celebração.

Com base no trabalho conduzido por Sonstroem (1978), Fox e Corbin (1989) analisaram mais sistematicamente a estrutura e o conteúdo do *self* corporal. Valendo-se de questionários e entrevistas abertas, perguntaram a jovens de ambos os sexos o que os fazia sentir bem ou mal acerca de seus *selfies* corporais e como isso influenciava a percepção que tinham de si mesmos em termos gerais. Como resultado, desenvolveu-se o Perfil de Autopercepção Física (PAPF) (FOX, 1990), que oferece um meio para avaliar a competência ou a adequação percebida nos subdomínios da força física, da condição física, da aparência corporal e da competência esportiva. Uma subescala de autovaloração física foi incluída para representar um julgamento global, semelhante a uma versão específica de aspectos da autoestima global. De maneira análoga, o Questionário de Autodescrição Física foi desenvolvido por Marsh et al. (1994). Ambos os instrumentos foram largamente usados em pesquisas e traduzidos para diversos idiomas. Versões distintas foram desenvolvidas para crianças e outros grupos a fim de compreender melhor como o *self* corporal opera e varia de população para população. Chegou-se a várias descobertas fundamentais a partir de mais de uma centena de estudos utilizando-se esses instrumentos.

1. O *self* corporal está intimamente relacionado à autoestima global, com coeficiente de relação de Pearson (r) variando entre 0,6 - 0,7. Também se relaciona a outros indicadores de saúde psicológica, como estabilidade emocional. Programas destinados a percepções corporais do *self* podem ser usados para melhorar a autoestima e a saúde mental.
2. Autopercepções corporais predizem com estreita margem de erro a quantidade e o tipo de envolvimento em atividades físicas e esportes. Há evidências de um efeito causal em jovens, sugerindo que os programas precisam considerar seu efeito sobre a autopercepção corporal a fim de estimular a participação na prática da atividade física.

Essas duas descobertas reforçam a importância de desenvolver e manter os atributos do letramento corporal relacionados à motivação, confiança e autoestima. O mais importante aqui é a natureza da relação entre o praticante e o profissional que supervisiona a atividade. Retomaremos essa questão mais adiante e também no Capítulo 14.

O papel da importância percebida

Os conceitos de valor e importância mencionados anteriormente neste capítulo também foram aplicados no domínio físico. No estudo inicial de James (1892), a autoestima era vista como o resultado de uma relação entre competências e ambições ou aspirações. Resumindo, ele acreditava que o nível de autoestima depende do nível em que nos sentimos capazes de ser a pessoa que queremos ser. Naqueles aspectos da vida que identificamos uma necessidade de crescer, mas nos sentimos inadequados, a autoestima diminuirá, enquanto um acréscimo na autoestima resultará da competência para obter conquistas e objetivos condizentes com tais aspirações.

Essa hipótese foi operacionalizada por psicólogos sociais como uma avaliação da importância percebida do *self* para aspectos da vida. Seguindo a pista de Harter, Fox e Corbin desenvolveram um Perfil de Importância Percebida (PIP) junto com o PAPF para medir a importância do *self* em cada um dos subdomínios do PAPF. Sempre que se atribuía muita importância a um domínio de pouca competência as discrepâncias surgiam, indicando que as aspirações não tinham sido satisfeitas. Como ficou demonstrado em vários estudos em diferentes países e idiomas, quanto maior era essa discrepância, menor a autovaloração corporal e a autoestima global dos indivíduos.

Existem boas evidências de que adolescentes do sexo feminino e uma parcela dos de sexo masculino menosprezam a importância da atividade física e da competência esportiva. Se esse desprezo puder ser associado a um domínio perceptivo particular, como, por exemplo, a competência motora, então a baixa competência não terá importância. Quando a participação é obrigatória, como em aulas de educação física, não surpreende que essa manifestação de desprezo venha acompanhada de justificativas ou atestados de dispensa da prática, ou, então, por um simples "Não dou a mínima".

Eis aqui um dilema para o educador ou especialista em promoção da saúde. Deixar passarem despercebidas questões relativas à baixa competência pode resultar ao menos em um conforto, ainda que temporário, para o *self* e para o bem-estar mental. Se nos sentíssemos à vontade com as competências e esquecêssemos as fraquezas, a vida seria bem melhor. No entanto, para outros aspectos da saúde e do bem-estar, precisamos incentivar os jovens a permanecer envolvidos com suas habilidades físicas por tanto tempo quanto possível. Os fundamentos do letramento corporal sugerem que isso é essencial. É preciso, então, recorrer a estratégias para evitar que os jovens desdenhem habilidades em áreas nas quais há óbvias vantagens para si mesmos e sua saúde. É justamente o caso de jovens, que ainda estão em fase de crescimento e desenvolvimento, de modo que não se pode ter uma boa previsão da sua capacidade futura a partir do nível atual de capacidade. A competência motora e a aptidão física têm muito a contribuir.

Mais ainda, existem áreas do *self*, particularmente no âmbito do domínio corporal que são difíceis de ignorar. Em adolescentes e jovens do sexo feminino, a primeira fonte de discrepância origina-se de um descompasso entre o grau de atratividade física percebida e a importância da atratividade ou de "parecer bonita". Garotos também sofrem, mas em menor grau.

Nesse caso, valores sociais, refletidos em ícones, linguagem e *status*, salientam que o corpo precisa parecer magro, tonificado e atrativo. Se os jovens se sentem infelizes com seus corpos, e as pesquisas mostram que é o caso da imensa maioria das adolescentes (HILL, 2006), então é improvável que diminuam a importância do "parecer bonita". A pressão social influencia a todas, exceto as jovens mais individualistas ou determinadas, cujo senso de *self* é mais robusto em outras dimensões da vida ou por serem dotadas de uma personalidade mais forte, de forma a lidarem melhor com essa discrepância.

Assim, parece que os níveis percebidos da competência ou adequação não explicam inteiramente a questão da autoestima. A importância percebida, que é uma espécie de valor, também pode ter sua influência. Embora essa noção seja plausível intuitivamente, segue sendo controversa, pois não foram encontradas evidências estatísticas que possam corroborá-la por inteiro (MARSH; SONSTROEM, 1995). Entretanto, é claro que valores sociais e sua relação com valores individuais são um fator fundamental para termos um panorama completo da autopercepção e de como influenciam o comportamento e o bem-estar mental de cada um. Isso tende a ser particularmente importante para jovens, que ainda estão no processo de formular seus próprios sistemas de valores.

O *self* corporal e a participação na atividade física

O *self* corporal pode ser visto como um mediador central na escolha e na continuidade das atividades físicas e sociais. Seguindo as estratégias de autoaprimoramento operadas pelo *self* diretor, há uma forte tendência a impulsionar o *self* a tomar parte sobretudo naquelas atividades que geram uma percepção ou uma sensação de competência e sucesso. Isso está em consonância com a teoria da motivação para a competência (HARTER, 1978) e aplica-se a toda a gama de atividades físicas, como dança, apresentações musicais, esportes físicos, atividades de condicionamento, corrida, ciclismo ou natação. Também explica a prática de atividades como levantamento de peso, desfiles de moda ou animação de torcidas, que permitem a expressão ou demonstração de atributos valorizados do *self* corporal. Por outro lado, aspectos da vida que trazem um sentimento de inadequação, estresse ou constrangimento tendem a ser evitados por aqueles que não têm orgulho ou sentem vergonha do seu *self* corporal e, por isso, mantêm-se longe de atividades como dança, natação e quaisquer outras que impliquem exposição pública.

Pesquisas revelam de forma consistente que pessoas com níveis mais elevados de competência motora percebida são muito mais propensas a ser fisicamente ativas. A direção da causalidade é desconhecida, mas é provável que seja resultante de um processo iterativo bidirecional. Por um lado, há uma atração natural para tomar parte em atividades em que a competência possa ser expressa de modo que o ímpeto advém das próprias autopercepções. Ironicamente, clubes esportivos e academias atrairão pessoas que já se sentem bem com suas capacidades. A força motivacional costuma ser denominada *autoaprimoramento* e, em sua maior parte, é impulsionada pelo próprio indivíduo. Por outro lado, participar de atividades físicas, ser orientado a treinar e a jogar regularmente fortalecerá habilidades e também a autopercepção de competências. A força motivacional, nesse caso, é denominada *aprimoramento de habilidade*. Esse processo está por trás de programas de ensino e de saúde criados para fortalecer habilidades físicas, tomada de decisão e autoconfiança.

Qualquer que seja o impulso motivacional em operação, no momento em que os jovens deixam a escola, é possível prever de 70 a 80% do seu grau de participação em esportes e exercícios a partir dos resultados que obtiverem no PAPF. Esse efeito pode perdurar durante a vida, com adultos de meia-idade alegando que são sedentários "porque não fazem o tipo esportivo" (THE SPORTS COUNCIL AND HEALTH EDUCATION AUTHORITY, 1992). Nas pessoas mais velhas, a confiança na capacidade de caminhar e executar as tarefas do dia a dia sem auxílio é algo importante.

O desenvolvimento no início da vida é, portanto, um momento crítico para a construção das percepções do *self* corporal, e este, por sua vez, pode influenciar a prática de atividades físicas e esportes durante a vida inteira. O jovem que desiste mais cedo não será beneficiado por apoio posterior, e é improvável que melhore em comparação àqueles que integraram equipes de prática esportiva. Em um sistema no qual não há essa supervisão, é fácil identificar uma espiral, para cima ou para baixo, em que os mais talentosos se tornam cada vez melhores, enquanto os menos talentosos tornam-se cada vez piores. E os efeitos disso podem ser duradouros. Uma vez que se forme no indivíduo uma identidade não esportiva ou não ativa, será necessária uma intervenção drástica para mudar essa percepção. Ao contrário, uma vez que uma identidade esportiva ou favorável ao exercício é constituída, ela própria cuidará de alimentar a si mesma. Indivíduos que se veem como atletas ou dançarinos tenderão a investir nessas subculturas escolhendo amigos com interesses comuns, comprando roupas adequadas a essa imagem e comportando-se de forma condizente com essas subculturas.

Realçando e desenvolvendo o *self* corporal

Há espaço para pais, cônjuges, líderes, professores e colegas ajudarem as pessoas, durante toda a vida, a alcançar um *self* corporal positivo e uma autoestima elevada. Esse tema será desenvolvido nos Capítulos 13 e 14 (ver também WHITEHEAD; MURDOCH, 2006).

Em toda a literatura da psicologia social emergem vários elementos-chave da emotividade humana, independentemente de faixas etárias, que são importantes para o bem-estar. São eles:

- a necessidade de sentir-se competente;
- a necessidade de sentir-se autônomo;
- a necessidade de sentir-se importante;
- a necessidade de sentir-se pertencente.

O *self* corporal pode desempenhar um papel importante no desenvolvimento de algumas dessas necessidades. O desenvolvimento de capacidades motoras parece um caminho óbvio para ajudar as pessoas a sentirem-se competentes e experimentarem um bem-estar psicológico. No entanto, isso não é tão simples como parece. A competência costuma ser julgada pelo indivíduo ou pela sociedade em comparação a outras pessoas de idade e gênero semelhantes. Como relatado anteriormente, o julgamento intuitivo de desempenhos por meio da comparação com o outro começa em crianças nos anos finais do ensino fundamental. Por exemplo, as crianças tornam-se gradualmente mais precisas ao se compararem com seus colegas de turma. Logo passarão a perceber aqueles mais atléticos e motoramente competentes, a reparar em características mais ou menos atraentes, a julgar quem são os mais populares e mais sagazes. Evidentemente, aqueles que ocuparem os postos mais altos desse *ranking* desenvolverão um senso mais forte de competência percebida. Esses jovens também serão os primeiros a serem escolhidos para integrar equipes esportivas e terão o devido reconhecimento quando se saírem bem. A excelência, pela própria definição, supõe exclusividade, pois se baseia em um desempenho notável e fora do comum. A competência percebida baseada apenas em comparações dessa natureza sugere que ela só é acessível aos mais talentosos.

Felizmente, aplicando a teoria de estabelecimento de metas no contexto da atividade física, pesquisadores como Duda et al. (1999, p. 143) e Roberts (1992) descobriram que é possível manter, simultaneamente, dois esquemas, ou duas teorias de senso comum, que permitem o desenvolvimento de um sentido de competência na atividade física. A primeira chama-se *orientação ao ego* e baseia-se em referenciamento externo por meio de comparações com normas e com o desempenho dos semelhantes. Usando essa perspectiva, para se sentir competente é preciso ao menos acreditar que o seu desempenho é superior ao daqueles que o rodeiam. O esquema alternativo refere-se à *orientação à tarefa ou para maestria,* em que o indivíduo se concentra diretamente na autocomparação e no progresso pessoal. O sucesso é julgado a partir do domínio de tarefas como aprender uma atividade física ou ser capaz de subir uma ladeira em menos tempo que antes, como forma de tornar-se mais condicionado. A beleza da orientação para maestria é que é acessível a qualquer pessoa, a despeito do seu nível inicial de habilidade. Ela une-se perfeitamente à noção de que cada um trilha a sua própria jornada de letramento corporal e de que esse letramento diz respeito ao engajamento pessoal e ao domínio de uma atividade em vez de remeter à obtenção de resultados comparáveis aos de outrem.

Entretanto, o mundo é competitivo por natureza, e a seleção ocorre abertamente por meio da comparação entre indivíduos, seja de competência motora, aptidão, esporte ou procura de um parceiro ou de um trabalho. Assim, não é surpresa que orientações ao ego tendam a ser dominantes. O professor, o pai ou o líder eficaz contrabalançará isso enfatizando constantemente a importância de concentrar-se na melhoria do desempenho e no domínio de habilidades e tarefas. A comparação com os outros não é recomendada, pois o esforço empregado no progresso pessoal é o segredo para a mudança e para a motivação de longo prazo. Até mesmo esportistas de primeira linha usam essa abordagem, que os estimula diante do tédio do treinamento e também os ampara quando são derrotados em uma competição. Uma abordagem com foco na maestria é, portanto, fundamental para ajudar as pessoas a vivenciar a competência. Verificou-se que esses aspecto é importante em diferentes culturas e ao longo de toda a vida. Para poder experimentar um bem-estar subjetivo, por exemplo, idosos precisam sentir que estão aprendendo, desenvolvendo-se e crescendo com relação às suas capacidades (PO-WEN KU; MCKENNA; FOX, 2007; STATHI; FOX; MCKENNA, 2002).

Em um mundo em que somos seduzidos por meio de imagens midiáticas (que costumam ser modificadas artificialmente) a almejar padrões inalcançáveis e irreais de aparência, essa mesma abordagem de autoreferenciamento vem bem a calhar. Um grande contingente de jovens atravessa a adolescência insatisfeito com o tamanho, as formas e a aparência dos seus corpos (HILL, 2006), a tal ponto que o *corpo* se torna um elemento indesejado do *self*. A menos que possamos encontrar maneiras de ajudar os jovens a aceitarem-se como são e a celebrarem sua singularidade e individualidade, muitos deles envelhecerão sentindo-se pouco confiantes e introspectivos. Está claro que isso traz importantes questões sobre abordagens para ajudar pessoas com sobrepeso ou obesas a lidar com uma condição que é potencialmente prejudicial à saúde. Surge aqui um dilema para profissionais de saúde: chamar a atenção para essa condição pode aumentar a sensação de insegurança e culpa, ainda que algo precise ser feito para enfrentar o problema. Adotar uma abordagem com foco na maestria concentraria a atenção para o incentivo ao esforço e à manutenção de comportamentos que possam combater tal condição, como atividade física e alimentação saudável, estabelecendo-se metas de curto e longo prazos para maestria pessoal. Exemplos dessa abordagem serão discutidos no Capítulo 8. Claro que o conceito de corporeidade no âmbito do letramento corporal encaixa-se perfeitamente nessa ideia. Uma vez que o corpo é vivenciado como parte integrante do *self*, e não um apêndice dele, uma interação mais harmônica e completa com a vida é possível.

É essencial à autoestima não apenas perceber-se competente, mas sentir-se digno de sucesso. Dito de forma sucinta, "não é apenas que eu o *fiz*, é o fato de *eu* tê-lo feito". Isso é considerado por psicólogos um traço de autodeterminação ou autonomia. As pessoas precisam sentir-se empoderadas e responsáveis pelo próprio destino. Para estimular a sensação de autonomia, professores, auxiliares e pais precisam examinar como suas interações podem possibilitar uma sensação de agência na conquista do sucesso. Tradicionalmente, o trabalho profissional de médicos, enfermeiros, técnicos e, em certa medida, professores tradicionalmente tem sido contraproducente. Esses profissionais muitas vezes enxergam a si mesmos como especialistas e detentores de todo o conhecimento. Eles curam, prescrevem, treinam, orientam ou ensinam de uma forma que induz a pessoa a atribuir suas conquistas à experiência do líder em vez de a si próprios. Quando se compartilha a tomada de decisão, a terminologia mais apropriada seria *facilitador* ou *coordenador*, e os êxitos devem ser atribuídos aos esforços e às iniciativas do indivíduo. Ensinar o processo de aprendizagem é, portanto, fundamental para a autodeterminação. O verdadeiro objetivo de profissionais, líderes e até mesmo pais é tornar-se redundantes à medida que o indivíduo toma consciência da sua própria independência. Questões sobre a relação entre profissional e praticante no contexto da atividade física são tema do Capítulo 14.

Isso é particularmente verdadeiro em nossa abordagem de trabalho com idosos. O segredo para um bem-estar mental duradouro é sentir-se importante, envolvido e necessário, mas a sociedade está se transformando de tal forma que subtrai da população idosa seu senso de pertencimento. A estrutura familiar tradicional, em que os avós eram tidos em alta conta e desempenhavam um papel importante, está se esfacelando. O senso comunitário e de vizinhança está se perdendo, à medida que pequenas lojas e estabelecimentos de serviço migram para grandes centros. Para manter a independência, é importante procurar meios de manter os idosos ativos e socialmente valorizados.

A atividade física é um importante facilitador da interação social e ajuda a manter as funções motoras e mentais na velhice. Entretanto, a atividade física pode também ser um agente social muito importante para todas as faixas etárias. As crianças, por exemplo, organizam sua atividade física em torno das amizades (JAGO et al., 2009). Pertencer a clubes ou times, tomando parte em esportes tradicionais, como futebol, basquete e vôlei, ou atividades como grupos de dança de rua ou *skate* pode ser muito importante para desenvolver o bem-estar social e o sentimento de importância social.

O letramento corporal e o *self*

O *self* corporal contribui intrinsecamente, por meio da expressão da aparência, da competência motora e da participação social, com aspectos mais gerais do bem-estar, como a autoestima. Ele age como uma interface pública poderosa com o mundo e, como tal, pode ser considerado o elemento mais importante da complexidade do *self*, particularmente nas sociedades ocidentais, em que o individualismo está arraigado há décadas, senão há séculos. Mesmo nas sociedades ocidentais, houve épocas em que a individualidade não era acessível à vasta maioria da população, economicamente composta por servos e camponeses (BAUMEISTER, 1987). Em sociedades coletivas e culturas espiritualizadas, como o budismo, o *self* é menos definido, e o *self* corporal é menos proeminente ou até mesmo renegado. Seria o caso de supor, portanto, que o *self* corporal é, ao menos em parte, um construto cultural, e as características que o compõem variam de população para população.

O letramento corporal é conceitualmente compatível com a ideia de um *self* corporal saudável e positivo. Um *self* corporal saudável parece contribuir para o incremento da autoestima e de outros elementos do bem-estar psicológico, como estabilidade emocional, capacidade de lidar com as demandas cotidianas e satisfação com a vida e qualidade de vida. Ele pode ser orientado na direção de comportamentos saudáveis, como praticar atividades físicas, alimentar-se bem e interagir socialmente de modo positivo. Indivíduos corporalmente letrados, e, portanto, dotados de um *self* corporal saudável, terão a capacidade de minimizar a inibição e superar a falta de confiança para envolver-se, aprender e evoluir. Apresentarão um grau de autoconhecimento que reconhece forças e fraquezas e uma maturidade de aceitar a si mesmo e encarar problemas pessoais de maneira positiva. Em sua maioria, terão a capacidade de adaptação saudável à medida que envelhecem.

O letramento corporal descreve uma combinação de atributos mentais e comportamentais que sustentam o desenvolvimento e a manutenção de um *self* corporal saudável. É um conceito que oferece uma perspectiva muito útil para professores, cuidadores e líderes compreenderem os complexos processos catalisadores de vários aspectos do bem-estar durante todas as etapas da vida.

Leituras recomendadas

FOX, K. R. How to help your children become more active. In: GONZALEZ-GROSS, M. (ed.). *Active healthy living*: a guide for parents. Brussels: Coca-Cola Europe, 2009. p. 52-67.

FOX, K. R. The physical self and processes in self-esteem development. In: FOX, K. R. (ed.). *The physical self*: from motivation to well-being. Champaign: Human Kinetics, 1997. p. 111-129.

FOX, K. R.; WILSON, P. Self-perceptual systems and physical activity. In: HORN, T. (ed.). *Advances in sport psychology*. 3.ed. Champaign: Human Kinetics, 2008. p. 49-64.

8

Letramento corporal e obesidade

Paul Gately

Introdução

Foi dito na Parte I que o letramento corporal pode abrir um leque de oportunidades no campo da atividade física, podendo resultar em benefícios de longo prazo em termos de qualidade de vida. É preocupante a atual tendência mundial à obesidade, que se mostra um grande obstáculo para que um maior número de pessoas se torne corporalmente letrado. Elas tendem a evitar a atividade física, acarretando em prejuízos para sua saúde em termos gerais, como também para a autoconfiança e para a autoestima. Desenvolver o letramento corporal pode ser uma maneira de ajudá-las a enfrentar o problema da obesidade. Mesmo assim, como veremos neste capítulo, a questão está longe de ser tão simples. As pesquisas ainda precisam identificar estratégias claras e válidas para prevenir e curar a obesidade. Embora a promoção da atividade física não é em si o remédio, as evidências sugerem que intervenções que incluem programas de atividade física podem ser bem-sucedidas.

Este capítulo examina o letramento corporal no contexto do atual problema da obesidade em boa parte do mundo ocidental. As causas da obesidade são discutidas, assim como algumas recomendações para abordar a questão. Alguns dos efeitos da obesidade, particularmente nos jovens, são descritos. Recorremos às pesquisas mais recentes e concluímos o capítulo traçando uma estratégia organizada para combatê-la.

Níveis atuais de obesidade

Os níveis de sobrepeso e obesidade aumentaram significativamente nas últimas três ou quatro décadas e, embora os níveis e as taxas de aumento possam variar, no mundo: nenhum país ficou imune a esse crescimento durante o período. A Tabela 8.1 traz dados do National Children's Measurement Programme

Tabela 8.1 Porcentagem no ingresso escolar e no 6º ano para meninos e meninas divididos segundo peso durante o National Children's Measurement Programme 07/08

	Ingresso (5 anos)		6º ano (11 anos)	
	Meninos	Meninas	Meninos	Meninas
Obesidade	10,4	8,8	20	16,6
Sobrepeso	13,6	12,3	14,4	14,2
Peso normal	74,5	77,9	64,5	67,9
Abaixo do peso	1,5	1,0	1,2	1,6

(Programa Nacional de Mensuração Infantil, NCMP) (DOH, 2009b), da Inglaterra, ilustrando os altos níveis de sobrepeso e obesidade em crianças.

Esses dados mostram que os níveis de sobrepeso e obesidade são altos e aumentam com a idade. Com base nesses números, pode-se estimar que cerca de 4,5 milhões de pessoas abaixo de 18 anos têm problemas de peso no Reino Unido, o que as deixa vulneráveis a problemas de saúde física e mental. Além disso, dados da Health Survey of England (Pesquisa de Saúde da Inglaterra, ver Fig. 8.1) mostram que os níveis de sobrepeso na população adulta permaneceram mais ou menos estáveis durante os últimos 15 anos, enquanto os níveis de obesidade aumentaram

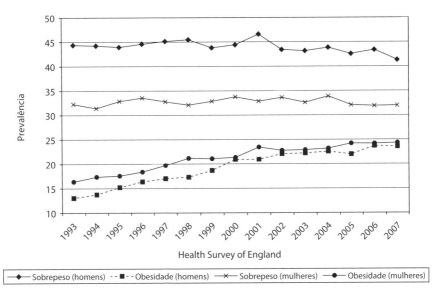

Figura 8.1 Prevalência de sobrepeso e obesidade em todos os homens e mulheres de 1993 a 2007.

substancialmente. Tais níveis crescentes de uma doença evitável fizeram soar o alarme para uma ação generalizada, do nível global ao local — da Organização Mundial da Saúde e dos próprios indivíduos.

A obesidade é um importante preditor de uma série de fatores de risco para problemas de saúde, incluindo: doenças cardiovasculares, diabetes tipo 2 e algumas formas de câncer (FLEGAL et al., 2007). Diante de tais riscos muito evidentes para grande parcela da população, o impacto futuro nos serviços de saúde é preocupante. Um relatório histórico, The Foresight Report: Tackling Obesities (DTI, 2007) (*Relatório Foresight*: enfrentando a obesidade), chamou a atenção não apenas para as implicações da obesidade, mas para o impacto social e econômico que a doença traz. Estima-se que o custo anual da obesidade à economia do Reino Unido somará 50 bilhões de libras até 2050, contra 10 bilhões de libras previstos para financiar o sistema de saúde.

Causas e consequências da obesidade

A primeira lei da termodinâmica afirma que a energia não pode ser criada ou destruída, mas apenas modificada em sua forma. Portanto, só se pode ganhar peso devido a um balanço energético positivo, ou seja, se a ingestão de energia na forma de calorias for maior que o dispêndio dessa energia. Essa lei é importante pois trata do princípio fundamental de todas as condutas de perda/gerenciamento de peso. Embora seja simples e qualquer um possa compreender seu princípio básico, essa lei não leva em conta o grande número de influências atuando na ingestão e no dispêndio de energia pelo homem do mundo contemporâneo.

Embora fatores genéticos sejam importantes, os genes não podem ser responsabilizados pela enorme mudança nos níveis de sobrepeso e obesidade ocorrida nas últimas quatro ou cinco décadas. Mais relevante são as mudanças no ambiente, que influenciaram a ingestão e o gasto energético. O *Relatório Foresight* (DTI, 2007) elencou uma série de fatores físicos, psicológicos, sociais e culturais que têm influenciado o ganho de peso da população. Uma análise feita por Ulijaszek (2007) trouxe à tona uma série de fatores socioculturais que transformaram a obesidade em uma consequência inevitável da sociedade contemporânea. Segundo Hayes et al. (2005), a partir do uso de instrumentos e maquinários mais eficientes como base da agricultura, mudanças drásticas no nível de atividades físicas (NAFs) vêm ocorrendo na população britânica, de 3,2 NAFs para 2,2/1,2 NAFs.* O *Relatório Foresight* (DTI, 2007, p. 8) sugere que "A revolução tecnológica do século XX

---

* N. de R.T. A sigla NAF refere-se a um valor numérico que expressa o *nível de atividade física* por dia. Esse valor resulta da proporção entre o total de gasto energético em 24 horas pela taxa metabólica basal. Quanto maior o valor, maior o nível de atividade física da pessoa. Valores abaixo de 1,7 são considerados indicadores de estilo de vida sedentário. Em inglês, a sigla é PAL, de *physical activity level*.

trouxe consigo um 'ambiente obesogênico' que se presta a demonstrar a vulnerabilidade biológica dos seres humanos".

O aumento da oferta de alimentos altamente calóricos em grandes porções e os avanços tecnológicos que reduziram os níveis diários de atividade física são dois dos principais fatores que criaram esse ambiente tóxico. A redução da atividade física é evidente tanto no advento de equipamentos que poupam nosso trabalho como na crescente procura por atividades de lazer sedentárias. Além disso, modelos inadequados propagados pelos meios de comunicação e o crescente temor da parte dos pais de permitir que seus filhos brinquem sozinhos na rua só exacerbam o problema.

Influência da mídia

A relação entre mídia e obesidade é uma área ainda muito pouco estudada. Os meios de comunicação, incluindo TV, rádio, internet e revistas, têm se concentrado em alertar o público para os perigos do sobrepeso e da obesidade. Eles defendem campanhas alertando para a questão e promovem iniciativas midiáticas com programas do gênero *reality shows* como *Spa das celebridades*, *Você é o que você come* e *O grande perdedor*. Entretanto, o modo como os meios de comunicação e a obesidade estão associados segue obscuro, sobretudo porque a mídia pode exercer uma influência nociva — por exemplo, promovendo comportamentos sedentários, inatividade física e consumo de petiscos. Na verdade, algumas pesquisas pioneiras sobre essa questão, conduzidas por Dietz e Gortmaker (1985), mostraram uma relação positiva entre o hábito de assistir à TV e a obesidade. Desde então, estudos semelhantes vêm apresentando resultados inconclusivos. Marshall et al. (2004, p. 1238) sugeriram que "as relações entre comportamento sedentário e saúde não são suscetíveis de explicação usando-se unicamente marcadores de inatividade, como o hábito de assistir à TV ou jogar *videogames*".

Boyce (2007), em um estudo de revisão de literatura, identificou a falta de dados associados à potencial influência na imagem corporal e também comentou o paradoxo entre a questão da escala de obesidade e o grande número de relatos associados ao subpeso. Grogan (2008) corrobora isso, acrescentando que a mídia exibe mulheres de magreza anormal, enquanto os homens tendem a ser mostrados com o peso normal. Tais mensagens, bombardeadas o tempo inteiro em um enorme público de crianças e adultos, tendem a influenciar as percepções de sobrepeso e obesidade.

Influência dos pais

A recente campanha de saúde pública Change4Life* baseou-se em um trabalho de pesquisa de consumidores realizado pelo Department of Health (Departamento de Saúde, 2008) e forneceu informações valiosas sobre atitudes e crenças paternas. Os pais foram agrupados com o objetivo de traçar determinadas características para nortear estratégias de intervenção. Como se nota em outros trechos deste livro, por exemplo, no Capítulo 13, os pais exercem grande influência nos jovens em matéria de prática de atividade física e hábitos de exercício.

Alguns das mais importantes e relevantes descobertas da campanha Change4Life incluíram:

- os pais tinham uma noção imprecisa do seu peso e do peso dos seus filhos;
- muitos tinham pouco conhecimento dos riscos do sobrepeso e da obesidade;
- muitas vezes não associavam problemas de saúde a comportamentos sedentários;
- acreditavam que crianças felizes eram crianças saudáveis;
- subestimavam sua importância como exemplo e modelo a seguir.

Mais especificamente no que diz respeito às atividades físicas, chegou-se às seguintes conclusões:

- permitia-se e até se incentivava as crianças ao sedentarismo;
- o comportamento sedentário era visto como um símbolo de *status*;
- as crianças queriam ser ativas;
- os pais acreditavam que seus filhos já eram ativos;
- a atividade física não tinha prioridade na rotina familiar;
- atividades fora da escola eram consideradas muito caras;
- os pais relutavam em fazer exercícios;
- brincar fora de casa era considerado muito perigoso.

Essas conclusões são importantes e evidenciam parte da influência decorrente de atitudes familiares em relação à prática de atividade física. Também demonstram a aceitação, quando não o endosso, de uma cultura de inatividade física pela população adulta. Esses apontamentos são relevantes para o comportamento atual e futuro das crianças, e a pesquisa também revela a visão cristalizada da população adulta. Tais atitudes precisam ser abordadas como parte da estratégia de combate à obesidade, sobretudo devido à influência direta do comportamento dos pais e pela sua própria saúde e bem-estar.

---

*N. de R.T. Essa é uma campanha promovida pelo National Health Service (NHS) (Serviço Nacional de Saúde do Reino Unido).

A percepção, muitas vezes equivocada, do sobrepeso e da obesidade entre os pais, conforme mencionamos anteriormente, também foi objeto da pesquisa de Jeffrey et al. (2005). Eles relataram as percepções distorcidas que os pais tinham sobre o peso dos seus filhos obesos ou com sobrepeso. Jeffry et al. (2005) descobriram, em 277 pais de crianças de pesos distintos, que aproximadamente 50% deles identificavam corretamente a obesidade do filho, enquanto apenas 25% deles apontavam o sobrepeso no filho. Smith, Gately e Rudolf (2008) conduziram um estudo parecido com profissionais da saúde e descobriram que aproximadamente 75% deles subestimavam o sobrepeso infantil e 50% subestimavam a categoria de peso das crianças obesas. Essas descobertas foram também confirmadas no recente trabalho de pesquisa de consumidor, conduzido pelo UK Department of Health (Departamento de Saúde do Reino Unido) como parte da estratégia Healthy Weight Healthy Lives (Peso Saudável, Vidas Saudáveis) (DOH, 2008). Dado que os níveis de sobrepeso e obesidade aumentaram expressivamente nas últimas quatro a cinco décadas, como indicamos no início do capítulo, surpreende que essas percepções sejam tão equivocadas. Entretanto, esses ganhos de peso são de aproximadamente 900 g por ano, um aumento um tanto difícil de perceber por meio da simples observação.

Prevenção e tratamento da obesidade

Infelizmente, a base de evidências na prevenção e no tratamento da obesidade é limitada. Algumas revisões sistemáticas chegaram a conclusões semelhantes (EPSTEIN; MYERS, 1998; SUMMERBELL et al., 2003): a base de evidências a partir da qual se possa tirar conclusões é muito fraca para possibilitar orientações definitivas. A orientação do National Institute of Health and Clinical Excellence (Instituto Nacional de Saúde e Excelência Clínica, NICE) (2006) fornece aos profissionais da saúde as recomendações mais pragmáticas para agir em casos de obesidade adulta e infantil. Os pontos principais desse guia incluem as seguintes medidas:

- oferecer um ambiente de apoio e motivação;
- envolvimento familiar;
- mudança de comportamentos, por exemplo, o estabelecimento de metas;
- educação e aconselhamento alimentar;
- reduzir comportamentos sedentários;
- um estilo de vida com atividade física rotineira;
- rotina de atividade física estruturada;
- prática com orientação profissional;
- apoio de longo prazo.

Essa lista abrange uma ampla variedade de medidas. Embora a atividade física seja importante, a base de evidências diz que tomá-la como única ferramenta para a perda de peso tem um impacto limitado na massa corporal (EPSTEIN; MYERS, 1998; SUMMERBELL et al., 2003). Não obstante, uma série de estudos examinou maneiras de promover a atividade física utilizadas em intervenções contra a obesidade infantil.

Em termos de tipos de atividade física para combater a obesidade, esses estudos empregaram exercícios aeróbicos nas modalidades de caminhada, corrida ou ciclismo (EPSTEIN et al., 1994; EPSTEIN; GOLFIELD, 1999; GUTIN et al., 1999; SASAKI et al., 1987; SOTHERN et al., 2000). Sasaki et al. (1987) usaram a corrida no limiar de lactato, ajustada mês a mês, para garantir uma razoável intensidade do exercício. Alguns estudos usaram atividades baseadas em esportes e jogos, mas o objetivo era sempre manter um gasto elevado de calorias durante essas atividades (ROCCHINI et al., 1988). Treuth et al. (1998) e Sothern et al. (2000) reportaram a aplicação de programa de treinamento de resistência. Um estudo feito por Lee et al. (1994) abrangeu um programa de treinamento militar básico de cinco meses aplicado a cingapurianos de 17 a 19 anos obesos e com sobrepeso. Esses são exemplos de pesquisadores que fizeram uma abordagem reducionista da promoção da atividade física e a prescreveram como uma atividade com intensidade, frequência e duração preestabelecidas. Tais estudos podem ser úteis para compreender os mecanismos fisiológicos, mas é improvável que levem à prática da atividade física no longo prazo.

Epstein et al. (1994) apresentaram evidências consistentes dos benefícios de reduzir comportamentos sedentários, como limitar o acesso à TV, ao computador e aos *videogames*, em vez de promover atividades físicas específicas. Epstein et al. (1994) mostraram diferenças importantes naquelas crianças estimuladas a reduzir seu sedentarismo em relação àquelas submetidas a exercícios aeróbicos ou ginástica. A atividade física nesse estudo foi feita em bicicletas ergonômicas ou exercício orientado por vídeo no espaço de um laboratório. Dado que é improvável que tais formas de exercício tenham apelo para crianças e jovens, não é de surpreender que, no acompanhamento de longo prazo, os resultados dos exercícios prescritos foram limitados.

Vários pesquisadores desenvolveram e avaliaram uma série de formas alternativas de prescrição de atividade física (COHEN et al., 1991; GATELY et al., 2000a). Cohen et al. (1991) relataram o uso de atividades lúdicas como acrobacia, malabarismo e jogos com bola. Gately e Cooke (2003a) relataram o uso de um programa de exercícios baseado em habilidades e de cunho lúdico e também descreveram os componentes de sua abordagem de gerenciamento de peso, particularmente o emprego de uma metodologia de múltiplos componentes que inclui mudança dietética, aconselhamento nutricional, atividade física e mudança comportamental.

Considerando-se o conjunto dessas intervenções, é mais provável que a melhora dos componentes do letramento corporal, como motivação, confiança e competência, resulte de intervenções que ofereçam um amplo leque de experiências e procurem entusiasmar e estimular a participação dos jovens; em comparação a outras, mais prescritivas, que recorrem a uma abordagem mais reducionista. Uma das limitações da pesquisa é a falta de resultados específicos e de um acompanhamento de longo prazo (EPSTEIN; MYERS, 1998; NICE, 2006; SUMMERBELL et al., 2003). Outro desafio associado à base de evidências é que pouquíssimas intervenções dão detalhes dos mecanismos desses programas.

Nos últimos 10 anos tem-se visto uma grande mudança nas políticas de promoção de estilos de vida para enfrentar o desafio da obesidade, sendo principalmente associadas com estratégias de prevenção para aumentar a atividade física e reduzir a ingestão calórica. Por exemplo, ainda que o programa *Every Child Matters* (Toda Criança tem Importância) (DFES, 2003), do Department of Children, Schools and Families (Departamento para Crianças, Escolas e Famílias), não seja especificamente orientado ao combate à obesidade, seus objetivos primários devem ter uma influência positiva nos percussores da condição. Seguiu-se a ele o Choosing Health (Escolhendo a Saúde) (DOH, 2004b) e, mais recentemente, o *Relatório Foresight* (DTI, 2007), que detalhou não apenas as consequências da obesidade, mas também a série de fatores que contribui para ela, assim como suas consequências financeiras. A resposta do governo ao *Relatório Foresight* foi a estratégia Healthy Weight Healthy Lives (DOH, 2008), respaldada em seguida por uma série de outros documentos. Essa estratégia intragovernamental é focada em uma série de ações para atacar esse problema de saúde pública que é a obesidade.

Consequências físicas da obesidade

Como indicamos nos dados apresentados, há uma série de consequências negativas associadas à obesidade. Particularmente relevante para o letramento corporal é o conjunto de pesquisas que destacam o impacto da obesidade ou do sobrepeso nas competências físicas de crianças e jovens. Esse impacto afeta a tolerância ao exercício, o desenvolvimento de habilidades motoras básicas e o risco de lesão e de problemas cardiovasculares.

Gately e Cooke (2003b) compararam a tolerância ao exercício de crianças com sobrepeso e peso normal e constataram níveis mais baixos de tolerância em crianças obesas e com sobrepeso comparadas àquelas com peso normal, de modo que as crianças obesas tinham um pico de VO_2 (consumo máximo de oxigênio) 40% mais baixo que seus pares de peso normal. Dito de outra forma, quando as crianças obesas se exercitavam em uma intensidade que consideravam *muito difícil*, as crianças de peso normal descreviam a mesma intensidade como *leve a moderada*.[1]

Várias pesquisas mostraram que habilidades motoras básicas são fortemente associadas à prática de atividades físicas (BARNETT et al., 2008a; OKELY; BOOTH; PATTERSON, 2001; WROTNIAK et al., 2006). Esses estudos utilizaram uma série de definições diferentes (habilidades motoras básicas, OKELY; BOOTH; PATTERSON, 2001; competência esportiva percebida, BARNETT et al., 2008a; proficiência motora, WROTNIAK et al., 2006); mesmo assim, seus resultados foram consistentes. Barnett et al. (2008b) levaram essas pesquisas adiante investigando a associação entre proficiência motora e condicionamento físico de adolescentes. O estudo descobriu que crianças com boa habilidade de controle de objetos são mais propensas a se tornarem adolescentes fisicamente aptos. Okely, Booth e Chey (2004) também mostraram uma relação proporcionalmente inversa entre habilidades motoras básicas e o grau de sobrepeso em meninos e meninas. Deforche et al. (2008) revelaram a limitada capacidade de crianças obesas e com sobrepeso comparadas a seus pares em uma série de testes de equilíbrio estático e dinâmico e em capacidades posturais.

Os desafios enfrentados por quem está obeso ou com sobrepeso ilustram a limitação atual e futura que terão para executar atividades físicas e também são um fator contribuinte para um risco maior de ganho de peso no longo prazo.

Outra consequência desses desafios físicos diz respeito à percepção que crianças obesas e com sobrepeso têm de si mesmas. Deforche, Bourdeaudhuij e Tange (2006) relataram uma pesquisa que investigou os benefícios da prática de atividade física por crianças de peso normal, com sobrepeso e obesas. Esse estudo mostrou que as crianças de peso normal consideravam *prazerosos* os benefícios da atividade física em uma taxa muito superior à considerada pelas crianças com sobrepeso e obesas. Para estas, os benefícios mais valorizados eram *melhorar a aparência* e *perder peso*. Essas afirmações demonstram uma diferença nos benefícios percebidos por crianças de peso normal e por seus colegas obesos/com sobrepeso. Podem também ser tomadas como uma manifestação de motivos intrínsecos (prazer) em comparação a motivos extrínsecos (melhorar a aparência e perder peso). Deci e Ryan (1985) sugerem que a motivação intrínseca é um forte determinante de comportamentos futuros, indicando que essas percepções são, sem dúvida, importantes para níveis futuros de atividade física. Essa visão muito se assemelha àquela segundo a qual a motivação intrínseca é um atributo-chave do letramento corporal. Ela é um forte impulsionador da participação na atividade física, permitindo, assim, que os indivíduos comecem e prossigam na sua jornada pessoal para se tornarem corporalmente letrados.

No que diz respeito a lesões, Spaine e Bollen (1996) relatam que o índice de massa corporal (IMC) médio de pacientes que apresentavam fraturas transversas era bem mais alto do que daqueles com fraturas lineares. Esses dados foram corroborados por Böstman (1995), que relatou casos de 3.061 pacientes que fraturaram a tíbia distal e o tornozelo. Ele conclui que é forçoso reconhecer o excesso de peso como fator complicador na recuperação de fraturas na parte inferior da perna.

Uma preocupação de muitos profissionais é o risco de problemas cardiovasculares em pessoas obesas e com sobrepeso. Ainda que possa parecer lógico, a evidência científica não confirma essa suposição. Um artigo publicado em conjunto pela American Heart Association (Associação Norte-americana do Coração) e pela American College of Sports Medicine (Faculdade Norte-americana de Medicina Esportiva) (AHA/ACSM) (2007) salientou que, entre indivíduos jovens (abaixo de 30 anos), as patologias mais frequentes estavam associadas a anormalidades congênitas ou hereditárias. A conclusão foi de que as evidências sugeriam que os benefícios da atividade física regular superam os riscos potenciais para pessoas obesas e com sobrepeso.

Consequências psicossociais da obesidade

É alarmante constatar o alcance e a extensão das consequências psicossociais negativas da obesidade. Indivíduos obesos sofrem graves preconceitos e discriminação, observado até mesmo em crianças de 6 anos. Staffieri (1967) mostrou que crianças associam silhuetas de crianças obesas a *preguiça, sujeira, burrice, feiura, trapaças e mentiras*. Sonne-Holm e Sorenson (1986) identificaram que a classe social é influenciada pela obesidade. Eles descobriram que independentemente da classe social, inteligência e nível educacional dos pais, adultos obesos atingem um nível social inferior ao de indivíduos de peso normal.

Hebl et al. (2008) conduziram um interessante estudo sobre as percepções de obesidade ao longo da vida. Eles descobriram que jovens obesos sofriam mais assédio e preconceito que adultos e idosos obesos, o que demonstra o grau de estigma enfrentado por um obeso em idade precoce. Latner, Stunkard e Wilson (2005), em um estudo com universitários, relataram alto grau de estigmatização da obesidade. Curiosamente, o peso dos participantes não afetou sua estigmatização, uma vez que os com sobrepeso ou obesos sofriam níveis similares de preconceito em comparação com participantes sem sobrepeso. Friedman et al. (2004) prosseguiram nessa pesquisa investigando a relação entre estigmatização de peso e funcionamento psicológico. Eles mostraram que o preconceito relacionado ao peso predizia condições psicológicas incluindo depressão, autoestima, imagem corporal e funcionamento psiquiátrico geral.

Estudos relatam com frequência que a qualidade de vida do obeso é ruim. Schwimmer, Burwinkle e Varni (2003), em um estudo com pacientes em um hospital pediátrico, constataram uma qualidade de vida significativamente inferior relacionada à saúde. Os autores relataram que, como grupo, as crianças apresentavam uma qualidade de vida similar à de crianças com câncer. Um estudo de Friedlander et al. (2003) também relata a associação entre sobrepeso e obesidade e qualidade de vida em um grupo de crianças. Esses dados são corroborados por evidências em Walker et al. (2003). Eles mostraram que, em comparação com pares de peso normal, as crianças obesas e com sobrepeso apresentavam níveis menores de autoestima, competência atlética percebida e aparência. Além disso, um estudo realizado por Hill e Murphy (2000) investigou os níveis de autoestima de crianças obesas vítimas de *bullying* e preconceito em relação aos de outras que não haviam passado pela mesma experiência. Os dados mostraram que estas últimas tinham níveis de autoestima semelhantes aos de crianças de peso normal. No entanto, as crianças vítimas de preconceito e *bullying* devido ao seu peso demonstravam níveis significativamente inferiores de autoestima global e de domínios (vida escolar, capacidade atlética, aparência e comportamento) se comparadas com as dos dois outros grupos.

Miller et al. (2006) encontraram diferenças nos comportamentos sociais de mulheres adultas obesas e não obesas, sugerindo que esses comportamentos afetam negativamente as impressões das pessoas com quem interagem. Tais habilidades sociais podem influenciar de alguma forma a habilidade que as crianças têm de interagir com seus pares de maneira geral, mas também nas ocasiões propícias à atividade física. A exclusão social costuma ser vista como um dos efeitos da obesidade, mas também é verdade que habilidades sociais limitadas também contribuem para a exclusão de crianças que ficam suscetíveis a ganhar mais peso no futuro. Isso demonstra a importância de prestar especial atenção a crianças ou jovens com sobrepeso ou obesos que carecem de tais habilidades. Dietz (1998) compilou um resumo das consequências da obesidade infantil, incluindo situações nas quais as crianças obesas:

- foram consideradas menos simpáticas pelas outras;
- foram menos aceitas no ensino superior;
- foram menos aceitas em vagas no mercado de trabalho;
- atingiram níveis inferiores de classe social;
- sofreram preconceito e deboche de colegas e preferiam fazer amizades com crianças mais jovens;
- tiveram dificuldade para comprar roupas;
- sofreram com o fato de serem tomadas por mais velhas e com a expectativa de que se comportassem como adultos;
- experimentaram transtornos de imagem corporal.

Essas consequências mostram o desafio multidimensional imposto ao desenvolvimento social de crianças obesas ou com sobrepeso. A falta de autoestima e autoconfiança e os problemas de relacionamento identificados parecem corroborar a tese de que não ser corporalmente letrado tem um efeito deletério nesses aspectos do *self*. Essas observações vão ao encontro das descobertas sobre o *self* corporal e sobre o letramento corporal abordadas no Capítulo 7.

Estabelecendo atitudes positivas em relação à atividade física

No contexto da compreensão das barreiras e dos benefícios de promover o letramento corporal em crianças e jovens obesos e com sobrepeso, é válido observar em mais detalhes a importância da atividade física para essa população e o significado de atitudes que afetam a adoção de bons hábitos de exercício. A competência motora é um elemento fundamental do letramento corporal, assim como a motivação de praticar atividades físicas. Esta seção abordará resumidamente uma série de variantes que podem apoiar a melhora nos hábitos de exercício. Destacamos a importância da satisfação e da autoeficácia.

O gasto energético diário total consiste em:

- **Taxa metabólica basal:** a energia usada para funções corporais básicas, como respiração e circulação.
- **Efeito térmico dos alimentos:** a energia utilizada durante o processo de digestão e absorção.
- **Atividade física espontânea:** a energia utilizada em movimentos que não estão sob controle consciente.
- **Atividade física irrestrita:** a energia utilizada na atividade física diária.

A atividade física é o componente mais variável do gasto energético, assim como é o único aspecto sob controle consciente. Não é difícil perceber por que é adotada como elemento para tratar a obesidade e o sobrepeso. De fato, exercícios ou atividades físicas são utilizados em uma série de diretrizes para prevenção e tratamento de sobrepeso e obesidade (NIH, 1998; WHO, 1997a). Os efeitos benéficos do exercício podem ser auferidos em uma série de fatores antropométricos, fisiológicos, metabólicos, corporais e de saúde, inclusive saúde psicossocial (BLAIR; BRODNEY, 1999; RISSANEN; FOGELHOLM, 1999; ROSS; JANSSEN, 1999). Além disso, um grande número de artigos científicos demonstrou o sucesso da inclusão do exercício no tratamento do sobrepeso e da obesidade infantil (BAR-OR; BARANOWSKI, 1994; EPSTEIN; COLEMAN; MYERS, 1996; EPSTEIN; GOLDIELD, 1999; EPSTEIN; MYERS, 1998; JELALIAN, 1999). Portanto, considerando-se os elementos-chave de intervenções de gestão de peso bem-sucedidas, a aderência à atividade física deve ser um objetivo prioritário.

Ao procurar estabelecer bons hábitos de exercício, é essencial levar a sério a percepção demonstrada pelos jovens. Com efeito, analisando os elementos centrais de programas de gestão de peso para crianças obesas e com sobrepeso, Fox (1988) sugere que considerar a percepção das crianças seja mais importante do que a própria realidade, uma vez que essa percepção determinará, ao fim, a sua participação nesses programas. Wankel e Kreisel (1985) sugeriram que aumentar essas percepções o máximo possível em um programa de exercícios ajudaria a apresentar o programa como uma atividade de lazer, e não apenas como um exercício físico.

Fox (1988) propõe uma série de fatores que influenciam a participação em atividades físicas. O importante é, durante o desenvolvimento de programas de intervenção, levar em conta, em primeiro lugar, a maneira como a criança vivencia e se sente estimulada a participar da atividade, em vez dos benefícios à saúde que sobrevirão. Fox (1988, p. 35) sugeriu que crianças, particularmente meninas, "percebem que os benefícios de participar não justificam sentimentos futuros de inconveniência, desconforto, vergonha e fracasso". Esse ponto é altamente relevante para crianças obesas e com sobrepeso, que enfrentam toda sorte de desafios físicos, sociais, culturais e psicológicos.

Há estudos que mapeiam as razões para participar de atividades físicas. Gould (1984) sugeriu que o motivo principal para crianças tomarem parte em exercícios é *diversão* seguida por *melhorar e aprender novas habilidades*. Stucky-Ropp e Dilorenzo (1993) relataram que meninos classificavam como fatores preditivos de participação, em ordem de importância: prazer decorrente da atividade física, apoio/ exemplos de familiares e amigos, percepção do apoio materno à atividade, perceção de restrições maternas à atividade física, exemplo paterno de prática de atividade física. Para as meninas, fatores preditivos importantes foram: prazer decorrente da atividade física, quantidade de exercícios realizáveis em casa, percepção do apoio materno à atividade, perceção de restrições maternas à atividade física e exemplos paternos de prática da atividade física. Estudos subsequentes conduzidos por Wankel e Kreisel (1985) trouxeram informações sobre aspectos importantes da participação continuada em atividades físicas, incluindo competição, curiosidade, desenvolvimento de habilidades recreativas, sair com amigos e disponibilidade de atividades variadas.

Diversão e prazer são normalmente descritos como fatores determinantes para a atividade física infantil (PARKER, 1991; SALLIS; OWEN, 1997). Estratégias cujo objetivo é oferecer um ambiente descontraído e divertido para a atividade física e o exercício devem, consequentemente, ser aspectos fundamentais de qualquer programa de intervenção. Parker (1991) observou que, ao estudar intervenções, particularmente para crianças obesas e com sobrepeso, a diversão precisa ser um componente primordial para que a prática perdure por toda a vida. Bar-Or e Baranowski (1994) sugeriram que a diversão é o melhor meio de estimular crianças a se exercitar e reduzir massa corporal. Wankel e Kreisel (1985) descobriram que o prazer e a satisfação eram reações extremamente consistentes em uma variada gama de esportes e atividades físicas. Fatores intrínsecos como entusiasmo pela prática esportiva, realização pessoal, melhora de habilidades individuais e a possibilidade de se pôr à prova em comparação aos outros foram mais importantes do que fatores extrínsecos, como agradar aos outros, receber prêmios ou até mesmo ganhar a partida.

Assim como diversão, jovens também precisam sentir a satisfação no aprimoramento de sua competência motora. Vivenciar o sucesso é vital para o desenvolvimento da motivação intrínseca. Bandura (1982) sugeriu que todas as mudanças comportamentais são mediadas por um mecanismo cognitivo chamado autoeficácia e propôs que:

> Julgamentos autoeficazes, sejam eles certos ou errados, influenciam a escolha de atividades e espaços de prática. As pessoas evitam atividades que acreditam excederem suas capacidades e limites, mas praticam de bom grado aquelas que se acham capazes de executar. (BANDURA, 1982, p. 123).

Mais adiante, Sallis e Owen (1997, p. 117) sugerem que "a teoria de Bandura é consistente, pois a autoeficácia é o mais forte elemento de correlação que se pode estabelecer com a atividade física em praticamente todos os estudos em que essa variável foi incluída".

Um dos principais elementos da autoeficácia é a competência. Harter (1978) propôs que indivíduos com alto quociente de competência motora percebida são mais propensos a participar de atividades físicas ou esportes. Isso é corroborado por Wankel e Kreisel (1985), cujas evidências mostraram que a competência é um fator importante na atividade física e na participação esportiva, com respostas similares para os motivos de participação nas práticas, incluindo: *melhorar as habilidades, confrontá-las com a habilidade alheia ou simplesmente exercitá-las.* Vários outros autores sugeriram que a competência é um fator importante para motivar crianças a adotar comportamentos saudáveis (DECI; RYAN, 1985; WHITE, 1959). Isso está em consonância com os aspectos do letramento corporal, que veem na motivação, na confiança e na competência motora aspectos fundamentais para essa disposição.

Deci e Ryan (1985) avançaram para além dos estudos de White e de outros autores ao identificar que a competência é o alicerce da motivação intrínseca. Deci e Ryan (1985) acrescentaram duas outras dimensões: a necessidade de ser autodeterminado e autônomo. Eles propuseram que o *continuum* da motivação extrínseca para a intrínseca tem vários elementos importantes para motivar as crianças a adotar comportamentos saudáveis e positivos. Portanto, como também discutimos no Capítulo 4, quando programas e intervenções são bem-sucedidos ao promover a motivação intrínseca relacionada a determinados comportamentos, os jovens são mais propensos a adotá-los.

Isso sugere que programas ou intervenções cujo objetivo é conseguir a maestria desenvolvem motivação intrínseca sem a necessidade de reconhecimento externo (como recompensas) e sem ressentimentos por estar sob pressão na companhia de colegas e pessoas próximas, tendem a ser mais bem-sucedidos em estimular as crianças a participar de atividades físicas no longo prazo. Essas descobertas se coadunam com as recomendações feitas no Capítulo 14, que trata de abordagens de ensino e de aprendizagem recomendadas para promover o letramento corporal.

Acampamentos de perda de peso

Gately e Cooke (2003a) e Gately et al. (2000a, 2000b e 2005) documentaram os resultados de dois acampamentos de perda de peso para crianças com sobrepeso e obesas nos Estados Unidos e no norte da Inglaterra, utilizando uma metodologia de pesquisa-ação para garantir o desenvolvimento contínuo do programa. Por meio de uma pesquisa qualitativa, quantitativa e de avaliação do processo, o programa foi desenvolvido à medida que contribuía para a base de evidências. Durante oito semanas, o programa multidisciplinar de acampamento, destinado a jovens de 8 a 17 anos, valeu-se da teoria da autodeterminação, proposta por Deci e Ryan (1985), como paradigma, com uma série de ferramentas sociocognitivas para auxiliar a mudança de comportamento dos participantes. Além disso, atividade física, mudança nutricional e aperfeiçoamento de habilidades sociais foram elementos essenciais da intervenção.

Gately et al. (2005) reportaram os resultados percebidos pelas crianças e os resultados reais na melhora das habilidades esportivas. Os dados mostraram melhoras notáveis em habilidades como arremesso (basquete) e saque (*badminton*). Isso, aliado a melhorias importantes na competência atlética percebida, demonstra o impacto holístico nos participantes obesos e com sobrepeso. Identificou-se também melhoras no condicionamento aeróbico de 18%, em média, nos participantes obesos e com sobrepeso.

O estudo de caso apresentado a seguir, que conta a história de uma participante de um acampamento de perda de peso, mostra como a motivação para tornar-se fisicamente ativo e ser respeitada por outros pode ter um impacto importante na autoestima e na autoconfiança. Não há dúvidas de que Helena incrementou seu letramento corporal por meio das experiências que viveu no acampamento, e isso lhe trouxe uma série de benefícios.

ESTUDO DE CASO 8.1 – HELENA

Com a ajuda do seu médico de família e financiada pelo serviço público de saúde, Helena pôde se matricular no Carnegie International Camp, um acampamento de perda de peso operado pelo Carnegie Weight Management. Helena, 13 anos (IMC de 31 kg/m), vinha lutando para emagrecer havia anos e, embora ela e sua família tivessem recorrido a vários programas para perder peso, os resultados foram fugazes, e Helena sempre retornava à mesma rotina.

O peso de Helena sempre foi problemático e a deixava muito infeliz. Ela nunca teve muitos amigos porque as pessoas "a julgavam pelo seu peso antes mesmo de conhecê-la". Vítima de *bullying* na escola, Helena estava nervosa com a ida ao Carnegie International Camp. Também estava preocupada com a comida do tipo "ração de coelho" e com os exercícios extenuantes, como na escola.

(Continua)

(Continuação)

> Quando chegou, ficou surpresa com a alegria e o entusiasmo da equipe de profissionais. O acampamento não era o que ela esperava; era muito mais divertido, e ela gostou de aprender coisas com pessoas que a compreendiam. Contava também com a confiança da equipe. Em vez de lhe dizer o que fazer, eles a ajudavam a refletir sobre as opções e consequências das suas escolhas. Sua confiança foi aumentando à medida que ficava mais à vontade nas atividades esportivas e fazia várias amizades. Helena sentiu-se normal pela primeira vez na vida. Ela estava descobrindo que era boa em coisas como exercícios de *boxe*. Também tocou sua canção favorita em um *show* de talentos e recebeu uma ovação quando estava esperando apenas vaias. Ela passou a se sentir no comando e a ter confiança. Com o apoio certo da família, poderia finalmente tratar da questão do peso corretamente.
>
> Ao voltar para casa, Helena falou com os pais e a irmã durante dias sobre a experiência no acampamento; disse aos amigos que fora ao "acampamento dos gordos" e "foi legal". Ela seguiu os planos que havia feito no acampamento, pois eram realistas e implementá-los no dia a dia foi simples. Passou a frequentar as aulas de educação física e pela primeira vez ouviu do professor elogios por ser *entusiasmada* e *comprometida*. Perdera vários quilos no acampamento, mas ainda "tinha muito a perder". Helena não achou fácil, mas sabia que precisava concentrar-se nisso.
>
> Seis meses depois, havia perdido ainda mais peso e adotara uma dieta saudável que incluía guloseimas, "mas só um pouquinho". Também entrou para o grupo de artes cênicas e passou a achar a dança fácil e divertida; após as aulas, também passou a frequentar um clube no qual fazia exercícios de *boxe*. Seu próximo plano era conseguir um papel na peça da escola. Agora tinha muitos amigos, e eles lhe confidenciaram que ela parecia "um pouco solitária" antes que a conhecessem melhor. Ela agora sente-se muito mais feliz e saudável e acredita que pode alcançar seus objetivos. Seis meses depois, seu peso havia diminuído bastante, e seu IMC caíra para 26 kg/m.

Walker et al. (2003) realizaram um estudo mais específico sobre os desdobramentos psicológicos do programa de intervenção e relataram melhorias na autoestima global, na competência atlética e na aparência, bem como nenhum aumento no nível de preocupação das crianças que participaram da intervenção de perda de peso. McGregor, Backhouse e Gately (2005) também descobriram que durante as seis semanas de imersão, a autoestima global, a competência atlética percebida e a aparência de crianças obesas e com sobrepeso aumentaram significativamente. McGregor, Backhouse e Gately (2005) foram além nesse estudo e descobriram que os participantes percebiam um alto clima motivacional orientado à maestria e um moderado clima motivacional orientado ao desempenho (ou ego). Um clima assim é considerado importante para obter melhorias na autoestima durante a perda de peso (REINBOTH; DUDA, 2004). Estudos subsequentes desse grupo de pesquisadores continuam demonstrando os resultados positivos desse clima motivacional e filosofia.

Barton et al. (2004) investigaram mudanças cognitivas no acampamento dadas as evidências documentadas pela literatura sobre transtornos alimentares e também sobre obesidade, bem como de níveis elevados de pensamentos negativos sobre forma, peso, comida e alimentação em comparação a adultos de peso normal. O estudo relatou que a participação em um acampamento de imersão estava associada a mudanças no conteúdo cognitivo manifestas por uma redução dos pensamentos negativos e um incremento dos pensamentos positivos associados ao exercício. Outra descoberta foi a de que, comparadas àquelas de peso normal, as crianças obesas que participaram do acampamento tinham de início pensamentos negativos, crenças disfuncionais e menos pensamentos positivos. Depois do acampamento, normalizaram-se os pensamentos positivos, embora as crenças disfuncionais não tivessem mudado. Os autores destacam que a resistência das crenças disfuncionais à mudança reflete o nível de estresse psicológico sofrido por muitos adolescentes com problemas de peso e demonstra o nível de esforço necessário para alcançar um controle de peso de longo prazo em crianças por meio da prática de atividades físicas e da alimentação saudável.

Gately e Cooke (2000) e Gately et al. (2000a) também relataram resultados de longo prazo desse tipo de programa de gestão de peso revelando que 1 ano e 3 anos após a imersão no acampamento, 85 e 96%, respectivamente, tiveram um IMC normalizado menor do que no início do programa. É impossível, e talvez sempre seja, especificar a contribuição proporcional de cada um dos elementos do programa. Com base nos resultados expressivos e de longo prazo, fica claro que um programa centrado na promoção de uma ampla variedade de atividades físicas, em um clima motivacional orientado à maestria, à conexão, à autonomia e à competência é eficaz no combate ao sobrepeso e à obesidade em jovens utilizando a atividade física.

Conclusão

Essas descobertas proporcionam um arcabouço importante para promover o letramento corporal nas crianças. As evidências apresentadas demonstram que, de acordo com tais critérios, é possível associar crianças obesas e com sobrepeso a baixos níveis de letramento corporal. Em particular, os desafios físicos, sociais, psicológicos e culturais enfrentados por essa população demonstram claramente que elas tendem a ser muito prejudicadas quando comparadas a colegas de peso normal. Ainda que as informações apresentadas neste capítulo concentre-se em experiências precoces de crianças e jovens, a longevidade dessas experiências persiste na idade adulta, o que é corroborado por dados que mostram os baixos índices de atividade física e o aumento dos níveis de sobrepeso e obesidade em adultos (DOH, 2007).

A obesidade é um problema de saúde pública dada sua alta incidência e os desafios que impõe à saúde e ao bem-estar. Hoje é amplamente aceito que a obesidade é uma questão difícil de ser abordada, com uma série de fatores sociais, culturais, psicológicos e físicos contribuindo para a maior incidência da condição. A atividade física é um componente importante que contribui direta e indiretamente para alterações de peso e de saúde. Em termos da definição do letramento corporal empregada neste livro, pessoas obesas e com sobrepeso terão limitações para atingir essa capacidade. No entanto, também fica claro que, com as devidas intervenções, o letramento corporal dessa população pode, sim, ser melhorado. Essa melhora pode ser benéfica fortalecendo a autoestima e as habilidades sociais, assim como proporcionando benefícios generalizados à saúde. Intervenções que objetivam um processo de longo prazo para desenvolver competência e autonomia em um ambiente que promova a maestria e o sentimento de pertencimento estão dando sinais inequívocos de sucesso e merecem estudos posteriores. Essas descobertas demonstram que uma quantidade significativa de trabalho é necessária para compreender os desdobramentos da importância da atividade física em crianças obesas e com sobrepeso e como eventuais intervenções podem contribuir para melhorar os níveis de letramento corporal.

Leituras recomendadas

DEPARTMENT FOR TRADE AND INDUSTRY (DTI). *The foresight report*: tackling obesities. London: HMSO, 2007.

JELALIAN, E.; STEELE, R. G.; JENSEN, C. D. *Issues in clinical child psychology*: handbook of childhood and adolescent obesity. New York: Springer, 2009.

9

Letramento corporal e primeira infância

Patricia Maude

Introdução

O foco deste capítulo é nas raízes do letramento corporal e em como se desenvolvem na primeira infância. A primeira parte é dedicada ao crescimento e à maturação da criança desde o nascimento, em especial ao desenvolvimento físico. A ela segue-se uma seção em que analisamos a contribuição significativa da aquisição, extensão e aplicação do repertório motor à melhoria da competência motora, incluindo o envolvimento de capacidades motoras emergentes. Na parte final, discute-se a importância do brincar na vida da criança, refletindo como essas experiências podem promover o desenvolvimento de uma série de atributos do letramento corporal.

Este capítulo oferece oportunidades de analisarmos o cerne do letramento corporal em ação, da forma como fica evidente nas crianças. A começar do surgimento embrionário de atributos do conceito no início da vida, até mesmo antes do nascimento, abordamos aspectos-chave do letramento corporal em toda a sua riqueza à medida que as crianças se desenvolvem fisicamente, amadurecem e aprendem com a experiência motora, explorando o ambiente que as cerca.

A definição resumida de letramento corporal diz que:

> Em conformação com as condições de cada indivíduo, o letramento corporal pode ser descrito como a motivação, a confiança, a competência motora, o conhecimento e a compreensão para manter a atividade física ao longo de toda a vida.

A definição completa do letramento corporal abarca não apenas esses atributos, mas também aspectos da imaginação, da autoestima e da interação com o ambiente e com os outros. Cada um deles, quando estimulados no despertar da primeira infância, pode oferecer bases sólidas para um desenvolvimento rico e duradouro do letramento corporal ao longo de toda a vida. Explorar o desenvolvimento desses atributos na criança constitui a contribuição importante deste capítulo aos que o precederam e aos que virão. Por exemplo, ele parte da discussão do Capítulo 4 ao detalhar a rica variedade de padrões de movimento nos quais se fundamenta o conceito de desenvolvimento e consciência do *self*. Avançando para o Capítulo 15, na identificação desses padrões está a base para uma análise mais aprofundada dos componentes do movimento.

A criança abordada no breve estudo de caso a seguir demonstra habilmente o surgimento de muitos dos atributos do indivíduo corporalmente letrado. Não apenas pode ser vista construindo sua competência e capacidade motoras, mas também evidenciando sua motivação e confiança. Ela demonstra independência, uma habilidade para interagir com o ambiente e um nível de conhecimento e compreensão que a permite fazer progressos importantes, aqui ilustrados. O estudo de caso 9.1 constitui-se, portanto, em um eixo para o capítulo inteiro, pois muitos dos atributos de uma criança corporalmente letrada serão abordados nas três seções subsequentes, começando com o desenvolvimento da competência motora.

ESTUDO DE CASO 9.1 – EMILY

Emily, 3 anos de idade, estava observando as crianças em pequenas bicicletas sem pedais no pátio externo da sua escola. Em geral, ela era uma criança tímida. Embora demonstrasse ser fisicamente competente, com um desenvolvimento cefalocaudal sólido, um padrão locomotor maduro e boa coordenação, ela não tinha sido ousada o bastante para sair ao pátio sozinha ou correr com as outras crianças. Ela relutava em participar de novas atividades, incluindo aquelas sugeridas pela cuidadora. A primeira vez que a observei, ela aventurou-se pelo pátio para observar as outras crianças andando nas bicicletas sem pedais, equilibrando-se sobre duas rodas, erguendo os pés do chão, exultantes, e depois apoiando-se novamente para parar. Emily aproximou-se, escolheu uma bicicleta e pacientemente descobriu como segurar o guidão para mantê-la de pé, depois montar no selim para impulsioná-la com os pés, mantendo-os no chão o suficiente para se equilibrar. Devagarinho ela deu alguns passos adiante, depois outros, até chegar ao limite do pátio, onde parou e conseguiu fazer um retorno. Da outra vez que a vi, ela conseguia dar mais alguns impulsos, levantar os pés do chão e manter o equilíbrio, experimentando a sensação de liberdade de deslizar pelo chão até firmar-se novamente com os pés e parar.

O brilhante conceito da bicicleta sem pedais é oferecer uma capacidade motora fundamental para o ciclismo: manter-se equilibrado, de pé, sobre duas rodas. Sem o impedimento de precisar concentrar-se ao mesmo tempo nos pedais, as crianças podem locomover-se por si, sem ajuda, e descobrir o ponto de equilíbrio enquanto controlam o guidão e experimentam mover e frear a bicicleta. Uma vez que esses movimentos são dominados, elas gradualmente aumentam a velocidade ao erguer os pés do chão e utilizá-los como freio novamente.

Desenvolvimento motor inicial com relação à competência motora

A primeira seção deste capítulo é voltada ao crescimento e à maturação da criança desde o nascimento. Inclui o desenvolvimento cerebral e evidencia a importância fundamental da atividade física como um estímulo para o desenvolvimento do cérebro.

A partir do nascimento, o cérebro se desenvolve desde a base para cima, cabendo à área inferior, sensório-motora, abrir caminho gerenciando todos os aspectos do funcionamento e da sobrevivência. A área sensório-motora do cérebro permite que a aprendizagem ocorra por meio do tato, da visão, da audição, do paladar e do olfato e baseia-se no movimento como fonte principal de estímulo. Assim, os movimentos aleatórios do recém-nascido acionam os mecanismos de estimulação no cérebro, como se lhe dissessem para despertar e se dar conta do ambiente em volta. Mais tarde, na primeira infância, com o desenvolvimento da área sensório-motora, outras áreas do cérebro, como aquelas que controlam o movimento automático, o ritmo e a emoção, embarcam nesse processo de maturação. Por exemplo, localizada na parte superior do cérebro está a área que controla pensamentos mais sofisticados e outros aspectos do desenvolvimento cognitivo essenciais para o desempenho acadêmico. A negligência de oferecimento de um conjunto extenso e variado de atividades sensório-motoras pode resultar em atraso e deficiências de desenvolvimento. Da mesma forma, a falta de uma atividade sensório-motora adequada pode resultar em um atraso do desenvolvimento do mesencéfalo, responsável pela atividade social e afetiva, como explicado no Capítulo 6.

Ao nascer, o cérebro é subdesenvolvido, constituído de bilhões de células ainda desconexas. Para que as conexões essenciais ocorram, as células precisam ser estimuladas. A atividade física é o estímulo-chave para o desenvolvimento cerebral. Ratey e Hagerman (2008) afirmam que a atividade física é crucial para o desenvolvimento e a manutenção do cérebro e essencial para a maneira como pensamos e sentimos. Eles sugerem que o exercício auxilia de três formas o desenvolvimento cerebral: primeiro, ativando a parte do cérebro responsável pelo estado de vigília, atenção e motivação; segundo, permitindo o funcionamento eficiente de bilhões de neurônios ativos; e, terceiro, promovendo um processo chamado *neurogênese*, que estimula o crescimento de novos neurônios. Sua pesquisa conclui: "O exercício sinaliza a construção de blocos de aprendizagem no cérebro" (RATEY; HAGERMAN, 2008, p. 4) e é "a ferramenta mais poderosa para otimizar o funcionamento cerebral" (RATEY; HAGERMAN, 2008, p. 245). Para um desenvolvimento cerebral pleno, bebês e crianças precisam estar ativos fisicamente durante um período significativo do tempo que passam acordados. Além disso, Ratey e Hagerman (2008, p. 3) afirmam que "nascemos seres de movimento" e sugerem que corremos "risco de entorpecer os cérebros das gerações futuras" se não conseguirmos garantir que toda criança construa a competência motora que lhe é de direito desde que nasce por meio de brincadeiras fisicamente ativas e frequentes. Isso é corroborado por Hoeger e Hoeger (1993, p. 148), que sustentam: "Movimento e atividade física são funções básicas para as quais o organismo humano foi criado". Embora sejamos, segundo Ratey e Hagerman (2008), "seres nascidos para se movimentar", a jornada rumo à competência motora começa, na verdade, antes do parto. Ainda na 6ª semana após a concepção, o feto pode ser observado movendo-se por reflexos e sem propósito aparente no interior do útero. Pode parecer uma atividade aleatória, mas esse movimento é preparatório para a vida pós-parto e integra um sistema motor organizado que evolui, se empregado de forma eficaz, durante toda a vida. "As crianças nascem com cerca de uma centena de reflexos" (CHEATUM; HAMMOND, 2000, p. 59), muitos dos quais são necessários para a sobrevivência, enquanto outros precisam desaparecer e ser incorporados a novos padrões motores.

Os reflexos primitivos, estimulados pelo cérebro, observados antes do nascimento, continuam evidentes após o parto, como movimentos involuntários. Estes incluem, por exemplo, os reflexos de sucção, essenciais para a amamentação. Outro exemplo, o reflexo da marcha, pode ser observado quando erguemos um recém-nascido e gentilmente apoiamos seus pés em uma superfície horizontal, reproduzindo movimentos de caminhada. Essa atividade motora involuntária normalmente desaparece logo após o nascimento. Depois disso, o processo de aprender a caminhar como ato voluntário é o resultado de várias atividades progressivas, em uma sequência previsível, com muita tentativa e erro envolvidos, à medida que a criança procura aumentar a força, o equilíbrio, a postura, a estabilidade da musculatura abdominal e dorsal, o tônus muscular, o controle da cabeça e a coordenação dos membros. Caminhar é, portanto, um produto da maturação natural do sistema musculoesquelético e do desenvolvimento de capacidades motoras, como consciência espacial e coordenação.

Mudamos nosso enfoque agora para aqueles aspectos do crescimento e do desenvolvimento dos sistemas nervoso e musculoesquelético relativos a características precoces da competência motora, que permitem a crianças em tenra idade aproveitar sua herança genética à medida que crescem e amadurecem.

O desenvolvimento físico pode ser definido como um processo contínuo pelo qual a criança cresce e amadurece, desde o nascimento até atingir a idade adulta. Inclui o crescimento e o desenvolvimento do esqueleto, dos músculos, dos ligamentos, dos tendões, do cérebro, do sistema nervoso e de todos os órgãos internos que funcionam sem nossa atenção consciente e nos mantêm vivos. Esses sistemas corporais precisam ser ativa e continuamente estimulados a prosperar, para atingir um desempenho ótimo e permitir a sobrevivência futura. Entre o nascimento e os 5 anos de vida, a criança passa por uma quantidade impressionante de mudanças e desenvolvimentos, como, por exemplo, de forma, tamanho, força muscular e competência motora. Portanto, a criança vivencia o mundo sempre em mutação, descobre seu potencial, dá-se conta dos desafios superáveis e insuperáveis em uma frequência quase diária. Essa interação constante com o ambiente foi descrita no Capítulo 3 em termos de intencionalidade, que leva os indivíduos a construir relações com o mundo por meio da percepção e da resposta.

O desenvolvimento infantil obedece a uma sequência organizada de estágios, cada criança progredindo em uma sequência, em um ritmo pessoal e único, segundo sua herança genética e suas experiências cotidianas. A sequência de estágios de desenvolvimento é normalmente a mesma para todas as crianças, a despeito da cultura, embora o ritmo dependa de "traços individuais, fatores ambientais e práticas de educação e criação" (MAUDE, 2001, p. 7). Crianças com deficiências, por exemplo, podem progredir mais lentamente.

Dois princípios ditam a sequência do desenvolvimento físico. Eles são conhecidos como *cefalocaudal* e *proximodistal*. O crescimento cefalocaudal diz respeito ao desenvolvimento *de cima para baixo*, de tal forma que a parte superior do corpo ganha força e controle antes dos membros inferiores, sendo os tornozelos e os pés os últimos a amadurecer nessa sequência. Detalhadamente, a parte inicial da sequência envolve o ganho de força dos músculos do pescoço, que controlam o movimento da cabeça de tal forma a, por exemplo, olhar na direção de um estímulo. Essa ação precede a outras, como erguer e manter erguida a cabeça. Esta última, quando o bebê está deitado de bruços, demanda um controle sobre os ombros para erguer o pescoço; os músculos em volta da parte superior das costas, do dorso e dos ombros permitem que o bebê levante a cabeça e olhe em volta, adquira o controle e fortaleça os ombros. Deitar-se de bruços é, portanto, fundamental para o desenvolvimento cefalocaudal. Não apenas permite que o bebê aprenda a empurrar os braços e levantar a cabeça, fortalecendo a parte superior da coluna vertebral, mas também é essencial para fortalecer os músculos posturais da coluna torácica e lombar. O fortalecimento muscular permite o controle da coluna e, mais tarde, dos quadris, de modo que a sequência do desenvolvimento da locomoção prossegue: rolando, rastejando, engatinhando, sentando-se com apoio e, finalmente, sem apoio algum. Esses movimentos, por seu turno, precedem um desenvolvimento dos músculos em volta dos quadris, joelhos, tornozelos e pés. À medida que os músculos dessas articulações vão sendo exercitados, tornam-se mais fortes até que a criança possa sustentar seu peso de pé, em posição ereta, primeiramente com e depois sem apoio, para depois dar o primeiro passo e, por fim, conseguir locomover-se por completo. No entanto, como a *extremidade das pernas* é a última parte cefalocaudal a se desenvolver, crianças pequenas precisam de muitas atividades locomotoras, não apenas para fortalecer os músculos dos membros interiores, mas também para garantir o uso eficaz das articulações do quadril, dos joelhos e do tornozelo. Em vez de reter elementos do movimento reflexo primário, elas estabelecerão assim um padrão voluntário de locomoção e estarão prontas para incluir em seu repertório motor ações de deslocamento, como trotar, correr, saltar e pular.

Até a década de 1990, os bebês passavam horas deitados de bruços, tempo muito bem empregado para desenvolver suas habilidades motoras. Desde então, entretanto, o temor da síndrome da morte súbita infantil (SMSI) fez os pais passarem a deitar os bebês de costas e não mais de bruços, tanto para dormir como para brincar. Estima-se que boa parte dos bebês desta geração em diante tenha sido privada de mais de 600 horas de *barriga no chão* durante o primeiro ano de vida. Deitar-se de bruços é essencial não apenas para o desenvolvimento do equilíbrio com vistas à postura ereta, foco ocular e sustentação da cabeça, mas também favorece o funcionamento do coração e dos pulmões, por meio do fortalecimento dos músculos do peito. Uma inibição futura do padrão normal do desenvolvimento motor foi causada pela recente tendência de manter os bebês em *contêineres*, como suportes, assentos e cadeirinhas que os deixam presos. Embora vistos como uma proteção às crianças, esses contêineres podem restringir severamente a liberdade de movimento e limitar a quantidade de atividade necessária para fortalecer os músculos posturais da coluna e os músculos das pernas que sustentam o peso na preparação para o caminhar.[1] Crianças cujo desenvolvimento sensório-motor inicial tenha sido comprometido estão mais propensas a manifestar, na segunda infância, um atraso na coordenação motora. Crianças que não sabem mover-se devagar, desacelerar sem perder o controle, sentar-se quando necessário, que sempre aparentam inquietude ou se movimentam apressadamente podem ter retido aspectos do movimento involuntário. O atraso no desenvolvimento motor também pode ser observado em crianças que sacodem os braços atabalhoadamente para manter o equilíbrio enquanto correm. No padrão maduro de corrida, os braços flexionados oscilam para a frente e para trás a fim de acelerar e impulsionar o deslocamento.

O segundo princípio de desenvolvimento é conhecido como proximodistal, no qual o movimento controlado amadurece desde a parte mais central para a parte periférica do corpo, de tal forma que os músculos do ombro se fortalecem antes dos músculos do cotovelo, seguidos bem depois pelos músculos do punho e da mão. O desenvolvimento proximodistal fica evidenciado quando as crianças balançam os braços em volta do corpo ao acaso, em um movimento a esmo iniciado a partir do ombro, mas sem controle dos cotovelos, dos antebraços, dos punhos ou das mãos. Esse movimento dos braços e dos ombros, aparentemente indiscriminado e involuntário, permite à criança descobrir como unir as mãos na metade do corpo, para depois descobrir a boca com as mãos e, então, ser capaz de segurar objetos e levá-los à boca.

Os músculos dos braços e dos antebraços, que controlam a extensão e a flexão dos cotovelos, amadurecem mais tarde que os dos ombros. Por exemplo, o movimento maduro das articulações do punho não pode ser completado até que os ossos do punho tenham se diferenciado do estado cartilaginoso como vêm ao mundo. Posteriormente, os músculos que controlarão os movimentos finos dos punhos e das mãos precisarão de muita atividade para se fortalecer. Por essa razão, crianças pequenas adotam a pegada palmar ou de força e usam o ombro, e não o punho, para guiar um utensílio ou ferramenta, como quando desenham em pinceladas. O aperto mais firme e, ao mesmo tempo, fino, necessário a uma ferramenta de escrita, não está ao alcance da criança até que seus músculos dos punhos e das palmas adquiram a força necessária para permitir aos dedos exercer pressão suficiente na caneta ou no lápis. O manuseio coordenado de ferramentas e de outras atividades motoras depende do sucesso do desenvolvimento distal. Essas atividades também dependem da experiência com a habilidade motora ampla, ou atividade dos músculos grandes, que será discutida mais adiante neste capítulo.

Promover o desenvolvimento cefalocaudal e proximodistal eficaz é fundamental tanto para o desenvolvimento sensório-motor como para a aquisição da competência motora. Promover a atividade física de maneira abrangente é também essencial para uma estimulação ótima do desenvolvimento cerebral. Como Ratey e Hagerman (2008, p. 4) afirmam: "Para que nosso cérebro obtenha o máximo desempenho, nosso corpo precisa trabalhar duro". Promover o exercício na forma de atividade motora ampla para sustentar e aperfeiçoar a atividade motora fina é primordial para desenvolver uma competência motora bem coordenada e controlada. O estudo de caso 9.1 ilustra alguns dos progressos que Emily fez em relação a esses aspectos, particularmente em relação ao desenvolvimento cefalocaudal e proximodistal, atividade motora ampla e equilíbrio.

Desenvolvimento do repertório motor, da memória motora e da qualidade de movimento com relação à competência motora

Em relação a outras faixas etárias, as crianças pequenas demonstram o maior percentual de progresso nos aspectos da competência motora que envolvem aquisição do repertório motor. Recém-nascidos vêm ao mundo com uma riqueza de repertório motor que lhes permite não apenas exercer a função primária de sobrevivência, mas também interagir com o seu entorno. Quando deitados de costas, os bebês ficam à vontade para chutar as pernas, agitar os braços e virar a cabeça. Com efeito, podem ser mais ativos na posição supina do que quando deitados em decúbito ventral, embora a posição prona seja essencial por ser a postura básica para o desenvolvimento da locomoção, como discutimos anteriormente. Para além do tempo gasto no sono e de descanso entre atividades motoras, refeições e outras funções de subsistência, a vida da criança no início da primeira infância é normalmente voltada ao movimento. Ela mostra-se constantemente ocupada em descobrir novos movimentos, em geral por tentativa e erro e também repetindo, praticando e refinando aqueles movimentos que já sabe fazer.

Três características notáveis de quem atingiu a competência motora são a extensão do seu repertório motor, a precisão e o tamanho da sua memória motora e o refinamento na qualidade do seu movimento. Esses três elementos do movimento constituem as bases do desenvolvimento da competência motora, a qual está no coração do letramento corporal. Observaremos mais detidamente esses três aspectos da competência motora nesta parte do capítulo.

O repertório motor pode ser descrito como a versão motora do conteúdo de um dicionário. Enquanto um dicionário consiste de milhões de palavras individuais, o repertório motor é composto de milhões de movimentos possíveis aos humanos. Portanto, essa miríade de movimentos é o ingrediente do repertório motor total do ser movente, assim como as palavras são os ingredientes do vocabulário verbal total do falante.

O repertório motor pode ser organizado em uma série de categorias, assim como o A a Z de um dicionário. Tome-se, por exemplo, as duas categorias simples de atividade muscular: *ampla* e *fina*. Movimentos que envolvem os músculos maiores, como andar, correr, escalar, rolar, nadar, mergulhar e saltar, fazem parte do grupo *amplo*, e movimentos manipulativos, em geral envolvendo músculos das mãos, como escrever, teclar, pendurar roupas no varal, cortar, costurar, apanhar e pôr brinquedos no chão, fazem parte do grupo *fino*. Entretanto, com o objetivo de explorar ao máximo o repertório motor de crianças na primeira infância, apresentamos as sete categorias a seguir: equilíbrio, locomoção, salto, manipulação, projeção, construção e comunicação não verbal (ver Quadro. 9.1).

Embora esses exemplos constituam uma pequena amostra do repertório motor de uma criança, foram incluídos com o propósito de assinalar uma série de categorias motoras e representar alguns pontos de partida para o desenvolvimento de um repertório motor posterior.

Poderíamos propor outras categorias, segundo a localização e o ambiente, como, por exemplo: em ambientes fechados e ao ar livre, no jardim e no parque, no bosque e na água, na grama e na praia; ou segundo os recursos e os equipamentos disponíveis, sejam eles naturais, manufaturados e inventados.

A memória motora é a internalização dos movimentos experimentados. Os padrões de movimento de ações simples, estabelecidos primeiro de modo experimental, são gradualmente refinados pela prática, pela repetição e pela maturação até se tornarem automáticos. Nesse estágio, podem ser relembrados e usados como se não fosse preciso pensar neles para executá-los. Por exemplo, a memória motora permite recordar e executar com eficácia todos os elementos de um salto com os dois pés. Ao executar ações simples como um salto com os dois pés, há três estágios, cada um dependente da fase anterior para ter êxito. Essas fases podem ser chamadas de preparação, ação e aterrissagem. Os braços oscilam para trás e para o alto, coordenados com os quadris, os joelhos e os tornozelos flexionados e os olhos focados adiante, seguindo-se de um impulso rápido e enérgico com os braços para a frente com extensão das pernas, para projetar-se com força vertical a fim de descer com controle, girando os braços para baixo, flexionando as pernas, usando com precisão os tornozelos e os pés para aterrissar com firmeza. A memória motora permite que todos esses elementos do salto de dois pés sejam automaticamente relembrados e executados com eficácia. Essa ação simples será praticada pela maioria das crianças na primeira infância assim que suas pernas sejam fortes o bastante para lhes permitir erguer-se do chão, desafiar a gravidade e aterrissar sem cair. O refinamento gradual das três fases ocorre ao longo da infância.

A memória motora é, então, desafiada quando executamos uma série de ações em sequência. Aqui, o indivíduo deve lembrar-se não apenas das ações simples que são agora os componentes individuais de uma sequência, mas também a combinação dos movimentos, ou juntar ações, o que cria um vínculo entre um componente e o próximo. Desenvolver uma memória motora é um desafio constante para crianças, tanto para ampliar seu repertório motor como para gerenciar a sequência. No estudo de caso 9.1, Emily demonstra seu repertório motor sendo ampliado e o progresso no sequenciamento das ações que ela repete, necessárias para dominar o andar de bicicleta. A evidência do progresso também pode ser vista em rotinas do dia a dia, como a organização e o domínio de vestir-se e despir-se ou a sequência eficaz de escovar os dentes. Como adultos, dificilmente nos damos conta dos componentes e das combinações dessas sequências aparentemente automáticas, e nesse ínterim é provável que estejamos pensando em outros assuntos. Para alguém que recém aprendeu a atividade, escovar os dentes pode não apenas ser uma série complexa de ações simples que precisam ser combinadas para serem executadas com sucesso, mas também o maior dos desafios. Requer ordenar e combinar ações simples relativas ao manuseio da escova, da pasta, da água e da escovação dos dentes inferiores e superiores para conseguir realizar a sequência, do início ao fim. A memória motora requerida para associar séries de ações é acionada ao longo da infância e da adolescência e assim por toda a vida, seja em tarefas diárias ou atividades especializadas. Por exemplo, em ações mais sofisticadas, como exercícios de ginástica compostos de um salto seguido de uma cambalhota terminada equilibrando-se em pé, o aprendiz precisa primeiro ser capaz de executar cada uma das ações isoladamente, tal como no salto descrito no parágrafo anterior. A sequência inclui aprender e, então, antecipar e relembrar as associações que permitem-na progredir de uma ação a outra.

A qualidade de movimento é o resultado de alinhavar elementos do repertório motor na memória motora, para que eles possam ser acionados e executados com estabilidade, coordenação, eficácia, acurácia e, normalmente, com o mínimo de esforço. A qualidade de movimento é resultado de refinar e ajustar cada elemento do repertório motor, desde as tentativas mais desajeitadas, aperfeiçoadas por meio de orientação, repetição e amadurecimento, até o domínio do movimento e da

Quadro 9.1 Repertório motor: categorias e exemplos

Equilíbrio: repertório para melhorar a estabilidade da base de apoio e controle postural									
Em decúbito ventral	Em decúbito dorsal	Em decúbito lateral	Em assentos	Sobre mãos e pés	Sobre mãos e joelhos	Sobre os joelhos	Sobre os pés	Sobre uma mão e um pé	Sobre um pé
Deslizar	De cabeça para baixo como em uma parada de mão	Sobre superfícies elevadas, largas ou estreitas	Escalar	Em patinetes	Em bicicletas				
Locomoção: repertório para melhorar o deslocamento de um lugar para outro									
Rastejar	Deslizar pelo chão (como uma cobra)	Engatinhar sobre degraus ou apoios	Caminhar	Trotar	Correr	Rolar	Saltitar	Galopar	Puxar
Empurrar	Balançar	Escalar	Nadar						
Voo: repertório para melhorar a projeção do corpo para fora do solo e a aterrissagem									
Aterrissar sobre dois pés	Decolar do solo	Saltar para cima	Saltar para frente	Saltar em cima de algo	Saltar por cima de algo	Saltar de cima	Aterrissar sobre um pé só	Saltitar	Pular amarelinha
Passada	Praticar rapel	Salto com giro	Saltar com assistência na fase aérea						

(Continua)

Manipulação

Pegar	Sentir	Agarrar	Segurar com firmeza	Desenhar	Tracejar	Guiar	Cortar	Inserir	Passar o fio/linha
Moldar	Teclar	Operar o *mouse*	Apanhar do chão	Pegar um objeto rolado	Pegar um objeto lançado (bola, etc.)				

Projeção

Soltar	Posicionar	Rolar	Quicar	Arremessar	Rebater	Cabecear	Alvejar	Chutar	Lançar com os pés
Volear	Levantar a bola do chão	Fazer embaixada	Atingir	Girar um objeto	Lançar um objeto girando sobre ele mesmo	Sacar	Arremessar ao gol		

Construção

Apanhar do chão	Levantar	Carregar	Arrumar	Empilhar	Montar	Ajustar	Construir	Desmanchar	Guardar

Comunicação (não verbal)

Apontar	Acenar	Aplaudir	Sorrir	Franzir o cenho	Incentivar com gestos	Menear-se ou curvar-se	Cortejar	Virar-se em direção a algo	Virar-se em oposição a algo

sua memória. Por exemplo, os elementos individuais do salto, do rolamento e do equilíbrio, discutidos anteriormente, estão na alçada da experiência e do repertório motor da maioria das crianças desde a mais tenra idade, com o elemento da memória motora envolvendo o sequenciamento se desenvolvendo na segunda infância. Entretanto, a qualidade do movimento depende também da aplicação e da incorporação de capacidades motoras, como coordenação, orientação espacial, destreza, precisão, fluência e ritmo. As capacidades motoras desenvolvem-se progressivamente ao longo da infância, à medida que a criança ganha experiência, mas também dependem dos padrões de crescimento e da taxa de maturação, que determinarão, por exemplo, aspectos como força muscular, potência e resistência. Cada componente da sequência ginástica, junto com os movimentos que os associam uns aos outros, também é aperfeiçoado à medida que a criança, na primeira infância, desenvolve outras capacidades motoras como equilíbrio, coordenação, habilidade de mover-se em diferentes velocidades e de estabelecer a postura correta dos membros e da coluna. Isso serve para exemplificar como o letramento corporal pode ser aperfeiçoado com o desenvolvimento dos elementos da competência motora, como o repertório motor, a memória motora, a qualidade de movimento e a capacidade motora.

A maturação também desempenha um papel fundamental à medida que a criança cresce, e pode ser uma barreira importante quando a imaturidade física temporariamente inibe a obtenção de aspectos do letramento corporal. Por exemplo, durante os dois primeiros anos de vida, os olhos desenvolvem-se rapidamente, aumentando a clareza da visão, a habilidade de focar, acompanhar objetos e mensurar distâncias. Entretanto, normalmente só depois dos 4 anos os olhos estarão maduros o bastante para a criança poder distinguir um objeto que vem ao seu encontro, o que é fundamental para receber uma bola. O amadurecimento ocular é crucial para tanto. Mesmo que a criança tenha aprendido a mover-se para a linha da bola e preparar as mãos para agarrá-la, a menos que seus olhos sejam capazes de determinar a posição, a velocidade e a potência do projétil que se aproxima e distinguir a bola dos demais elementos, ela correrá um alto risco de falhar. Por exemplo, novamente considerando-se a ação de agarrar, há muitos avanços que precedem uma pegada de bola e vão ocorrendo à medida que a criança amadurece. Estes incluem apreender a bola da mão de alguém, repassá-la de mão em mão ou ao redor do corpo, delicadamente rolar ou apanhá-la, sentar e depois ficar em pé para receber nas mãos a bola rolada pelo chão, apanhá-la quando quica no chão, apanhá-la de um arremesso por baixo e, depois, de um arremesso por cima. Acrescente-se a estes uma multiplicidade de formas, texturas e dimensões de bolas — pelúcia, borracha, isopor —, e as oportunidades de melhorar a qualidade de movimento serão inúmeras. O papel dos pais, familiares e amigos é crucial para orientar a aprendizagem da criança, oferecendo-lhe experiências adequadas. O importante papel dos pais em incentivar e facilitar a competência motora e com ela oferecer um sólido trampolim para o desenvolvimento do letramento corporal já foi mencionado no Capítulo 7 e será retomado nos Capítulos 13 e 14. Ajudar a criança a conseguir qualidade de movimento depende não somente do conhecimento de fatores desenvolvimentais, como os já apresentados, mas também da observação dos vários estágios que levam ao domínio do movimento. Seefeldt (1993) afirma que as crianças cuja atividade motora inicial tenha sido frustrada ou restringida costumam evitar a atividade física e, por isso, desenvolvem habilidades motoras inadequadas. Elas podem evoluir para um sentimento de exclusão das brincadeiras com os colegas, podendo resultar em uma vida inteira de sedentarismo.

Um acompanhamento especializado e individualizado para crianças com atraso, inibição ou deficiência motora é de suma importância se quisermos oferecer a elas uma experiência motora mais rica, a fim de que desenvolvam seu potencial no letramento corporal. Esse assunto será aprofundado no Capítulo 11. A primeira infância é o alicerce no qual fundamos a competência motora, atributo do letramento corporal. Repertório motor, memória motora e qualidade de movimento são componentes essenciais de uma pessoa com competência motora. Caso a criança tenha adquirido esses componentes de forma precoce, eles podem ser continuamente aplicados, adaptados e refinados em um imenso repertório de tarefas motoras executadas por toda a vida.

Brincar e o letramento corporal

Na primeira infância, o viver da criança passa pelo brincar, e, por isso, o desfecho deste capítulo é dedicado a explorar alguns dos aspectos-chave da brincadeira e as oportunidades que ela oferece para a melhoria do letramento corporal. As atividades lúdicas e as oportunidades que a brincadeira proporciona na primeira infância ditam a qualidade do cotidiano das crianças, inclusive aquelas com deficiências. O Capítulo 11 trata da promoção do letramento corporal em pessoas com deficiência e defende a importância de garantir a elas o acesso ao maior número possível de oportunidades de atividades físicas. A brincadeira estimula o letramento corporal emergente na criança e é o principal vetor da aprendizagem inicial. O desenvolvimento motor inicial, discutido na primeira parte do capítulo, e um incremento no repertório motor, na memória motora e na qualidade de movimento, discutido na segunda parte, dependem de uma experiência lúdica extensa e rica. De fato, o atributo da competência motora do letramento corporal desenvolve-se a partir da brincadeira. Singer (2006) sugere que o brincar oferece criatividade e espontaneidade, cria oportunidades de resolução de problemas e promove o desenvolvimento intelectual. A brincadeira também facilita o estabelecimento de muitos outros atributos característicos do indivíduo corporalmente letrado, incluindo motivação, confiança, engajamento ambiental e interpessoal, autoconhecimento e autoexpressão. O estudo de caso de Emily demonstra habilmente uma série de benefícios que ela ganhou por meio da brincadeira, incluindo aventurar-se ao ar livre, enfrentar uma tarefa nova e desafiadora, aprender a equilibrar-se e correr riscos. Ela também demonstrou um incremento importante na sua autoconfiança. O letramento corporal que desperta na criança pode ser ampliado pela brincadeira, lançando-se mão de uma série de recursos e contextos, particularmente ao ar livre, e pela interação com outras crianças e adultos que participem dela.

A brincadeira é definida como "de livre escolha e autodeterminada, sem intervenção de adultos" (PLAY ENGLAND, 2006, p. 2). Essa abordagem da brincadeira pode ser chamada de *brincar livre*. Os defensores dessa interpretação sugerem que, oferecendo espaços lúdicos onde as crianças se sintam seguras, com equipamentos e recursos apropriados, elas se tornarão fisicamente competentes de modo natural. O brincar livre permite à criança participar à vontade e aproveitar suas capacidades inatas para usar a imaginação e tomar a iniciativa. No entanto, a brincadeira livre sozinha não é suficiente para a criança obter os benefícios ou alcançar seu potencial em termos de letramento corporal. Mesmo aquelas mais ativas, enérgicas e curiosas, fisicamente competentes, exploradoras e destemidas no contexto do brincar ficarão frustradas ao atingir os limites da sua própria experiência. Além disso, crianças que não brincam ao ar livre nem tomam parte em brincadeiras ativas envolvendo grandes grupos musculares, que não tomam a iniciativa de explorar seu entorno e os recursos disponíveis, terão sequelas ainda mais sérias para desenvolver sua competência motora e outros atributos do letramento corporal. Usando a analogia do vocabulário linguístico e da leitura, não se espera que crianças aprendam a ler simplesmente deixando-as livres em um lugar cheio de livros. Tampouco devemos esperar que a competência motora, incluindo o movimento articulado, equilibrado, eficaz e expressivo, emerja simplesmente pela brincadeira livre. Na primeira infância, a aprendizagem da criança por meio da brincadeira precisa ser apoiada pelo envolvimento e pelo conhecimento dos adultos. Com a supervisão e o incentivo de pais e cuidadores, promovendo, enriquecendo e estimulando a competência motora, crianças pequenas podem "sair de dentro da caixa" da sua própria experiência e estender seu letramento corporal a limites incomensuráveis e de grande efeito.

Uma boa experiência lúdica é melhor obtida por meio de um misto de brincadeira livre, brincadeira orientada e brincadeira em contextos formais participando-se de jogos estruturados. A brincadeira orientada, envolvendo pais e outros adultos, pode resultar em uma grande melhora da competência motora e do desenvolvimento e aprendizagem em geral. Uma criança que repetidamente não consegue lançar uma bola em gol pode ser ajudada aproximando-se do gol, rolando a bola pelo chão, imitando o movimento executado pelo adulto, ou pelo adulto que guia seus movimentos de rebatida. Pode-se ajudar uma criança a aprender a pular brincando de saltitar e caminhar, de mãos dadas, lentamente dando passadas e saltos lado a lado. As crianças ficam, assim, estimuladas a explorar as oportunidades cada vez maiores que seu contexto lúdico oferece, podem adquirir mais experiência a partir dos recursos naturais em que estão imersas e aproveitar ao máximo os equipamentos que têm à disposição. A brincadeira estruturada, com resultados planejados para atender às necessidades da aprendizagem infantil, não apenas enriquece a experiência, mas também garante que as crianças tenham uma experiência mais diversificada possível. Por exemplo, na Inglaterra, o Early Years Foundation Stage (DCSF, 2007) oferece experiências de aprendizagem infantil planejadas em seis áreas, sendo uma delas o desenvolvimento físico. Maude (2008) sugere alguns objetivos e conteúdo para um programa de desenvolvimento físico.

Vygotsky apud Singer (2006) sugere que o ato de brincar vai muito além do fator recreacional. A brincadeira permite à criança aprender muitas habilidades que não apenas a competência motora, como tomar decisões, esperar por sua vez, habilidades linguísticas e sociais, interação, monitoramento e reciprocidade. O exemplo no estudo de caso 9.2 ilustra isso muito bem. O contexto do estudo de caso é uma escola de educação infantil na Inglaterra. Um número crescente de escolas de educação infantil, no país e no exterior, particularmente na Escandinávia, estabelece um currículo baseado na abordagem das *forest schools*, que oferecem às crianças um programa diário de brincadeiras livres, orientadas e estruturadas ao ar livre. O objetivo dessa abordagem é desenvolver a competência motora, a linguagem e as habilidades comunicacionais e sociais, inclusive o trabalho em equipe, o conhecimento e a compreensão do ambiente, a autoconfiança, a assertividade e o aumento de motivação e a concentração das crianças. Além disso, elas aprendem sobre segurança, gerenciamento de risco e tomada de decisões.

Perry (2001, p. 118) sugere que

> brincadeiras ao ar livre podem ser a oportunidade para as crianças orquestrarem de forma independente suas próprias negociações com o meio físico e social e adquirirem a autonomia necessária para seguir adiante na vida.

A brincadeira ao ar livre expõe as crianças a experiências exploratórias que enriquecem seu aprendizado físico com sentido, propósito e imaginação, em ambientes mais extensos e naturais, inexistentes em ambientes fechados. Se acrescentarmos a isso os benefícios em termos de desenvolvimento físico, criativo, cognitivo, espacial e comunicacional, assim como a oportunidade de tornar-se corporalmente letrado e capaz de gerenciar riscos, estaremos diante de uma demonstração contundente dos benefícios da brincadeira ao ar livre para crianças.

A mistura de brincadeira livre e orientada por adultos e brincadeira estruturada, como detalhamos no estudo de caso 9.2, permitiu às crianças usar os recursos de que dispunham, desenvolver outros e serem estimuladas a novas experiências por seus professores e cuidadores. Por meio da brincadeira orientada e estruturada, a

ESTUDO DE CASO 9.2 – ESCOLA DE EDUCAÇÃO INFANTIL FAIRTHORNE MANOR DA ACM

Uma visita à escola Fairthorne Manor da ACM (www.ymca-fg.org) revelou a eficácia dessa abordagem. Afastando-nos do prédio da escola, percorrendo o leito de um riacho e avançando pela mata, encontramos as crianças brincando livremente no que parecia ser um enorme bosque sem cercas. No início brincavam livremente, absortas por completo misturando areia e terra, fazendo esconderijos, acreditando-se longe dos olhares adultos, cavando buracos próximo às raízes das árvores com pazinhas, descobrindo tesouros e correndo de lá para cá nos seus importantes afazeres. Seus professores, orientadores e cuidadores tanto participavam como mantinham-se à distância, observando e orientando-as nas brincadeiras. Às vezes, um adulto participava da brincadeira por um momento e, em outras, apenas demonstrava o modelo a seguir, para estimular e ampliar a experiência das crianças. Além das brincadeiras livres e orientadas, havia também uma sessão matinal de brincadeiras estruturadas. A sessão de *sons* havia sido planejada com antecedência, com uma série de canos de plástico à guisa de amplificadores de som e adultos a postos para começar a atividade. Assistir a um grupo de crianças de 3 anos vivenciar os sons no meio do bosque foi uma revelação. Os adultos as estimulavam a ficar quietas e escutar os sons e os ritmos ao redor, o cantar dos pássaros e o farfalhar das folhas nas árvores próximas, as pisadas no chão e o crepitar das chamas da fogueira. Em seguida, as crianças saíam pela floresta com os tubos de plástico, escutando os sons que produziam e amplificando o volume dos sons produzidos pelos colegas mais perto e mais longe. Nessa atividade, as crianças tinham a liberdade motora para explorar um grande espaço aberto, desenvolvendo sua competência motora, habilidade auditiva e consciência espacial, em uma situação em que praticamente não havia limites de áudio ou espaço. As crianças também podiam desenvolver sua linguagem e vocabulário, não apenas em relação ao som, mas também a conceitos de espaço, velocidade e tamanho.

Em seguida a essa atividade estruturada, as crianças continuavam brincando com som ou descobriam outras tarefas que lhes absorviam completamente. Os adultos permaneciam observando, orientando e expandindo as experiências das crianças.

brincadeira e a espontaneidade das crianças podem ser incrementadas e resultar em oportunidades crescentes de resolução de problemas e estímulo do crescimento intelectual. Além dos elogios, dos incentivos e da orientação, há várias outras funções que as pessoas mais próximas podem assumir para estimular e aperfeiçoar a competência motora em crianças pequenas. Elas incluem demonstrar, ou servir como modelo, por meio do movimento ou da linguagem, assim como facilitar o desenvolvimento social e incentivar a imaginação motora e a criatividade. Pais e educadores podem participar como companheiros de brincadeira ou como modelos de boas práticas para auxiliar na aprendizagem das crianças. Também podem alimentar expectativas, mostrar como evitar riscos e oferecer desafios seguros e acessíveis. Por meio de um *feedback* positivo, podem estimular o desenvolvimento da confiança e da automotivação. Servindo de modelo para a atividade física, podem aumentar o repertório motor das crianças pequenas, ampliar sua sequência de movimentos e demonstrar qualidade de movimento para a construção da competência motora.

Conclusão

Possibilitar às crianças na primeira infância o aumento de seu repertório motor, sua memória motora e qualidade de movimento é fundamental para construir competência motora. O contexto lúdico, em ambientes fechados e ao ar livre, recursos para brincadeiras, naturais e construídos, parceiros de brincadeira, adultos e crianças, são fundamentais para promover o letramento corporal. A brincadeira pode oferecer um contexto rico para o estímulo do letramento corporal, oferecendo inúmeras oportunidades de novas experiências e desafios para reforçar o crescimento e o desenvolvimento. Embarcar na jornada rumo ao letramento corporal está no cerne do desenvolvimento infantil desde o princípio; desde o nascimento, a criança pode aproveitar as experiências que vivencia e construir as capacidades únicas com as quais nasceu. Garantir que a criança alcance seu potencial de letramento corporal é um investimento que perdura pela vida inteira.

Leituras recomendadas

CHEATUM, A.; HAMMOND, A. *Physical activities for improving children's learning and behaviour*: a guide to sensory motor development. Champaign: Human Kinetics, 2000.

MAUDE, P. *Observing children moving*. Reading: Tacklesport, 2003. (CDRom).

MAUDE, P. *Physical children active teaching*. Buckingham: Open University, 2001.

RATEY, J. J.; HAGERMAN, E. *Spark*: the revolutionary new science of exercise and the brain. New York: Little, Brown & Company, 2008.

10

Letramento corporal e terceira idade

Len Almond

Introdução

Este capítulo explora a importância do letramento corporal durante toda a vida, concentrando-se na terceira idade para ilustrar esse posicionamento. As questões abordadas aqui incluem uma série de problemas associados à falta de atividade física nessa etapa da vida, a recusa em usufruir da condição de ser ativo regularmente e algumas das razões para que isso ocorra. A discussão tratará do conceito de letramento corporal no contexto da população adulta e apresentará um caso que tem a promoção do letramento corporal como um objetivo essencial para a educação ao longo da vida. Na conclusão, o capítulo reúne todos os argumentos para demonstrar suas inter-relações e propor uma abordagem integrada na promoção do letramento corporal.

A promoção da atividade física costuma ser justificada argumentando-se que ela pode reduzir o risco de desenvolver certas doenças ou retardar o início do declínio funcional. Essa pauta preventiva também enxerga a atividade física como uma maneira de reduzir os custos de uma saúde precária. Esse argumento parece não ser forte o bastante para persuadir as pessoas a se tornarem mais ativas, sendo, portanto, necessário adotar uma visão diferente, mais positiva. Essa situação oferece o pano de fundo para explorar uma perspectiva pessoal do letramento corporal e identificar dois fatores adicionais importantes a considerar no desenvolvimento dessa capacidade e do seu papel influenciador na vida de jovens e adultos. Como resultante, cabe explorar o letramento corporal como um objetivo de vida associado a um conceito denominado *pedagogia da participação*.

Fundamentos

Um sólido corpo de evidências científicas (DOH, 2004a, 2008; USDHHS, 2008) indica que a prática regular de atividade física pode trazer importantes benefícios à saúde de pessoas de todas as idades e capacidades. Se examinamos a Health Survey for England (2007), fica claro que um número muito reduzido de pessoas, especialmente entre adultos de mais de 45 anos, valoriza o exercício. Mais de 70% dos adultos não praticam exercício suficiente para atingir os níveis mínimos prescritos pelos indicadores britânicos. Aos 75 anos, apenas 9% dos homens e 4% das mulheres praticam 30 minutos de atividade física durante pelo menos cinco dias por semana. A Tabela 10.1 ilustra a pouca quantidade de exercício praticada pelos adultos.

Os custos do sedentarismo ao serviço de saúde são vultosos, ainda que apenas uma pequena parcela de pessoas sedentárias possa alegar que sua condição médica lhes impede de praticar atividades físicas. Em outras palavras, muito do custo da saúde é ocasionado pelas escolhas de estilo de vida que fazemos, pelo descompromisso com uma atividade física regular e por ignorarmos a importância de nos mantermos ativos.

Além disso, pessoas com mais de 50 anos representam o segmento mais sedentário da população adulta (SPORT ENGLAND, 2006a). Comportamentos sedentários, como permanecer sentado durante duas horas ou mais, são considerados fator de risco para vários problemas de saúde (HAMILTON et al., 2008; OWEN; BAUMAN; BROWN, 2009), e baixos níveis de atividade física contribuem significativamente para um maior declínio da capacidade funcional de idosos, o que, por sua vez, pode resultar em limitações na vida cotidiana. A partir dos 30 anos, massa muscular, força, resistência, densidade óssea e flexibilidade são "perdidas" a uma proporção de cerca de 10% por década (RENNIE, 2009). A potência muscular, ou seja, a velocidade com que um músculo é utilizado, é perdida em um ritmo ainda maior, de cerca de 30% por década, o que significa que muitos adultos encontrarão dificuldades em levantar-se de uma cadeira sem auxílio (SKELTON et al., 1994). Outra consequência desse declínio é que 31% das mulheres acima de 70 anos não conseguem caminhar uma distância de 400 metros (SKELTON et al., 1994). Com efeito, isso significa que seu mundo fica restrito a um raio de 200 metros de onde residem. Essa é mais uma consequência que tem implicações nos custos da assistência social (ABATE et al., 2007).

Tabela 10.1 Porcentagem de pessoas que não praticam atividade física em benefício da saúde

	Homens	Mulheres
45-55 anos	62	66
55-64 anos	65	73
65-74 anos	79	84
75+	92	96

Fonte: Health and Social Care Information Centre (HSCIC) (2009).

O efeito combinado da diminuição da força, inatividade e horas de comportamento sedentário termina gerando em muitas pessoas uma incapacidade por inatividade que compromete sua qualidade de vida e restringe seus horizontes. Ao examinarmos as evidências de declínio funcional e níveis reduzidos de atividade física associados à idade, chama atenção a necessidade de priorizarmos a promoção da atividade física regular para todos os idosos. Se for possível prevenir essa situação degradante, o que impede as pessoas de praticar mais atividades físicas? Está claro que muitos adultos e idosos não são corporalmente letrados. Não são incentivados a praticar qualquer forma de atividade física, arcando com as consequências mencionadas anteriormente.

Compreendendo por que as pessoas não se exercitam o suficiente

Há um número considerável de pesquisas que exploram a motivação pessoal e os fatores determinantes de padrões de inatividade entre aqueles que não desejam ou são incapazes de praticar atividades físicas regularmente. Essas pesquisas nos legaram um universo de informações, mas talvez seja o caso de nos reportarmos inicialmente às questões mais básicas. Nesta seção, nos deteremos sobre três questões fundamentais que prevalecem no trabalho sobre idosos realizado pela British Heart Foundation National Centre (BHFNC).

A primeira é o fato de que se envolver em atividades físicas de lazer, como caminhar ou cuidar do jardim, ou em alguma outra forma de atividade física não é algo prioritário no dia a dia das pessoas (HSE, 2008). Essa situação precisa ser considerada. Para a maioria dos adultos, 30 minutos de atividade física representam apenas 2% do seu dia, ainda que a maioria passe pelo menos 16% do dia sentada diante de uma televisão ou do computador. *Não ter tempo* não é uma explicação convincente; a questão é que os adultos simplesmente não reconhecem a atividade física diária como uma prioridade em suas vidas. Essa percepção é reforçada quando percebemos a frequência da atividade física nos finais de semana. Se compararmos aos dias úteis, os adultos são menos ativos aos finais de semana, quando, em tese, teriam mais tempo disponível.

A segunda questão, que afeta quase toda a população, é a falta de compreensão da mensagem de saúde pública. Fica bem claro, a partir de conversas com adultos, que eles têm dificuldades de compreender a importância da atividade física e o que precisam fazer a respeito. Há alguma evidência indicando que apenas 3% dos homens e 7% das mulheres de 55 a 64 anos (DOH, 2009a) sabem quais são as recomendações de atividades físicas para sua faixa etária. Grupos focais com adultos mais velhos, de 55 a 65 anos (BHF, 2008a), relatam pouca compreensão do que representam 30 minutos de atividade moderada durante cinco ou mais dias por semana. Os meios de comunicação se fazem presentes no problema, ao fazerem referências a diferentes pesquisas que aparentemente contradizem umas às outras. Como resultado, o panorama para muitos adultos é confuso.

Na verdade, essa segunda questão é ainda afetada pela diversidade da população chamada de *mais velha*. Ela é especialmente importante porque uma *pessoa mais velha* pode ser uma mulher de 55 anos muito ativa, um homem de 68 anos que se exercita diariamente e tem dois problemas de saúde, uma pessoa que há 40 anos não se exercita, uma mulher ativa de 95 anos vivendo independentemente ou um homem de 80 anos muito debilitado. O espectro é muito vasto. Qualquer linha de orientação precisa considerar a diversidade da população de idosos. É preciso evitar algo como uma *política única* para todos. No entanto, no Reino Unido há poucas diretrizes para orientar a promoção de atividades físicas de lazer voltadas ao público idoso. Em resposta a esse problema, o BHFNC realizou uma consulta, acompanhada de uma série de seminários regionais, nos quais essa questão foi explorada mais detalhadamente como forma de compreender a natureza do problema. O novo documento de diretrizes (BHF, 2009) foi uma tentativa de oferecer uma orientação mais abrangente e informativa a todos os que trabalham com esse grupo populacional.

Uma terceira questão foi identificada na campanha promovida pelo BHFNC com a população idosa (BHF, 2008b). A BHF encomendou uma pesquisa para examinar atitudes relativas à prática de atividades físicas, e um ponto preocupante foi o de que 62% dos entrevistados declararam não estar dispostos a se exercitar nem se suas vidas dependessem disso (BHF, 2007). Esse achado ilustra a complexidade do problema que estamos enfrentando ao tentar convencer as pessoas do valor da atividade física regular. Idosos costumam alegar a idade e a existência de algum problema de saúde limitante, além de um senso de fatalismo, como motivos para não praticar exercícios diariamente (SPORT ENGLAND, 2006b).

Levando-se em conta esses problemas, parece que falhamos em demonstrar que a atividade física, ou o letramento corporal, constitui-se de uma força poderosa na promoção do bem-estar, permitindo que as pessoas prosperem e enriqueçam suas vidas. Para muitos pesquisadores, a solução está no *marketing* social (FRENCH, 2008), identificando-se as mensagens principais, explorando-se as necessidades, os interesses e as aspirações de grupos segmentados e utilizando essa informação de forma adequada, com públicos-alvo específicos. Claro que essa pode ser uma ferramenta valiosa, mas, em termos de letramento corporal, precisamos antes explorar a imagem que queremos passar de atividades físicas de lazer.

A promoção da atividade física

Há um forte argumento para promover a ideia de que mais pessoas devem ser mais ativas com mais frequência (DOH, 2004b). Recentemente, a campanha *Be Active Be Health: a plan for getting the nation moving* (Seja ativo, seja saudável:

um plano para fazer o país se mexer) (DOH, 2009a) foi concluída e ofereceu evidências que demonstram o papel efetivo que a atividade física pode exercer no tratamento de certos problemas de saúde, identificando os grandes benefícios econômicos de ter uma população mais ativa. Analisando documentos que promovem atividade física e saúde, costuma-se associar a atividade física a dois papéis: o primeiro, à terapia e ao tratamento de problemas de saúde específicos, e o segundo, à prevenção de certas doenças e à redução de riscos de contrair outras. Costuma-se ver a atividade física como um instrumento para auxiliar programas terapêuticos ou de tratamento. É claro que isso tem seu valor, e equipes de cuidados de saúde primários precisam ter a certeza de que seu trabalho está sendo executado adequadamente. Porém, essa abordagem sozinha é insuficiente. Portanto, isso leva os responsáveis pelas tomadas de decisão a destacar o segundo papel de prevenção para a atividade física.

Por exemplo, para idosos, uma abordagem preventiva é defendida com base na expectativa de que ela pode:

- reduzir os riscos de certos problemas de saúde;
- retardar o declínio funcional;
- retardar a dependência de terceiros;
- prevenir complicações decorrentes da imobilidade.

Assim, a justificativa para promover a atividade física regular constante em documentos estratégicos destaca o custo da inatividade e a necessidade de um plano de ações preventivas. No entanto, há um importante problema com a questão da prevenção, que tende a ser associada a uma mensagem negativa: *Se você não se exercitar regularmente, correrá o risco de ter vários problemas de saúde que poderão reduzir sua expectativa de vida, limitar a sua capacidade de manter sua saúde em um nível ótimo e influenciar seu bem-estar.* As pessoas conhecem os perigos de uma saúde comprometida por um estilo de vida que pode ser evitado. Portanto, a mensagem é a de que praticar mais atividades físicas reduzirá o risco de desenvolver certas doenças e representará uma enorme economia ao sistema público de saúde.

No entanto, fica claro que essa abordagem negativa falhou porque muitas pessoas não se deixam convencer de que precisam se tornar mais ativas. A maneira como as iniciativas de prevenção são mostradas pode estar equivocada, porque é muito mais importante deter ou retardar o desenvolvimento de problemas de saúde específicos do que esperar passivamente que eles se manifestem. Se promovêssemos uma mensagem positiva e uma imagem diferente das atividades físicas de lazer, seria possível implementar iniciativas de prevenção sem associá-las a mensagens negativas. É preciso que essa mensagem positiva chegue a um maior número de pessoas, capte seu interesse e as estimule a agir.

Uma perspectiva positiva para as atividades físicas de lazer e o letramento corporal

Em um conjunto de 34 grupos focais (SPORT ENGLAND, 2007) com adultos sedentários que participaram de um programa no local de trabalho voltado para incentivar as pessoas a se tornarem mais ativas em uma ampla variedade de atividades e manterem o compromisso durante um ano, a maioria dos participantes disse que a razão principal para permanecer no programa foi "Eu tenho mais energia agora". Essa é uma questão importante, pois eles associam sua nova vitalidade e energia ao fato de estarem ativos regularmente. Esse é um argumento poderoso para explorar como podemos incentivar as pessoas a se comprometerem a permanecer ativas e representa um importante começo para transmitirmos uma nova mensagem.

Essa pesquisa fornece um novo ponto de partida para adotar uma perspectiva positiva na promoção de atividades físicas de lazer. Preferimos chamá-la assim, e não apenas de *atividade física*, pois tem uma conotação mais abrangente e evita uma associação específica com tipos de atividades esportivas. Essas atividades físicas de lazer incluem caminhadas, ciclismo, jardinagem e tarefas domésticas. Precisamos nos valer da ideia de que elas são revitalizadoras e podem dar um novo impulso à vida, resultando em mais energia e dinamismo.

Como parte da adoção do programa *Moving More Often* (Movendo-se com mais frequência) (BHF, 2008c), considerou-se o que os adultos sentiam sobre o assunto. Em discussões com idosos que responderam à pergunta: *O que faria minha vida melhor?*, destacaram-se três pontos. Eles gostariam de:

- conversar com alguém regularmente;
- sair mais;
- fazer alguma atividade.

É interessante notar que essas respostas se parecem com as de estudos envolvendo jovens que apontam o que gostariam de fazer:

- conversar com amigos;
- ter lugares para ir;
- ter algo para fazer.

Os resultados do estudo serviram de base para orientar ações de agentes comunitárias que trabalham com saúde da família que identificaram pessoas, geralmente mulheres, vivendo de forma autônoma, porém isoladas em suas residências, raramente saindo às ruas. O relato sobre Phyllis (estudo de caso 10.1) é um exemplo dos benefícios da atividade física de lazer.

ESTUDO DE CASO 10.1 – PHYLLIS

Phyllis vivia sozinha e raramente se aventurava a sair de casa. Ainda assim, foi convencida a caminhar à agência local dos correios e às lojas do bairro para conversar com outras pessoas. Essas caminhadas tornaram-se diárias, e Phyllis tornou-se mais confiante para percorrer distâncias mais longas. Ela foi convencida a juntar-se a um grupo de pessoas que faziam caminhadas semanais a partir de um centro de lazer, o que teve uma série de desdobramentos. Phyllis começou a caminhar com mais frequência e a encontrar seus amigos e, depois que se sentia mais confiante e fisicamente disposta, era capaz de caminhar durante períodos mais longos.

No centro de lazer, ela observou que pessoas mais jovens do que ela praticavam diversos esportes, como *badminton*, tênis de mesa e tênis, os quais jamais havia jogado. Ela convenceu uma amiga a acompanhá-la e ambas pediram ajuda para experimentar aqueles jogos. Uma acolhedora equipe de profissionais a ajudou e não tardou para Phyllis começar a gostar de jogar e experimentar a emoção de aprender novas habilidades. Seu universo inteiro mudou. Ela passou a ter companhia para as atividades que queria fazer e passou a ser capaz de realizar tarefas desafiadoras fora de casa, em um contexto social. Para Phyllis, sair de casa e começar a caminhar com amigos foi o começo de uma vida mais plena. Em outras palavras, caminhar, conversar com amigos e participar de jogos ampliou suas perspectivas, permitiu-lhe expandir suas capacidades e incrementou sua qualidade de vida imensamente.

Aos 80 anos, Phyllis aprendeu a amar atividades físicas. Na verdade, ela dava a impressão de ter se tornado corporalmente letrada, isto é, motivada a participar de atividades físicas. Os benefícios dessa atitude são muito claros. A ideia de enriquecer a vida das pessoas é exatamente a mesma para Phyllis, para jovens mães, para crianças na primeira infância, para adolescentes que concluem o ensino médio ou para homens e mulheres de meia-idade. Esse exemplo ilustra um segundo aspecto de uma mensagem positiva utilizada para promover atividades físicas de lazer — enriquecimento da vida. A ideia do enriquecimento da vida pelo envolvimento com atividades físicas de lazer amparado em um contexto social justifica de forma contundente a introdução de uma série de atividades físicas no cotidiano tanto de jovens quanto de adultos.

No entanto, precisamos enfatizar que esse enriquecimento implica ampliar perspectivas, expandir os horizontes do que as pessoas são capazes de fazer, adquirir confiança, obter uma sensação de êxito e satisfazer-se com o que foi conquistado. No exemplo apresentado, o contexto social também é reforçado pelo compromisso de permanecer ativo, uma vez que isso afeta os contatos interpessoais e resulta em novas redes de socialização. Nessa perspectiva mais positiva sobre o valor da atividade física de lazer, o papel da atividade física pode ser visto como recurso auxiliar na construção do bem-estar e como uma forma de desabrochar em dois caminhos. Sugere-se que as atividades físicas de lazer possam energizar e enriquecer vidas.

Se essa abordagem funcionar e conseguirmos convencer mais pessoas a se tornarem mais ativas por mais tempo, levando-as a reconhecer que atividades físicas de lazer regulares são importantes para o seu bem-estar, os benefícios de saúde decorrentes desse compromisso virão naturalmente. Isso nos dá margem para adotar uma abordagem preventiva sem resultar em gastos ou recursos extras. Essas são questões importantes porque uma mensagem pessoal e mais positiva pode mostrar as atividades físicas de lazer sob uma nova luz, uma vez que o nível de atividade física em idosos é excepcionalmente baixo. Em vez de destacar apenas o papel que a atividade física regular pode desempenhar na redução de certos problemas de saúde, precisamos nos concentrar no papel central que ela pode desempenhar na vida de qualquer um, independentemente da idade. Além disso, podemos ajudar o público em geral a compreender que até mesmo pessoas com problemas de saúde podem se exercitar com segurança, e isso as ajudará a lidar com aquelas condições médicas que podem ser tratadas pelo exercício e as permitirá sentir os benefícios de saúde decorrentes da atividade.

Essa posição nos leva ao papel das atividades físicas de lazer no letramento corporal. Reconhecer e promover o valor do letramento corporal como um fenômeno de toda a vida, desde o nascimento até a terceira idade, é algo que traz muito retorno. Em outras palavras, o letramento corporal é relevante por toda a vida, e os desafios de promover atividades físicas de lazer com crianças pequenas são semelhantes aos enfrentados com idosos. O letramento corporal pode oferecer um conceito abrangente que vai além da simples oferta de oportunidades para manter-se ativo. Na próxima seção, desenvolveremos esse tema com mais profundidade.

Letramento corporal

Há vários anos, Whitehead vem advogando o valor do letramento corporal. Ela desenvolveu um modelo conceitual sobre o significado do letramento corporal e delineou uma série de argumentos convincentes (WHITEHEAD 2006, 2007a) para a promoção dessa capacidade. O modelo que ela delineou deve ser considerado um ponto de partida para nortear o pensamento sobre como o letramento corporal pode ser transformado em uma ferramenta prática. Imbuídos do espírito dessa abordagem, uma série de desdobramentos para o seu modelo pode ser sugerido para ilustrar como o conceito pode ser aplicado no desafio de promover a atividade física para idosos. Como foi exposto no Capítulo 2, Whitehead propõe uma definição resumida de letramento corporal nos seguintes termos:

Em conformação com as condições de cada indivíduo, o letramento corporal pode ser descrito como a motivação, a confiança, a competência motora, o conhecimento e a compreensão para manter a atividade física ao longo de toda a vida.

Mais detalhadamente, inclui-se no Capítulo 2 a sugestão de que:

> O letramento corporal pode ser descrito como uma disposição caracterizada pela motivação de tirar partido do potencial motor inato para contribuir significativamente para a melhoria da qualidade de vida.
>
> Além disso, indivíduos corporalmente letrados terão a capacidade de identificar e articular qualidades essenciais que influenciam a efetividade do desempenho do seu próprio movimento e compreenderão os princípios da saúde corporal no que tange a aspectos básicos, como exercício, sono e nutrição.

Whitehead prossegue articulando uma série de outras características; no entanto, essas duas citadas são destacadas, pois são aspectos importantes no que concerne à população idosa. Será útil partir dessas descrições básicas para identificar uma série de fatores adicionais bastante pertinentes que estão implícitos no conceito de letramento corporal proposto por Whitehead. No que diz respeito à população idosa, embora sejam relevantes para todos, as frases a seguir complementam e enriquecem a descrição de um indivíduo corporalmente letrado, que demonstra:

- paixão por estar fisicamente ativo;
- competência motora, motivação, confiança e compreensão para:
  - reconhecer o valor de um estilo de vida fisicamente ativo para desfrutar de uma existência rica e de qualidade;
  - participar regularmente de uma série de atividades físicas pela satisfação proporcionada;
  - valorizar a sua contribuição ao bem-estar e procurar participar de atividades físicas de lazer;
- manutenção desse compromisso com o envolvimento com atividades físicas, consoante suas possibilidades individuais, durante toda a vida;
- reconhecimento da necessidade de ser pessoalmente responsável pela melhoria do próprio bem-estar, assim como por contribuir para o bem-estar alheio.

Essas características trazem mais detalhes que denotam o desenvolvimento do letramento corporal para e na vida de cada um. Entretanto, o conceito de letramento corporal e as características a ele associadas não terão valor a menos que possam ser implementados e tenham influência na prática cotidiana. A promoção do letramento corporal precisa ser vista como um guia prático, que permite aos profissionais adquirir uma perspectiva inteligente e embasada do potencial da atividade física intencional no contexto da vida das pessoas.

Esse processo implica o reconhecimento do papel da educação para toda a vida na promoção da atividade física e, com ela, do letramento corporal. Nesse caso, as pessoas, não importa a idade que tenham, precisam aprender a valorizar o letramento corporal. Além disso, o papel educativo está associado a uma pedagogia — como fazemos para engajar as pessoas? Esse processo de engajamento diz respeito a conectar-se com pessoas, sejam jovens ou idosos, e facilitar o aumento da compreensão em apreciar e valorizar o envolvimento em uma série de atividades intencionais, para que se tornem um compromisso que perdure por toda a vida. É esse processo que precisa ser identificado e aprimorado posteriormente, junto com a ideia de quais tipos de atividades estimulam engajamento e compromisso.

Letramento corporal e educação para toda a vida

Os programas concebidos para desenvolver o letramento corporal devem promover atividades físicas significativas, pois elas têm o potencial de melhorar a vida e a qualidade do viver. Essas atividades têm o poder de enriquecer e transformar vidas, tornando-se um foco de interesse que é prazeroso, recompensador e abre enormes perspectivas para a melhoria das capacidades e das qualidades humanas. A tarefa do facilitador, seja ele professor, pedagogo, mentor, técnico, profissional de educação física, médico ou pai, é ajudar as pessoas a firmar um compromisso de serem ativas com a consciência do prazer despertado pela busca por atividades físicas significativas, sejam elas uma dança, um jogo ou simplesmente um passeio pelo campo. Essas satisfações podem resultar em um sentimento de sucesso e alegria para ser compartilhado com amigos e podem transformar-se em uma paixão por manter-se ativo. Eis aqui o que pode ser o princípio do desenvolvimento do letramento corporal, com o necessário compromisso que pode melhorar o bem-estar e a saúde e permitir que os indivíduos evoluam.

Temos de reconhecer o importante papel de estimular novos interesses e aumentar as perspectivas das pessoas no que diz respeito à riqueza e ao potencial de um amplo espectro de atividades físicas de lazer que temos à nossa disposição. As pessoas precisam aprender a participar delas, a fazer escolhas e a optar por atividades que possam contribuir para enriquecer sua existência e para sua qualidade de vida. No entanto, é preciso ir além do compromisso. É preciso também aprender a apreciar, a valorizar e a aprender com esse compromisso. Assim estarão escolhendo o direcionamento que dão às próprias vidas e empregando seu tempo e esforço de forma inteligente e consciente. As características centrais do letramento corporal precisam estar disponíveis a todos, passando pelos mais jovens, cujas mentes ainda não estão formadas e "informadas", cuja habilidade de fazer planos e escolhas para a vida ainda não está desenvolvida, até os mais idosos. Assim, é importante desenvolver uma estratégia de educação ao longo da vida para promover atividades físicas de lazer e, por meio dela, promover também o letramento corporal — cuja importância na sociedade e na comunidade não pode ser ignorada.

Se vamos ajudar as pessoas a levarem uma vida plena e valiosa por meio do envolvimento com atividades físicas, o que isso pressupõe? Que elas precisam aprender a dar o devido valor a essas atividades de uma maneira enriquecedora e fundamental começando por gostar delas. A maneira como participamos dessas conquistas e nos damos conta do que representam, dando-lhes o devido valor, apreciando seus resultados e aprendendo a fazer escolhas conscientes, pode influenciar a compreensão de como usar o nosso tempo produtivamente. Ao promover o letramento corporal, nos empenhamos para ajudar as pessoas a explorar ao máximo as atividades físicas deliberadas que desempenham e a descobrir o que são capazes de oferecer, a ter um apreço pelo seu compromisso e pela sua participação. Essa é uma postura importante, pois abre portas para novas perspectivas e pode agregar qualidade e significado à vida de cada um. Não basta apenas oferecer oportunidades para que pratiquem atividades físicas de lazer, precisamos de profissionais com habilidades técnicas e educacionais necessárias para se envolver com as pessoas e ajudá-las a gostar de serem ativas e a cuidar de seu comprometimento. Eles devem ter a habilidade de cultivar, estimular e ajudar as pessoas a prezar a sensação de vitalidade, energia e bem-estar, evitando que desperdicem a verdadeira essência da vida.

Há uma questão adicional que precisa ser abordada neste contexto. Se somos capazes de fazer que as pessoas façam atividades físicas deliberadamente, desfrutem do prazer que lhes é inerente e aprendam a estabelecer um compromisso, é preciso que reconheçam a sua parcela de responsabilidade pessoal. O bem-estar de uma pessoa só pode ser estimulado se ela aceitar que está nas suas próprias mãos tudo aquilo que pode fazer para melhorar a própria vida; não cabe a ninguém mais essa responsabilidade. Assim, é fundamental que as pessoas reconheçam que são responsáveis pelas escolhas que fazem na vida.

No contexto do letramento corporal, quando falamos de um *papel educacional*, pode-se pensar que estamos tratando apenas de jovens. No entanto, o trabalho de promoção do letramento corporal do início ao fim da vida dá ao termo *educação* uma conotação vitalícia. Portanto, todos os profissionais que interagem com pessoas, por exemplo, profissionais de educação física, profissionais de lazer, precisam adquirir as mesmas habilidades profissionais requeridas por professores. Não estamos sendo bem-sucedidos ao demonstrar o benefício das atividades físicas de lazer para um grande contingente de pessoas. Da mesma forma que professores e instrutores trabalham com jovens, estamos dando o máximo para abrir mentes e corações de idosos para a satisfação que pode ser obtida com essas atividades. Essa posição teórica precisa ser sustentada por *práticas educacionais* envolventes.

Letramento corporal e uma pedagogia da participação

O que requer uma pedagogia da participação? Costumamos nos referir a *pedagogia* de uma forma ampla e pouco nítida como a ciência e os princípios do ensino, mas raramente os professores elaboram essa acepção do termo de forma a articular com a melhoraria de sua prática. Recentemente, a ideia da pedagogia foi retomada e hoje há considerável interesse acadêmico no universo educacional (DfES, 2004). Mesmo assim, esse trabalho nem sequer tangenciou o ensino de atividades físicas, embora haja algum interesse em desenvolver estratégias para o ensino e a aprendizagem. A pedagogia precisa ser vista em termos da arte e da ciência de envolvimento com alunos para estimular uma aprendizagem eficiente. Esse argumento diz respeito especialmente ao envolvimento com aprendizes. Mas o que esse envolvimento implica? Almond (1997) delineou um modelo de boas práticas no qual foi recomendado que os professores adotassem práticas para ajudar os jovens a obter relações interpessoais positivas. Posteriormente, essas propostas serviram para subsidiar o trabalho de professores que queriam melhorar suas práticas. Ainda que tenham sido delineadas para um contexto escolar, elas são igualmente adequadas para o trabalho com idosos.

Um cenário captura claramente esse trabalho e ilustra que uma pedagogia da participação pode existir. Após uma avaliação do Office for Standards in Education, Children's Services and Skills (OFSTED), vários professores de baixo desempenho receberam ajuda de colegas mais experientes e bem-sucedidos. A razão para o desempenho insatisfatório estava em um bloqueio na comunicação com os jovens e na inabilidade de estabelecer um ambiente de trabalho produtivo. Os professores mais experientes começaram a analisar essa percepção do problema e sugeriram uma lista de habilidades que ajudaria seus colegas a obter melhores resultados. As seguintes habilidades foram consideradas essenciais. Elas deveriam ser postas em prática e aperfeiçoadas. Seria necessário:

- mobilizar todos os alunos;
- estabelecer uma conexão com cada um para permitir que a aprendizagem acontecesse;
- envolver-se com os alunos de forma produtiva, com entusiasmo e empatia;
- atrair os alunos com desafios que estimulassem, respondessem ao seu interesse e lhes permitissem desenvolver-se com confiança;
- expandir as capacidades, os interesses e o amor pela aprendizagem.

Esse passou a ser o foco do trabalho da intervenção realizado com os professores menos capacitados. Depois de algumas semanas de prática, eles aperfeiçoaram aquilo que se traduzia em melhores resultados e refletiram como desenvolver ideias para capturar a imaginação dos seus alunos. Nesse processo, aprenderam a ter confiança, a reconhecer o que era importante na atividade docente e a compreender melhor seus alunos.

As habilidades apresentadas representam um conjunto de competências centrais e não são apenas habilidades técnicas, pois os professores precisaram aplicá-las compreendendo a natureza dos alunos com quem estavam trabalhando. Portanto, competências técnicas demandam uma prática adequada, reflexão crítica e o reconhecimento de que elas são empregadas para promover um amor pela aprendizagem. É preciso explorar ainda mais a relação entre a arte e a ciência do envolvimento no trabalho com jovens e idosos. Uma pedagogia da participação é essencial para essa arte, quer estejamos falando da aprendizagem acadêmica, quer estejamos falando de aprender a amar a ser ativo.

Ainda que essa breve discussão sobre a pedagogia da participação refira-se aos professores na escola, as habilidades de envolvimento são relevantes para um número muito maior de atividades profissionais. Profissionais iniciantes, mentores, *personal trainers*, profissionais da saúde, técnicos, assistentes sociais e adultos que trabalham com idosos precisam estar atentos a essas recomendações práticas e valorizar a promoção do letramento corporal. O Capítulo 13 examina o espectro de pessoas envolvidas no letramento corporal, e o Capítulo 14 discute abordagens de aprendizagem e de ensino para estimulá-lo.

Promovendo atividades físicas de lazer entre idosos

Como essas ideias podem orientar a prática de pessoas que trabalham com idosos? A BHFNC desenvolveu uma série de recursos e programas de treinamento para permitir aos profissionais capturar a imaginação de idosos e estimular atividades físicas de lazer com o propósito de tornar suas vidas mais ativas e ricas. Ao mesmo tempo, reconhece-se aqui que há um papel educativo e uma necessidade de interagir produtivamente com idosos, subjacente a todos os aspectos do treinamento.

Someone Like Me (Alguém como eu) (LAVENTURE; DINAN; SKELTON, 2008) é um programa de orientação por pares que estimula idosos a ajudar outros idosos a se interessarem por uma vida ativa, oferecendo apoio àqueles que acham difícil manter o compromisso com a rotina de atividades. Os idosos que frequentam os cursos de formação têm a oportunidade de aprender habilidades de envolvimento com seus colegas e aprendem a promover mais atividades na maior parte do tempo. Nesse contexto, os tutores assumem um papel educativo e usam a pedagogia para atrair as pessoas. Do mesmo modo, consultores de saúde e de estilo de vida, *coaches* da vida e outros tipos de mentores podem se beneficiar de um reconhecimento maior do seu papel educativo e pedagógico. Um programa chamado *Moving More Often* (Movendo-se com mais frequência) também foi criado para oferecer atividades físicas de lazer em casas de repouso (abrigo para idosos), estimulando os idosos a serem mais ativos. Uma série de módulos chamados *Jogos que todo mundo joga, Caminhe comigo, Dar uma volta, Só eu, Dance comigo, Jardinagem, Tai Chi Chuan* e *Wii* foi desenvolvida para que os funcionários pudessem aplicá-los em casas de repouso de acordo com a disponibilidade e preferência. Essas iniciativas contribuíram para elevar consideravelmente os níveis de participação porque revitalizaram a vida dos residentes e permitiram que eles enriquecessem suas vidas.

O País de Gales e a região de Yorkshire, na Inglaterra, foram além e propuseram a ideia de uma olimpíada de casas de repouso, chamada *Olympiage*. Homens e mulheres de diversas residências participam de um festival no qual se envolvem em uma série de atividades físicas de lazer. A celebração de uma Olympiage atingiu todas as expectativas. Ela criou um novo ânimo — *eu posso* — entre os residentes, estimulou-os a criar vínculos sociais e propôs a todos uma série de desafios. Além disso, deu-lhes um objetivo e uma meta para buscar e convenceu os funcionários a repensar o valor das atividades físicas de lazer. Os festivais criaram grande interesse, inclusive da mídia, e foram aclamados por muitos à medida que a satisfação, os sorrisos e as capacidades físicas dos participantes ficaram patentes. Mais iniciativas como essa serviriam para demover a imagem de lares de idosos como lugares exclusivamente para repouso e inatividade. Isso permitirá aos residentes envolverem-se com uma série de atividades físicas de lazer, preparando-os para enfrentar o mundo lá fora. Também representam uma ótima oportunidade de fortalecer os laços sociais e dar aos residentes a sensação de que são atletas olímpicos. Se essa ideia se ampliar, poderá ser vista como um verdadeiro legado das Olimpíadas de 2012. Cada cidade e vilarejo do Reino Unido poderia promover sua própria versão desses *jogos* antes da Olimpíada. Seria um feito e tanto e daria grande projeção a tudo que os idosos são capazes de fazer. Com efeito, seria algo de grande apelo midiático. No entanto, há um longo caminho a percorrer para que todos os lares de idosos passem a ver na atividade física uma maneira de enriquecer e energizar vidas.

Após uma campanha de 30 dias promovida pela BHFNC, elaborou-se um documento abrangente com recomendações para promover atividades físicas de lazer com idosos (BHF, 2009), trazendo orientações para profissionais que trabalham com essa população sobre como desenvolver programas e intervenções baseadas em evidências. Os recursos incluem recomendações sobre os tipos de atividades físicas de lazer mais adequadas e sobre como a atividade física pode ser muito eficaz na promoção do bem-estar e no enriquecimento da vida.

Conclusão

Este capítulo teve quatro objetivos:

- ampliar a noção de letramento corporal para atender às necessidades específicas da população idosa;
- propor o uso do termo *atividades físicas de lazer*;
- identificar um papel educacional e uma pedagogia da participação que pressuponham o compromisso de promover o letramento corporal;
- endossar a visão de que a promoção do letramento corporal é relevante para pessoas de todas as faixas etárias e deve ser uma preocupação que perdura por toda a vida.

A introdução do conceito de atividade física de lazer diante do conceito mais limitado de atividade física é de especial importância, pois tem conotações muito mais ricas. O termo nos permite associar a atividade física à necessidade de uma postura educacional e pedagógica para o letramento corporal. Essa postura permite que o letramento corporal seja visto em um contexto prático que pode ser aplicado ao cotidiano.

Em se tratando de uma perspectiva para toda a vida, a atividade física de lazer está no cerne de ser corporalmente letrado. Esteja o profissional do ramo trabalhando com crianças ou com idosos, é preciso estimular a todos a gostar de ser ativos. Os baixos níveis de atividade física entre adultos, especialmente aqueles acima de 65 anos, indicam que falhamos em promover um afeto com a condição de ser ativo. Uma compreensão do letramento corporal com suas implicações educacionais e pedagógicas oferece a oportunidade de desafiar práticas tradicionais e destacar uma poderosa ferramenta para melhorar a vida de todos.

Leituras recomendadas

LIU, C. J.; LATHAM, N. K. Progressive resistance strength training for improving physical function in older adults. *Cochrane Database of Systematic Reviews*, v. 3, n. 3, 2009.

RATEY, J. J.; HAGERMAN, E. *Spark*: the revolutionary new science of exercise and the brain. New York: Little, Brown & Company, 2008.

11

Letramento corporal e pessoas com deficiência

Philip Vickerman e Karen DePauw

Introdução

Este capítulo analisa a promoção do letramento corporal em pessoas com deficiência, durante todo o transcurso da vida, explorando a importância do letramento corporal para essa população e examinando como ele pode ser alcançado nas suas circunstâncias únicas. Incluem-se aqui convenções internacionais sobre os direitos das pessoas com deficiência, assim como as próprias definições de deficiência e as barreiras que esses indivíduos podem enfrentar. Uma preocupação central do capítulo será identificar as melhores práticas e estratégias para estimular a confiança, a autoestima e a motivação desses indivíduos no contexto da atividade física, incentivando assim o desenvolvimento do seu letramento corporal. Os benefícios de as pessoas com deficiências serem corporalmente letradas são abordados e exemplificados estudando-se dois casos específicos. O Capítulo 4 estabelece as fundamentações para esta discussão ao afirmar que letramento corporal é um conceito universal ao alcance de todos.

O direito de pessoas com deficiência a oportunidades de se tornarem corporalmente letradas

O direito de pessoas com deficiência a praticar atividades físicas com qualidade vem merecendo grande destaque e ficou patente na Declaração de Salamanca (UNESCO, 1994), assinada por 92 governos e 25 organizações internacionais. Ela estabeleceu um conjunto de crenças e declarações segundo as quais toda criança tem o direito fundamental à educação e identificou os princípios que garantem às crianças uma oportunidade de aprender, um sistema educacional projetado para dar conta da diversidade, o acesso a uma educação centrada na criança e a adoção da inclusão como meio de combater a discriminação e construir uma sociedade

Letramento corporal: atividades físicas e esportivas para toda a vida   137

inclusiva. A Declaração de Salamanca, de acordo com Farrell (2001), resultou em uma miríade de leis, políticas e práticas internacionais (BOOTH; AINSCOW; DYSON, 1998) que se concentram em crianças e adultos com deficiências e seu acesso a todos os aspectos da sociedade, incluindo a atividade física. Mais adiante, o segundo World Summit on Physical Education (ICSSPE, 2005) identificou o foco singular da educação física nos processos de aprendizagem e abordagens de ensino e, ao mesmo tempo, reafirmou sua missão de apoiar a inclusão de todas as crianças, independentemente de sua condição e/ou capacidades.

Bee e Boyd (2006) sugerem que interpretar noções de deficiência e inclusão pode ser algo complexo e diversificado. Eles incluem uma séria de questões relacionadas às tensões e aos desafios das abordagens multidisciplinares para dar sustentação ao processo de letramento corporal. De acordo com Cameron e Murphy (2007), pessoas com deficiência residem em um *continuum* em que não há uma distinção clara entre aquelas que precisam de intervenções adicionais ou não. Conceitualizar diferenças das deficiências em um *continuum* é, portanto, complicado e repleto de dificuldades devido às várias visões contrastantes e, por vezes, opostas do que pode ser considerado uma deficiência (DYSON; MILLWARD, 2000).

A Organização Mundial da Saúde (OMS) (2009) sugere que "deficiência é um fenômeno complexo que reflete uma interação entre aspectos do corpo da pessoa e da sociedade em que vive". A OMS segue explicando que *deficiência* é um termo generalista que abrange incapacidades, limitações de atividade e restrições à participação. A OMS sugere que *incapacidade* é um problema na função ou na estrutura do corpo; ao passo que uma *limitação de atividade* refere-se às dificuldades encontradas por alguém ao executar uma tarefa ou ação. Finalmente, a OMS refere-se à *restrição à participação* como um problema que afeta o envolvimento de indivíduos em situações da vida.

Burchardt (2004) sugere que *modelos sociais de deficiência* apontam barreiras sistêmicas, atitudes sociais negativas e excludentes, intencionais ou não, como fatores cruciais para definir quem é ou não deficiente. Além disso, de acordo com Reindal (2008), enquanto alguns apresentam variantes físicas, sensoriais, intelectuais ou psicológicas que podem ocasionar limitações ou incapacidades, estas não necessariamente implicam uma deficiência. Conforme observam Reiser e Mason (1990), modelos sociais de deficiência não negam que certas diferenças individuais possam levar a limitações, mas essas não são a causa da exclusão dos indivíduos: é a falta de flexibilidade da sociedade em que vivem para acomodar suas necessidades, este, sim, é o fator limitante mais significativo.

A inclusão em relação à promoção do letramento corporal precisa, portanto, concentrar-se nas necessidades únicas das pessoas com deficiência. Seu potencial pessoal deve ser um atributo fundamental ao longo de todos os aspectos de quaisquer definições e interpretações. Essa abordagem conserva a noção da singularidade de cada ser humano e como ele se desenvolve como indivíduo incorporado (WHITEHEAD,

2007a). Portanto, a maneira como as pessoas com deficiência evidenciam o letramento corporal será específica a cada uma delas, assim como o ritmo no qual essa capacidade se desenvolverá (WRIGHT; SUGDEN, 1999). Conforme discutido no Capítulo 3, cada indivíduo estará na sua própria jornada de letramento corporal, e seu progresso só deve ser julgado nesse contexto. Isso contradiz qualquer tentativa de medir certos aspectos do letramento corporal mediante noções normatizadas e expectativas voltadas a pessoas que não têm deficiências.

Aprendendo para mover-se, movendo-se para aprender: desenvolvendo confiança, motivação e autoestima por meio da atividade física

De acordo com Sudgen e Wright (1998), pessoas com deficiência, assim como as sem deficiência, precisam vivenciar atividade física, aprendendo e desenvolvendo-se em um amplo leque de atividades e ambientes. A lógica da defesa do desenvolvimento do letramento corporal de pessoas com deficiência tem um duplo propósito: primeiro, para o desenvolvimento corporal do próprio indivíduo e, segundo, como componente essencial para promover o desenvolvimento social, emocional, intelectual e cognitivo.

Para crianças e adultos com deficiência, ser corporalmente letrado promove a confiança, a autoestima, o crescimento e o desenvolvimento e a aptidão física e ajuda a lhes ensinar sobre o mundo que habitam. Há considerável consciência (VICKERMAN, 2007; WHITEHEAD; MURDOCH, 2006) da contribuição que essa capacidade pode ter no desenvolvimento físico, social, emocional e intelectual de crianças com deficiência. Embora as pessoas mais próximas possam ter um papel a desempenhar nesse processo, os responsáveis pela educação física nas escolas têm uma responsabilidade crucial. Portanto, os profissionais precisam estar conscientes do efeito que a aprendizagem em um contexto de atividade física pode ter para o desenvolvimento global.

A relevância e a importância de aprender por meio da atividade física jamais serão superdimensionadas. Ao abordar a questão, Seaman e DePauw (1989) sugerem que se tornar corporalmente letrado deveria ser considerado um processo universal de desenvolvimento, quer seja para pessoas com deficiência, quer não. Eles argumentam que as abordagens desenvolvimentais para o letramento corporal deveriam empregar inúmeros métodos e técnicas de forma predeterminada e sistemática para facilitar o crescimento e o desenvolvimento de indivíduos com *transtornos de desempenho*. Adotando tal abordagem, pessoas com deficiência poderão então atingir seu potencial máximo. Aplicar tais métodos permite reconhecer o indivíduo como um aprendiz encarnado único, ao mesmo tempo em que permite identificar fundamentos para compreender as causas de sequências de desempenho atípicas. Tais abordagens personalizadas de letramento corporal são, portanto, definidas como não categóricas e inclusivas da total diversidade das necessidades das pessoas com deficiência.

Outra questão importante a ser considerada em qualquer discussão sobre o espectro das deficiências é a de que, segundo Sugden e Wright (1998), nem todos terão dificuldades em matéria de competência motora. Uma criança com dificuldades emocionais e comportamentais, por exemplo, pode ter um excelente desempenho no campo da atividade física e uma criança com dificuldades de aprendizagem pode ser uma exímia nadadora. Consequentemente, não se deve presumir que a deficiência implica entrave para a competência motora e, portanto, para o desenvolvimento do letramento corporal. Ao afirmar isso, entretanto, cabe afirmar que o cuidado à pessoa com deficiência realmente impõe desafios para todos que encorajam ou orientam atividades físicas, e é por isso que ter uma mente aberta, grandes expectativas e uma disposição de adaptar as práticas é um elemento essencial para o sucesso.

Muitas deficiências podem levar a uma falta de confiança na maneira como as pessoas gerenciam sua dimensão incorporada, o que, por sua vez, pode representar dificuldades para obter experiências positivas e sentir-se motivado a participar de atividades físicas (WEISS; HABER, 1999; WELLARD, 2006). Portanto, as pessoas responsáveis pela atividade física de pessoas com deficiência, ao longo de toda a vida, precisam se certificar de que esses participantes não se sintam limitados nas suas experiências com a atividade física. É também importante que a promoção do letramento corporal em pessoas com deficiência não seja vista a partir do seu valor puramente físico. Muitas atividades, de acordo com Sudgen e Wright (1998), trazem oportunidades adicionais para desenvolver habilidades sociais que podem resultar em uma vida independente que é adequada, prazerosa, criativa e realizadora. Um programa de atividades estimulante pode motivar pessoas que, por sua vez, ficam menos suscetíveis a frustrações ou problemas emocionais. Pessoas com deficiência devem ser incentivadas e aproveitar todas as oportunidades disponíveis para usar seu potencial corporal da melhor forma possível.

O objetivo de envolver pessoas com deficiência na prática de atividades físicas não difere do que é prescrito para qualquer outra pessoa. Elas têm direito — e são amparadas por lei em vários países — a um programa de atividades amplo, diferenciado, relevante, progressivo e equilibrado. Com efeito, algumas terão mais dificuldades que outras para participar ativamente, mas é importante que haja oportunidades de inclusão no mesmo contexto daquelas que não têm deficiências. É também importante que, caso seja necessário modificar ou adaptar um equipamento qualquer, a atividade mantenha sua integridade e não seja vista como algo simbólico. Pessoas com deficiência têm, devido a essa condição, uma vasta gama de necessidades pessoais e específicas de enorme complexidade e diversidade. Oferecer um programa de atividades físicas abrangente a ponto de dar conta de tal diversidade é um desafio e tanto para os profissionais do ramo. Entretanto, as competências motoras aprendidas e vivenciadas por pessoas com deficiência lhes dão apoio e lhes permitem seguir a vida (KASSER; LYTLE, 2005) ao mesmo tempo que as ajuda a assumir papéis ativos e relevantes na sociedade.

Enfrentando barreiras à participação para apoiar o desenvolvimento do letramento corporal

Os obstáculos para que pessoas com deficiência se tornem motoramente competentes e, portanto, corporalmente letradas têm sido objeto de grande debate por parte de autores como Fredrickson e Cline (2002), Crawford et al. (2008), Nancy et al. (2008) e Reindal (2008). Ao reconhecerem vários modelos de deficiência, Fredrickson e Cline (2002) sugerem que uma combinação de diferenças individuais, demandas ambientais e análise interacional contribuiu para diferentes perspectivas de inclusão (BALLARD, 1997).

Modelos individuais de inclusão tratam os obstáculos para alcançar a competência motora como algo próprio da pessoa com deficiência. Portanto, as barreiras para aprender e se desenvolver na atividade física são criadas pela própria diversidade da deficiência de um indivíduo (REISER; MASON, 1990) e pelos desafios que representam. Exclusão e isolamento, portanto, não podem ser atribuídos ao ambiente, por exemplo, nas restrições feitas pelos responsáveis pela gestão dos cenários de atividade física. Assim, esse modelo considera a própria deficiência de uma pessoa a maior barreira para tornar-se motoramente competente. Qualquer omissão da parte dos profissionais em acomodar essas diferenças alterando estruturas e sistemas existentes é vista como secundária.

Burchardt (2004), ao contrário, sugere modelos ambientais ao definir entraves à participação. Esses entraves adotam a situação, e não o foco no indivíduo, como eixo central para a atividade física inclusiva. Cole (2008) sugere que as barreiras à aprendizagem e ao acesso à atividade física de qualidade só podem ser definidas em termos da relação entre o que uma pessoa é capaz de fazer e aquilo que os profissionais fazem para permitir sucesso em qualquer ambiente. O fator limitante para que qualquer pessoa com deficiência desenvolva competência motora reside, portanto, em abordagens flexíveis da parte dos profissionais, e não na expectativa de que as pessoas com deficiência se adéquem a estruturas preexistentes. Mais que tudo, as barreiras são criadas pela falta de flexibilidade, e não por algum tipo de *déficit* que uma pessoa possa trazer para a atividade. Segundo esse modelo, os responsáveis por qualquer modalidade de atividade física têm um papel importantíssimo em facilitar ou limitar as capacidades de um indivíduo para tornar-se motoramente competente e, assim, corporalmente letrado.

Ao comparar semelhanças e diferenças de modelos individuais e ambientais de deficiência, um modelo interacionista destaca a impossibilidade de separar as competências motoras e de aprendizagem do ambiente em que os indivíduos vivem e funcionam. Portanto, modelos de causalidade e localização de barreiras ao letramento corporal podem ser vistos como uma combinação de interações complexas entre os pontos fortes e fracos das pessoas, níveis de apoio disponíveis e adequação das atividades oferecidas. Assim, nem modelos ambientais nem individuais podem descrever sozinhos a realidade da prática inclusiva. Em vez disso, o fator central de apoio a experiências corporais únicas deve ser embasado na preocupação em oferecer experiências de atividade física de qualidade, possibilitadas pelo apoio adequado oferecido por profissionais competentes e atentos ao amplo espectro de necessidades individuais (RINK; HALL, 2008).

Estratégias para promover o letramento corporal em pessoas com deficiência

Com o objetivo de potencializar as oportunidades de apoio ao desenvolvimento do letramento corporal, é importante considerar a premissa de atender às necessidades individuais. Estratégias de apoio ao letramento corporal pedem foco, planejamento cuidadoso e um propósito claro de oferecer oportunidades de sucesso e satisfação. De acordo com Mouratidis et al. (2008), o tempo também deve ser gerenciado nas atividades para permitir as repetições e elevar a autoestima de pessoas com deficiência como aprendizes corporais.

Cabe nesse ponto referir as diretrizes da Qualifications and Curriculum Authority,* da Inglaterra (2007). O que se requer aqui é que os professores sejam sensíveis às necessidades específicas de pessoas com deficiência, evitando prejulgamentos, e prontos para reconhecer tanto o esforço quanto o êxito. Ainda que sejam destinadas a professores, as estratégias delineadas a seguir são altamente relevantes para os profissionais que trabalham com pessoas com deficiência na área do movimento, como educação física, esporte, fisioterapia e terapia ocupacional e lazer. Recomendam-se os seguintes princípios de práticas:

- **Definir desafios de aprendizagem adequados:** aqui, professores de educação física e demais profissionais envolvidos com atividade física referidos anteriormente devem abarcar a diversidade de competências corporais desenvolvendo objetivos diferentes baseados nas necessidades individuais. Uma criança com dificuldade de aprendizagem, por exemplo, pode ter problemas em verbalizar um repertório motor, mas pode ser capaz de demonstrar competência executando o movimento. Ao contrário, uma criança com deficiência física pode

---

* N. de R.T. Trata-se de uma organização não governamental financiada pelo Departamento de Educação Britânico e tem como papel desenvolver e monitorar o currículo nacional e demais ações no sentido de garantir que o Reino Unido se torne uma economia baseada em conhecimento. Uma de suas missões é garantir que o ensino em vários níveis vá ao encontro das necessidades das pessoas e da sociedade.

ter dificuldades para demonstrar um determinado padrão de movimento e/ou atividade, mas pode ser capaz de verbalizar quais aspectos da competência motora têm significado para ela (VICKERMAN, 2007). Estabelecendo desafios adequados, professores e outros profissionais podem garantir que pessoas com deficiência se esforcem e sejam desafiadas a progredir e realizar-se em um ritmo adequado às suas necessidades, que são únicas.

- **Responder às diversas necessidades dos alunos**: isso leva ao segundo requisito necessário àqueles que promovem o letramento corporal, ou seja, reconhecer a diferença e a diversidade ao mesmo tempo em que adota modelos interacionistas de deficiência, que procuram reconhecer a peculiaridade de cada indivíduo e resultam em atividades adaptadas conforme necessário (FREDRICKSON; CLINE, 2002; REISER; MASON, 1990). Assim, abordagens universais raramente são adequadas a pessoas com deficiência — em vez disso, aceitação e celebração da diferença e da diversidade são elementos-chave para promover experiências positivas de atividade física (COATES; VICKERMAN, 2008).

- **Diferenciar avaliação e aprendizagem de acordo com as necessidades individuais dos alunos**: se a diferença e a diversidade forem consideradas por professores e outros profissionais, isso implicará reconhecer que todas as pessoas com deficiência estão em um *continuum* de aprendizagem, e, como tal, é preciso estabelecer métodos alternativos para acompanhar o seu progresso que permitam a todos demonstrar seu crescimento em letramento corporal. Se forem oferecidos diferentes desafios de aprendizagem para apoiar o desenvolvimento da competência motora, então é preciso oferecer métodos alternativos de demonstração de competência que sejam sensíveis a diferentes estágios de desenvolvimento. Isso tem sido designado neste livro como o registro do progresso de cada um na sua jornada de tornar-se e manter-se corporalmente letrado.

Os resultados da adoção de práticas que emanam dos princípios expressos aqui devem rejeitar quaisquer modelos de *déficit* apresentados por pessoas com deficiência e eliminar quaisquer barreiras para as conquistas pessoais. É fundamental que todos os profissionais partam da premissa de que qualquer um pode aprender e se desenvolver se tiver as oportunidades certas.

Outros autores corroboram esses princípios. Por exemplo, Sugden e Keogh (1990) sugerem que resultados motores são determinados pela inter-relação entre três variáveis:

- a tarefa a ser executada;
- os recursos que a criança traz à situação de aprendizagem;
- o contexto em que a aprendizagem ocorre.

Resumindo, três fatores comuns são recorrentes no aconselhamento a quem quer trabalhar com atividades físicas para pessoas com deficiência. Primeiro, adaptar o que é ensinado e o contexto onde a atividade ocorre; segundo, modificar como são dados orientação e apoio; e, finalmente, ser sensível às necessidades individuais no que tange ao processo de avaliação (FITZGERALD, 2005; WHITEHEAD, 2001; WHITEHEAD; MURDOCH, 2006).

É pertinente comentar o papel de professores de educação física na promoção do letramento corporal para pessoas com deficiência. Esses profissionais têm um papel fundamental a cumprir. Eles não só vão trabalhar com toda e qualquer criança, mas precisarão estar capacitados, por meio de sua formação, com conhecimento e compreensão suficientes para trabalhar com alunos com inúmeras deficiências. Isso é referendado pela Association for Physical Education, no Reino Unido, em seu manifesto, que diz:

> O propósito da educação física é desenvolver competência motora para que todas as crianças sejam capazes de se mover com eficiência, eficácia e segurança e compreendam o que estão fazendo. O resultado, o letramento corporal, junto com o domínio dos números e da linguagem, é a base para que alunos tenham acesso a um amplo espectro de competências e experiências. (AFPE, 2008).

Professores de educação física têm, portanto, responsabilidade especial na afirmação das responsabilidades mencionadas aqui.

Os benefícios do letramento corporal

Na busca dos princípios mencionados na seção anterior, apresentamos os seguintes estudos de caso (11.1 e 11.2) para exemplificar como pessoas com deficiência podem ter acesso à atividade física e, assim, tornarem-se corporalmente letradas. Os benefícios do letramento corporal são notórios.

ESTUDO DE CASO 11.1 – LATISHA

Latisha ingressou na Beacon Hill School em setembro de 2005, no 7º ano. Ela recusava-se a ir a qualquer escola. Foi diagnosticada com transtorno do espectro autista (TEA), síndrome de Tourette, transtorno de déficit de atenção/hiperatividade (TDAH) e transtorno de ansiedade de separação. Quando começou em Beacon Hill, tinha uma atitude muito negativa em relação à escola, desafiando os funcionários e outros colegas diariamente. A educação física era uma área em que conseguia se sair bem e, devido à natureza motora da disciplina, logo descobriu que era capaz de obter êxito em uma série de atividades; quando estava concentrada em uma tarefa, era menos provável que apresentasse algum sintoma da síndrome de Tourette. Por meio de uma série de jogos, danças, ginástica e atividades voltadas para o desempenho físico/atlético na educação física, Latisha

(Continua)

144 Margaret Whitehead (Org.)

(Continuação)

lentamente passou a desfrutar do sucesso que obtinha, e isso começou a influenciar sua confiança e autoestima. À medida que progredia, ficava mais à vontade para experimentar coisas novas e demonstrar sua capacidade aos colegas, algo que se recusava a fazer quando começou. Praticando esportes coletivos, como o basquete, ela começou a estabelecer relações mais positivas com os colegas. Como resultado, as habilidades sociais que desenvolveu na educação física foram transferidas para outras disciplinas. Latisha está agora na 1ª série do ensino médio e concorre ao Sports Leaders UK Level 1 Award (Prêmio para Líderes Esportivos do Reino Unido – Nível 1). Ela é um fantástico exemplo para seus colegas, demonstrando responsabilidade e confiança como líder de pequenos grupos. Trabalha muito bem com colegas mais jovens na escola, demonstrando paciência e compreensão. Tem orgulho da forma como se porta e representou a escola em várias atividades esportivas, inclusive em Londres, como representante do Building Schools for the Future.[1]

ESTUDO DE CASO 11.2 – THOMAS

Thomas entrou para a Beacon Hill School em janeiro de 2008, no 3º ano. Ele era um menino bastante agressivo, diagnosticado com TEA. Assim que chegou, mudou totalmente a dinâmica da turma com seu temperamento desafiador e violento dirigido aos funcionários e colegas, indistintamente. No primeiro bimestre de educação física com Thomas, estávamos utilizando a metodologia Sherborne* para desenvolvimento de movimento. No começo, ele fazia de tudo para fugir, recusando-se a interagir com os funcionários ou colegas. Insistindo com a metodologia, passamos a identificar algumas interações que o agradavam. Gradualmente, aumentamos o tempo que ele tinha para *realizar movimentos de balanço*, e Thomas logo tornou-se mais confiante e feliz para interagir com alguma pessoa da equipe da escola que também balançava o corpo com ele. Foi um passo importante para seu progresso e interação social. A partir daí, houve uma melhora considerável no comportamento de Thomas e no trato com ele. Ele começou a sentir-se seguro com os adultos, a desenvolver confiança e a interagir de forma mais positiva. Thomas está agora no 4º ano e não há registro de incidentes violentos desde então. Hoje ele consegue interagir com os outros alunos em um nível socialmente aceitável, tanto nas aulas de educação física como na sala de aula e também no recreio. Hoje ele é uma criança feliz que gosta de ir à escola e é capaz de realizar outras atividades na educação física, como ginástica e esportes coletivos. Não apenas demonstra uma notável melhora na capacidade física, mas também nas habilidades sociais, como esperar a sua vez e ouvir e seguir instruções. É um prazer lecionar para ele![2]

---

* N. de R.T. *Sherborne Developmental Movement* é uma abordagem para ensinar e trabalhar com movimento, criada pela professora de educação física inglesa Veronica Sherbone, baseada no método de Rodolf Laban para dança e análise do movimento.

Ainda que promover o letramento corporal durante a idade escolar seja algo crucial e deva ser um objetivo fundamental da educação física, o conceito diz respeito a todos em qualquer etapa da vida, implicando necessariamente a participação de diversos atores nessa empreitada, não somente professores de educação física. Em linha com esse pensamento, Aitchison (2003) argumenta que um objetivo importante é garantir que todas as pessoas com deficiência, de qualquer idade, tenham orientação e apoio adequados para desenvolver a motivação para envolver-se com atividades físicas com base no aumento da autoconfiança e da autorrealização. Todas as pessoas deveriam ter sucesso em atingir e aprofundar-se no seu letramento corporal. De fato, a OMS (1997b) promove ativamente a saúde, o bem-estar e a atividade física entre vários elementos de uma sociedade. A OMS sugere que a atividade física é um componente essencial da vida cotidiana e parece ser o meio mais efetivo pelo qual as pessoas podem influenciar a saúde e o bem-estar. O Capítulo 13 destaca outros importantes atores que podem estar envolvidos na promoção do letramento corporal, dos pais de um bebê recém-nascido aos cuidadores que trabalham com idosos.

Desenvolvimento motor para pessoas com deficiência

O Capítulo 9 é dedicado ao desenvolvimento motor nos primeiros anos de vida e aborda a importância de estabelecer um repertório motor extenso, dominar uma série de padrões motores e desenvolver capacidades motoras. Conforme indicado neste capítulo, a competência motora está no cerne do letramento corporal, e, por isso, é imprescindível que essa capacidade seja estimulada. Embora o desenvolvimento dessa capacidade seja importante para todos os jovens, é fundamental para aqueles com alguma deficiência.

Embora não haja estágios distinguíveis no desenvolvimento motor da criança, existem fases globais que as crianças percorrem do nascimento à idade adulta. Como resultado, importa considerar essas fases desde o nascimento porque muitas crianças com deficiências exibirão características motoras de indivíduos bem mais jovens. Ainda que a idade em anos e meses não seja um indicativo exato do desenvolvimento devido a diferenças individuais, ela pode servir como parâmetro de comparação. Isso é particularmente verdadeiro em caso de crianças com deficiência cujo desenvolvimento varia drasticamente e pode estar atrasado em relação a crianças de desenvolvimento típico — algo que pode avançar pela puberdade e se estender até a idade adulta. De fato, é provável que apoio e incentivo específicos sejam necessários não apenas na infância e na adolescência, mas também após a conclusão do ensino formal. É certamente responsabilidade de qualquer cultura cuidar e amparar pessoas com deficiência durante o transcurso de suas vidas. O Capítulo 10 analisa de que forma podemos auxiliar a população idosa na obtenção e manutenção do letramento corporal.

Costuma-se classificar pessoas com deficiência de acordo com a gravidade da sua condição; no entanto, ainda que isso possa parecer lógico, não é a maneira mais útil ou produtiva de avançar nesse tema. Por exemplo, há pessoas com condições físicas complexas que requerem adaptações mínimas, enquanto outras com problemas menos graves e complexos precisam de intervenção mais significativa. De fato, é essencial que todos à frente da organização e da condução de atividades físicas adotem abordagens interacionais de deficiência. As atividades devem ser planejadas em torno dos indivíduos, e não de expectativas de que eles se encaixem em contextos e ambientes preestabelecidos. O letramento corporal somente será desenvolvido por pessoas com deficiência que tenham experiências positivas com atividades físicas.

Sugden e Keogh (1990) e Sugden e Henderson (1994) tratam de uma série de fases e estágios desenvolvimentais referindo-se particularmente a pessoas com deficiência. Ambos são textos valiosos para serem examinados em mais detalhes.[3]

Conclusão

Aprender a movimentar-se com confiança é essencial para que pessoas com deficiência se tornem corporalmente letradas. O sucesso não vem naturalmente e tampouco é um fator genético. Assim, depende de que todos os profissionais desenvolvam estratégias eficazes para permitir a participação e reconheçam o direito das pessoas de se tornarem competentes corporalmente. Alguns indivíduos com deficiência desfrutarão mais que outros da atividade física e, assim, desenvolverão seu letramento corporal mais rápido, uma vez que tenham as devidas oportunidades. Em contrapartida, alguns podem ter experiências negativas tentando desenvolver essa capacidade, podendo resultar em falta de motivação, confiança e autoestima.

Este capítulo, construído a partir de argumentos apresentados na Parte I, endossa a ideia de que toda pessoa, a despeito de sua (in)capacidade, pode se tornar corporalmente letrada. Esse desenvolvimento a partir da experiência incorporada única a cada indivíduo será determinado por uma série de fatores, internos e externos, os quais incluem atitude individual, autoconfiança e motivação, assim como o compromisso do profissional em desenvolver ambientes que favoreçam a aprendizagem. O capítulo também observou que as atividades físicas, seja para pessoas com ou sem deficiência, são constituídas por padrões essenciais e capacidades motoras. Essas áreas da competência motora ressaltam a importância do envolvimento efetivo em formas mais estruturadas de atividade física. Portanto, eis aqui o argumento de que a incapacidade de demonstrar competências motoras básicas pode efetivamente resultar em baixa autopercepção, sentimentos de frustração e descomprometimento.

A questão de apoiar pessoas com deficiência para que se tornem corporalmente letradas torna-se, assim, mais complexa. A fim de alcançar esse objetivo, é essencial fazer o melhor uso de todo o espectro das capacidades incorporadas únicas na interação com o mundo. Talvez seja também o caso de que se concentrar em grupos distintos ou restritos de competências motoras evidentes em pessoas com deficiência venha a proporcionar o melhor uso do seu potencial de movimento. Não obstante, os profissionais sempre terão de equilibrar as tensões entre criar programas individualizados (NORWICH, 2002) para promover a competência motora e a necessidade de sessões mais acessíveis e inclusivas a todos. Para alcançar esse objetivo, é fundamental considerar quatro fatores:

- **A natureza holística de uma pessoa**: em todos os momentos, o indivíduo deve ser visto como um todo indivisível. É primordial celebrar a diferença e a diversidade e procurar o maior número de oportunidades de desenvolver e demonstrar o letramento corporal, de tantas formas quanto possível.
- **A importância da relação com o ambiente em que vivemos**: a efetiva interação com o ambiente pode determinar o sucesso ou o fracasso do letramento corporal. Nesse caso, profissionais da atividade física têm a responsabilidade crucial de criar ambientes em que todos possam aprender, vicejar e progredir.
- **O papel do movimento no desenvolvimento em um sentido mais amplo:** esse fator serve para lembrar aos profissionais que o letramento corporal não diz respeito apenas a melhorar a competência motora, mas pode fazer uma contribuição importante para melhorar outros aspectos pessoais, como o desenvolvimento linguístico, a interação com os outros e a capacidade de compreender o movimento e o funcionamento das funções corporais no que tange à saúde e ao bem-estar (GALLAGHER, 2005).
- **O papel do movimento no desenvolvimento de um senso de *self***: nunca devemos perder de vista que a corporeidade é parte integrante da condição de ser pessoa. Como é abordado no Capítulo 7, atitudes relativas à corporeidade influenciam a autoestima e a autoconfiança como um todo e contribuem para desenvolver um sólido senso de *self*. Isso reforça o papel que o tornar-se corporalmente letrado pode exercer para que pessoas com deficiência possam compreender a si mesmas e a relação que têm com o mundo.

Em resumo, Whitehead (2007a) sugere que o potencial que pessoas com deficiência têm de atingir o letramento corporal pressupõe a tese de que todos podem adquirir essa capacidade, embora nos limites de seus recursos individuais. Todas as expressões dessas capacidades serão intrínsecas ao indivíduo e abrirão oportunidades e representarão melhorias por toda a vida. Àquelas pessoas com deficiência não se deve negar a oportunidade de se tornarem corporalmente letradas. Este capítulo desafia todos os responsáveis por essas pessoas a fazer disso uma realidade.

Leituras recomendadas

COATES, J.; VICKERMAN, P. Let the children have their say: children with special educational needs experiences of physical education – a review. *Support for Learning*, n. 23, n. 4, p. 168-175, 2008. Esse artigo será útil para perceber como crianças com deficiência podem ter oportunidades de ganhar *voz* e ser consultadas sobre suas experiências, visões e opiniões sobre a atividade física. O artigo oferece um panorama amplo das estratégias utilizadas para empoderar crianças com deficiência para dizer o que pensam e será útil como fonte de consulta de estratégias que podem ser adotadas.

COLE, R. *Educating everybody's children*: diverse strategies for diverse learners, association for supervision and curriculum development. 2008. Disponível em http: <http://www.books.google.co.uk/books?id=ix>. Acesso em: 22 ago. 2009. Esse texto oferece um panorama abrangente sobre a diversidade das necessidades das crianças. O livro aborda uma série de estratégias que podem ser utilizadas para maximizar o potencial didático e será muito útil a todos que lidam com o ensino e o desenvolvimento de jovens.

FITZGERALD, H. Still feeling like a spare piece of luggage? Embodied experiences of (dis)ability in physical education and school physical activity. *Physical Education and Physical Activity Pedagogy*, v. 10, n. 1, p. 41-59, 2005. Esse artigo oferece um *insight* único sobre as experiências de pessoas com deficiência em relação ao seu engajamento em atividades físicas.

12
Letramento corporal e questões de diversidade

Philip Vickerman e Karen DePauw

Introdução

Este capítulo discute questões que concernem à promoção do letramento corporal no contexto da diversidade, analisando como se relacionam com as oportunidades e as limitações para que as pessoas se tornem corporalmente letradas. O capítulo definirá a natureza da diversidade e abordará porque certos indivíduos e grupos podem experimentar contextos menos favoráveis que outros. O capítulo também examinará estratégias de promoção do letramento corporal entre grupos diversos (PECEK; CUK; LESAR, 2008) e o papel que pessoas próximas no contexto da atividade física podem ter para facilitar a prática de uma atividade física inclusiva. Serão examinadas também algumas declarações internacionais sobre direitos, assim como questões sobre igualdade de oportunidades. Três tópicos de discussões a respeito do letramento corporal em relação a gênero, orientação sexual e religião, raça e cultura serão abordados.

Contexto

O Fórum Mundial da Educação (2000) foi realizado no início do século XXI para garantir que fossem adotadas abordagens inclusivas de ensino e de aprendizagem, capazes de acomodar a inteira diversidade dos membros da sociedade. De fato, a Organização das Nações Unidas (ONU) (2008) lançou o *Educação para Todos* para aumentar o índice de participação e aprendizagem de crianças consideradas vulneráveis à marginalização ou a barreiras para a aprendizagem. O propósito de criar abordagens inclusivas para a aprendizagem, abrangendo o letramento corporal, deveria, de acordo com Booth et al. (2000), pressupor a erradicação da exclusão social e a promoção de uma diversidade de oportunidades, com foco em questões de raça, classe social, etnia, religião e gênero. Vickerman, Hayes e Wetherley (2003) propõem que a igualdade de oportunidade em todos os contextos de atividades físicas, incluindo educação física, deve, portanto, concentrar-se na celebração da diferença e da diversidade (COLE, 2008), no que pode ser traduzido pelo compromisso por tratar as pessoas de forma diferente, mas justa, de acordo com suas necessidades individuais. As diferenças devem ser vistas como potenciais (recursos) e não barreiras ou limitações à participação na atividade física. Nesse contexto, todos devem ter a oportunidade, ou melhor, o direito de tornar-se corporalmente letrado, expresso de forma que reflita e favoreça sua diversidade individual.

Criar uma definição precisa do que seja inclusão e diversidade pode ser problemático devido à complexidade daqueles a quem a definição se refere. Booth et al. (2000, p. 12) sugerem que, em um contexto educacional, por exemplo:

> A inclusão é um conjunto de processos que não têm fim. Ela tem a ver com a especificação da direção da mudança. É algo relevante para qualquer escola, não importa quão inclusiva ou exclusiva sejam sua cultura, sua política e suas práticas... E requer que as escolas se envolvam em uma reflexão crítica do que pode ser feito para aumentar a aprendizagem e a participação da diversidade de seus alunos.

Em contrapartida, Ballard (1997, p. 244) sugere que inclusão e a diversidade devem ser "não discriminatórias em termos de deficiência, cultura, gênero ou outros aspectos que afetam estudantes ou funcionários e são considerados relevantes por uma sociedade". Ele prossegue afirmando que é algo que envolve todos os membros da sociedade e a despeito de suas diferenças intelectuais, físicas, sensoriais ou quaisquer outras. "Como tal inclusão enfatiza a importância da diversidade em relação à assimilação, luta para evitar a colonização de experiências minoritárias por modos de pensamentos e ações dominantes" (BALLARD, 1997, p. 244). Não surpreende nessa situação complexa que, para favorecer a diversidade na promoção do letramento corporal, não existam estratégias fáceis que deem conta de todas as necessidades individuais (ARTILIES, 1998). Em vez disso, o que se requer de todos que têm um papel na promoção do letramento corporal ao longo da vida é o compromisso de responder de maneira proativa à diversidade individual, ter grandes expectativas e estar pronto para modificar e adaptar os modos de aprendizagem, ensino e avaliação sempre que necessário.

Na tentativa de reunir essa variedade de aspectos, em relação ao letramento corporal, é necessário examinar quais são as questões específicas que podem limitar a participação na atividade física. Como parte dessa análise, serão examinadas perspectivas internacionais de igualdade e diversidade (DYSON; MILLWARD, 2000) em um esforço para identificar e remover possíveis barreiras ao acesso e ao envolvimento com atividades físicas.

Igualdade de oportunidades em letramento corporal

Segundo Whitehead (2007a), há uma justificativa contundente para que todos devam ter a oportunidade de se tornar corporalmente letrados. Como os fundamentos do letramento corporal estão única e significativamente enraizados na participação em atividade física, deve haver igualdade de oportunidades para todos se envolverem com atividades físicas, a despeito de suas necessidades individuais. Essas oportunidades devem ser pressupostas na equidade, reconhecendo-se quaisquer desigualdades e, posteriormente, tomando medidas para dar conta dessas diferenças (BAILEY, 2005). O direito e o acesso a experiências que estabeleçam e promovam competência motora devem, dessa forma, ter o objetivo de mudar a cultura e a estrutura de qualquer atividade física para garantir que não apresente entraves a membro algum da sociedade, qualquer que seja sua idade, gênero, raça, etnia, sexualidade ou classe social.

Ao promover essa visão, a Resolução 56/75 das Nações Unidas (2002) reforçou a mensagem de igualdade e diversidade na atividade física por meio de objetivos do Movimento Olímpico, estabelecidos para construir um mundo melhor e mais pacífico por meio da atividade física praticada sem discriminação de qualquer tipo e no espírito olímpico que requer compreensão mútua, amizade, solidariedade e *fair play*. Os ideais e compromissos da ONU (2008) em favor da diversidade não são novidade. Com efeito, o European Physical Activity for All Charter (União Europeia, 1992), revisado em 2001, estabelece bases comuns às quais todos os países do continente podem subscrever. Paralelamente, o Code of Physical Activity Ethics (1992) também considera o *fair play* um elemento essencial de todas as atividades físicas. Além disso, como parte do Estatuto de 1992, os governos da União Europeia comprometeram-se a oferecer aos seus cidadãos oportunidades de praticar atividades físicas sob condições bem definidas nas quais a participação é acessível a todos; a prática é saudável e segura, justa e tolerante; firmada em valores éticos; e capaz de promover a realização pessoal em todos os níveis.

A identificação do desenvolvimento da realização pessoal está em consonância com a sugestão que o letramento corporal pode promover para a autoconfiança e enriquecer a vida. Como foi apresentado no Capítulo 4, todos os indivíduos têm potencial para serem corporalmente letrados, embora a maneira como isso seja expresso possa ser diferente ou peculiar a cada indivíduo a depender do seu potencial físico, da sua identidade e do seu contexto cultural. Uma pessoa corporalmente letrada, a despeito de questões de diversidade, terá um senso de *self* muito bem estabelecido em relação ao mundo. Esse senso estará embasado no desenvolvimento de uma competência motora sólida e de uma interação fluida com o ambiente, com o respectivo desenvolvimento da autoestima. A diversidade não deve ser obstáculo para esse potencial. Todos aqueles que têm um papel na promoção da atividade física precisam mostrar uma sensibilidade em relação às diferenças dos indivíduos com quem trabalham. Subjacente a isso, está a necessidade de compreender o mundo a partir do ponto de vista do outro, estando alerta para realidades que marcam as diferenças no mundo de cada um.

Letramento corporal e sua relação com grupos específicos

Temos a sorte de contar com diversas populações, em sociedades por todo o mundo (WELLARD, 2006), que consistem de uma multiplicidade de grupos e indivíduos. A diversidade sendo parte integrante do mundo contemporâneo deve ser considerada uma potência e algo a ser celebrado no século XXI. Apoiar tal diversidade no contexto da atividade física envolve acolher as origens e as experiências pessoais e o potencial que todos têm de ser corporalmente letrados. É triste constatar, contudo, que muitos praticantes de atividades físicas, assim como em outras atividades, são discriminados, assediados, marginalizados e até agredidos devido à sua diversidade individual. Ainda em 1948, a Declaração dos Direitos Humanos da ONU estabeleceu o direito fundamental de indivíduos e grupos a certas formas de expressão. A iniciativa foi complementada no contexto europeu por meio do Council of Europe Convention on Human Rights Charters, estabelecido em 1950, e desde então vem emitindo uma série de protocolos de apoio a vários grupos e indivíduos. A Convenção observa que todos os seres humanos nascem livres e têm assegurados um respeito igualitário em relação a dignidade e direitos. Desde o advento da ONU e do Council of Europe Human Rights Charters, vários adendos e emendas vêm sendo feitos para refletir a mudança de aceitação nas sociedades à igualdade de oportunidades, a despeito das diferenças que possam existir. No entanto, em cada um dos 192 estados-membros signatários do Estatuto dos Direitos Humanos da ONU, há exclusões baseadas nas percepções e leis de cada nação, algumas das quais parecem desafiar as versões contemporâneas de igualdade.

Em uma tentativa de agrupar os estatutos internacionais de direitos humanos e a amplitude da diversidade de indivíduos e grupos aos quais se referem, este capítulo passará a examinar a situação de indivíduos específicos no contexto da atividade física e, portanto, a oportunidade de se tornarem corporalmente letrados. O propósito das próximas seções é chamar a atenção para possíveis questões e obstáculos que podem limitar a participação e o engajamento na atividade física. Ao fazê-lo, não é intenção oferecer soluções simples para questões que, pela sua própria natureza, são muito complexas. Em vez disso, esta seção procura identificar princípios gerais que as pessoas responsáveis por oferecer atividades físicas podem aplicar a todos os indivíduos, ao mesmo tempo reconhecendo e celebrando a diversidade.

Letramento corporal e gênero

O'Donovan e Kirk (2008) sugerem que mulheres e meninas tendem a adotar os discursos correntes na cultura corporal e popular. Adolescentes do gênero feminino, por exemplo, abandonam a atividade física em uma proporção maior que os do sexo masculino, uma questão bastante evidente nos últimos 50 anos que não se alterou substancialmente. As razões alegadas pelas meninas e adolescentes para isso incluem a falta de modelos femininos, um maior reconhecimento dado aos meninos/adolescentes no esporte e pressões sociais segundo as quais o esporte não é adequado à imagem que se espera de adolescentes do gênero feminino. Em geral, meninas relatam maior insatisfação com a *imagem corporal* do que meninos e, como resultado, aquelas mais preocupadas com seus *corpos* estarão menos propensas a participar de atividades físicas ou esportes. Assim, todos aqueles envolvidos em apoiar o acesso de jovens do sexo feminino às atividades físicas devem ter em mente uma série de fatores relativos ao incentivo da participação desse grupo em atividades físicas. É preciso que promovam a prática de atividades físicas como algo aceitável para meninas e desafiem estereótipos de gênero que sugerem que não é próprio do feminino ser fisicamente ativo. É preciso ter consciência da preocupação que meninas têm de expor seu corpo em um espaço relativamente público e garantir que se sintam à vontade em relação a ele. Além disso, é importante garantir que a oferta de atividades esteja de acordo com os interesses das praticantes.

O estudo de caso 12.1 demonstra claramente que alunas de uma escola estavam enfrentando barreiras para participar de atividades físicas. Os professores eram vistos como antipáticos, elas se sentiam desconfortáveis tanto por ter de se exercitar na frente dos colegas quanto por causa do uniforme, que consideravam inconveniente. Além disso, as atividades físicas nas quais era esperada sua participação não eram aquelas que teriam escolhido. Em geral, havia uma resistência generalizada à atividade física. As adolescentes estavam perdendo motivação, e sua autoestima e autoconfiança se deterioravam, e não havia sinais de progresso na sua competência motora. Em resumo, as garotas não estavam desenvolvendo seu letramento corporal.

Tornar-se corporalmente letrado pode ser difícil também para garotos (LIGHT, 2008), que, por qualquer razão, não são páreos para o estereótipo mesomorfo e extrovertido de homem. Portanto, meninos que não rezam pela cartilha tradicional de atividade física e/ou fazem atividades como dança, por exemplo, podem se ver isolados e alvo de preconceitos. Nesse sentido, algumas escolas criaram clubes de dança só para meninos, para contornar o problema e minimizar a sensação de isolamento e diferença. Além disso, um amplo espectro de oportunidades de atividades físicas dentro e fora da escola pode ser de extrema serventia para desafiar modelos existentes para meninos e meninas.

ESTUDO DE CASO 12.1 – ATITUDES DE GAROTAS EM RELAÇÃO A ESCOLAS DE ESPORTES

Esta é uma típica escola de esportes para meninos e meninas de 11 a 16 anos localizada em uma área urbana em uma realidade socioeconômica que impõe certos desafios. Antes de começar esse estudo, as meninas tinham uma postura *muito negativa* em relação à educação física e ao esporte escolar: não gostavam de praticá-los, tinham um *péssimo relacionamento* com os professores, e seu letramento corporal era em geral muito ruim. As meninas relatavam que os professores não eram prestativos, não se esforçavam para compreender seu ponto de vista e eram insensíveis. Uma nova coordenadora de educação física assumiu o posto e decidiu trabalhar com uma consultora de inclusão para remover algumas barreiras que impediam as garotas de participar, aproveitar e ter êxito no esporte escolar.

Após um fórum realizado com meninas do 8º e 9º anos, várias ações passaram a ser adotadas, entre as quais:

- Foi estabelecido um Conselho Esportivo de Meninas, em que alunas do 7º ano do ensino fundamental a 1ª série do ensino médio compartilhavam ideias para mudanças a serem feitas em seus anos escolares. Os professores comprometeram-se a adotar ao menos uma mudança acordada antes do próximo encontro.
- Desenhou-se um novo modelo de uniforme incluindo um novo estilo de calça e a parte de cima do agasalho foi substituída por um modelo mais popular, quentinho e macio, com capuz, e nome da escola gravado nas costas.
- *Caminhos curriculares* para a educação física foram introduzidos no Estágio 4,* significando que os alunos agora podiam escolher um caminho a seguir no início do ano escolar, de acordo com suas preferências (p. ex., esportes, ginástica, jogos, dança), mas os professores continuavam garantindo o desenvolvimento de um programa equilibrado ao longo do ano. Alunos do 9º ano agora podem optar entre um *caminho* mais atlético ou de jogos (perspectiva mais lúdica).
- O antigo ginásio padrão foi transformado em um estúdio de dança/ginástica com equipamentos, espelhos, sistema de som e sem janelas (para garantir a privacidade das meninas).
- Junto com esse trabalho, fez-se um esforço concentrado com as professoras de educação física para melhorar o relacionamento e a forma como lidavam com certos procedimentos, para garantir o sucesso das ações concretas mencionadas anteriormente, incluindo-se melhor comunicação, mais respeito, aumento das expectativas e um grande compromisso com a ação.

Os resultados que essas mudanças mais sutis trouxeram, aliados às transformações concretas já mencionadas, foram consideráveis. As próprias garotas estão se comunicando melhor, respeitando-se mais, esperando mais de si e estão mais comprometidas com ações e mudanças. O vestiário agora é um lugar mais descontraído, há menos pe-

(Continua)

---

* N. de R.T. O currículo inglês é dividido em fases, chamadas de Key Stage. O Key Stage 4 equivale ao 9º ano do ensino fundamental e às 1ª e 2ª séries do ensino médio.

Letramento corporal: atividades físicas e esportivas para toda a vida   155

(Continuação)

didos de dispensa, e as meninas passaram a se trocar em bem menos tempo. As aulas são mais ativas, mais produtivas e se desenvolvem em um nível mais alto. Os clubes aumentaram seus contingentes de meninas e até ultrapassaram o número de sócios masculinos!

Portanto, ao dar ouvidos aos pleitos e cumprir promessas, os professores ajudaram a elevar os níveis de letramento corporal das garotas assegurando que se sintam "mais felizes e confiantes em relação ao Departamento de Educação Física".[1]

Whitehead (2007b, 2007c) também afirma que é tamanha a influência da cultura patriarcal ocidental que o desenvolvimento do letramento corporal por meninas e jovens tornou-se problemático. Whitehead prossegue sugerindo que isso se deve à maneira como a hegemonia masculina opera para ressaltar a menor capacidade da dimensão incorporada da mulher, junto com tentativas de desvalorizar o desenvolvimento da competência motora como algo *não feminino*. Não é de surpreender que meninas e mulheres se sintam marginalizadas no atual mundo do esporte e da atividade física. Internacionalmente, as mulheres são sub-representadas em posições de decisão nas organizações esportivas e de atividade física e, segundo a Women's Physical Activity and Fitness Foundation (Fundação Feminina de Atividade Física e Condicionamento) (2008), a cobertura midiática das atividades físicas concentra-se quase que inteiramente em atividades masculinas. De fato, somente em torno de 5% da cobertura de atividades físicas na mídia impressa local e nacional no Reino Unido é dedicada às atividades físicas das mulheres. Como consequência dessa sub-representação, mulheres fisicamente ativas padecem de uma baixa cobertura na mídia e perfis marginalizados. Além disso, o que é coberto na mídia costuma ser associado à vida pessoal e/ou às mulheres como objeto de desejo, e não a um relato sério sobre seu desempenho esportivo e suas conquistas (KING, 2007). Há uma necessidade urgente de os órgãos de comunicação e de atividade física tomarem ações proativas para desenvolver e dar apoio a uma série de modelos femininos positivos, bem como estabelecer estratégias para dar *voz* às mulheres na atividade física, assumindo posições influentes nessas organizações.

A marginalização de meninas e mulheres em todos os aspectos da atividade física é uma questão que tem sido identificada pela Women's Physical Activity and Fitness Foundation (2008). Na verdade, a fundação observou que apenas quatro dos 35 Conselhos de Esporte na Grã-Bretanha dizem respeito especificamente às mulheres; enquanto isso, apenas um em quatro treinadores de elite são mulheres. A fundação deixa claro que a igualdade no que tange à participação na atividade física e nas oportunidades de tornar-se corporalmente letrado não é apenas uma questão para meninas; é um problema que tem reflexos continuados na fase adulta e ao longo da vida.

Nesse contexto, a Women's Physical Activity and Fitness Foundation (2008) identificou três questões básicas que precisam ser enfrentadas se quisermos resolver as questões de desigualdade na atividade física. Consideradas pontos de partida importantes para reequilibrar a atual divisão de gêneros, elas são:

- a ausência de líderes femininas no esporte de alto nível;
- a desigualdade de investimentos, privados e públicos;
- a falta de visibilidade do esporte feminino, tanto por parte da mídia como do próprio esporte.

Gibbons e Humbert (2008) apoiam esse movimento na direção do que chamam *um senso emergente de igualdade de gêneros*. Eles sugerem que, a partir de discussões com mulheres e meninas sobre suas experiências com atividades físicas, as questões mais importantes a se considerar são competência pessoal, reconhecimento de que um corpo em movimento é um corpo saudável e a disponibilidade de escolha e variedade de opções de atividades físicas ao longo da vida (KASSER; LYTLE, 2005; WEISS, 1999).

Letramento corporal e orientação sexual

Discriminação e/ou assédio devido à orientação sexual pode não ser, em um primeiro momento, uma preocupação dos responsáveis por atividades físicas (CONNELL, 2008), mas, por vezes, essas atitudes podem reduzir as oportunidades para as pessoas praticarem atividades físicas e, como consequência, limitar a consciência de seu letramento corporal. A homofobia não é aceitável no mundo moderno, e as pessoas envolvidas na atividade física têm a responsabilidade de respeitar isso. Os tipos de incidentes que podemos considerar incluem "xingamentos amistosos", piadas e/ou violência verbal e física. Além disso, no mundo moderno as pessoas não deveriam sentir que precisam esconder sua orientação sexual. É triste constatar que é pequeno o contingente de homens e mulheres fisicamente ativos que expõem sua sexualidade na arena pública. Isso restringe a oportunidade de promover modelos positivos de *gays*, lésbicas e bissexuais (WEEKS; HOLLAND; WAITES, 2003), frequentemente preocupados com o fato de que, tornando pública sua sexualidade, estejam sujeitos a preconceitos e isolamento. Le Blanc e Jackson (2007) observam que até essa data apenas três atletas masculinos homossexuais vieram à público durante sua carreira profissional em uma modalidade de atividade física coletiva. Isso reflete a onipresença da homofobia na atividade física e seu poder de silenciar e deixar invisíveis atletas homossexuais.

A homofobia encarna medos irracionais e intolerância à homossexualidade de homens ou mulheres, bem como em relação aos comportamentos percebidos como fora dos limites das expectativas dos papéis de gênero tradicionais.

No mundo de hoje, atletas e técnicos homossexuais e bissexuais devem poder assumir sua orientação sexual, se assim o quiserem, sem temer consequências negativas. No entanto, o Council of Europe (2003) sugere que a atividade física ainda é considerada um território masculino na Europa Ocidental. Portanto, meninas e mulheres que se sobressaem na atividade física são vistas como ameaças a sistemas de gêneros prevalentes que insistem em uma construção social desigual de feminilidade e masculinidade. Dessa forma, quando uma mulher adentra um campo de jogo "masculino" e a aparência de uma atleta difere do estereótipo feminino, são grandes as chances de ela ser rotulada de *lésbica*. Essa situação nos leva a uma série de questões sociológicas, políticas, morais e filosóficas importantes que têm a ver com habilitar a todos para o acesso pleno a oportunidades de atividade física. Portanto, em relação à homofobia, as organizações que trabalham com atividade física precisam sublinhar a necessidade de treinamento de diversidade* entre profissionais da área e praticantes de atividades físicas com vistas a estabelecer gradualmente oportunidades de acolhimento a todas as pessoas, a despeito da sua orientação sexual. Todos os indivíduos devem ter acesso igual à participação em atividades físicas, para assim poder desenvolver e manter seu letramento corporal. Wellard (2009) escreveu bastante sobre o assunto do esporte e da masculinidade, e seus *insights* são inestimáveis.[2]

Letramento corporal, religião, crença, raça e cultura

Expectativas familiares e culturais em certos grupos e comunidades também têm um impacto deletério nas oportunidades que as pessoas podem ter para desenvolver seu letramento corporal. Por exemplo, algumas práticas culturais proíbem a exposição do corpo feminino, enquanto outras consideram uma perda de tempo o fato de meninos e meninas se dedicarem a carreiras ou treinamento/competição em atividades físicas. Portanto, para os jovens, pressões familiares e culturais podem cercear fortemente os seus esforços para se tornarem corporalmente ativos e, assim, corporalmente letrados. Mais adiante, uma vez adultos, esses jovens tendem a reforçar estereótipos culturais com seus filhos, a menos que tenham apoio e incentivo para superar barreiras e restrições existentes em relação à atividade física.

As práticas culturais de um indivíduo podem ser um fator limitante no acesso às atividades físicas de sua escolha. Isso pode ocorrer como resultado de atitu-

---

* N. de R.T. Treinamento de diversidade é uma ferramenta educacional utilizada por corporações para ensinar seus funcionários sobre como serem melhores membros da equipe produtiva e inovadora em um ambiente de trabalho que atravessa barreiras culturais, socioeconômicas e de gênero. Em geral, o objetivo principal é educar os funcionários sobre diferentes origens, culturas, costumes e pontos de vista para evitar ofensa ou assédio. Quando feito corretamente, pode ajudar a evitar qualquer forma de antagonismo, real ou percebida, relacionado à raça, etnia, orientação sexual ou gênero.

des endêmicas a certas normas tradicionais em um dado país ou como efeito da falta de sensibilidade da parte dos responsáveis pelas atividades físicas em um contexto multicultural. Sempre que possível, organizações promotoras de atividades físicas e pessoas com autoridade sobre o tema devem tomar medidas para identificar quaisquer possíveis circunstâncias, ainda que indiretas, de discriminação no terreno das práticas culturais capazes de impedir as pessoas de praticá-las. Por exemplo, realizar todas as atividades ou competições no domingo indiretamente prejudicaria pessoas de fé cristã que desejassem ir à igreja. Seria uma boa prática, portanto, explorar a possibilidade de realizar competições e jogos em outros dias.

É importante também para quem promove as atividades compreender que uma pessoa não deve ter de escolher entre participar de práticas culturais ou atividades físicas. Em muitas religiões, a crença individual e a pertença a uma comunidade específica é tanto parte da individualidade como o gênero, a origem étnica ou a orientação sexual. De fato, algumas atividades podem indiretamente minimizar as oportunidades que as pessoas têm de realizá-las devido a um desprezo pela fé que professam ou pelos preceitos dessa mesma fé. Por exemplo, mulheres muçulmanas que desejam praticar natação podem precisar de aulas exclusivas com técnicas e salva-vidas exclusivamente femininas de acordo com as necessidades de sua crença. Se os responsáveis falharem em adotar tais estratégias, estarão, segundo Khanifar et al. (2008), naturalmente limitando as oportunidades de participação e engajamento nessas atividades e, assim, limitando as oportunidades de desenvolver competência motora e, por conseguinte, letramento corporal.

Em certas ocasiões, é possível haver suposições sobre pessoas de pele negra e de minorias étnicas em relação às atividades que desejam praticar. Por exemplo, supor que asiáticos não jogam futebol ou que afro-caribenhos são bons atletas e jogadores de basquete é algo que pode limitar suas oportunidades de exercitar uma atividade física particular ou de participar em um leque maior de atividades físicas. Além do mais, atitudes em relação à corporeidade de mulheres e meninas diferem conforme a cultura e a religião. As exigências religiosas e culturais de algumas meninas e mulheres muçulmanas referentes ao recato corporal podem impedi-las de apresentar-se diante de homens vestidas em trajes inadequados. Esse é apenas um dos fatores que influenciam na participação feminina abaixo da média em certas atividades. Portanto, se os organizadores mostrarem respeito pela diversidade racial e cultural e procurarem ouvir os envolvidos, é possível avançar e aumentar as oportunidades para que todos possam se envolver em atividades físicas.

O estudo de caso 12.2 descreve uma parte da pesquisa realizada em Birmingham (BENN; DAGKAS; JAWAD, 2010; DAGKAS; BENN; JAWAD, 2009). Ele mostra que com cuidado, flexibilidade e diálogo é possível aumentar a oferta de atividades físicas.

ESTUDO DE CASO 12.2 – UMA SOLUÇÃO PARA TENSÕES INTERCULTURAIS

Um exemplo de parceria na busca de soluções para tensões interculturais pode ser observado em um projeto recente realizado na Inglaterra, em uma grande cidade multiétnica, com várias religiões distintas, sendo os paquistaneses muçulmanos o grupo minoritário mais relevante. O problema surgiu quando pais muçulmanos começaram a retirar suas filhas das aulas de educação física por motivos religiosos.

Em relação à educação física, a religiosidade de algumas famílias muçulmanas leva-as a incorporar a fé de tal forma que as impedia de participar dos sistemas tradicionais de educação física e esportes na Inglaterra. Preferências relativas ao recato corporal, à cobertura dos braços, pernas e cabeça e à segregação de gêneros são consideradas essenciais para algumas pessoas, senão para a própria identidade das mulheres muçulmanas. Expectativas culturais tradicionais na educação física e no esporte escolar da Inglaterra, como aulas mistas e bermudas e camisetas eram barreiras para a participação dessas famílias, daí decorria a evasão. O problema não era com a participação na atividade física, mas com os sistemas e as estruturas que negavam certas formas de incorporação da fé.

Os diretores de escola não conseguiam atender aos pedidos de mudança, ora por razões pragmáticas, como impossibilidade de segregar os professores e os funcionários da escola por gêneros, ora por utilizarem piscinas públicas, gerenciadas por instâncias que estavam além da sua alçada. Como resultado de um projeto de pesquisa, bem fundamentado em consultas a escolas e famílias, identificaram boas práticas adotadas por algumas escolas, que foram então documentadas e compartilhadas à guisa de orientação. Comum a todas elas eram os princípios de flexibilidade, respeito às escolhas das pessoas e espaço para acomodar as diferenças. A ênfase era dada às mudanças para permitir a inclusão. A questão mais importante era garantir aos estudantes o acesso à prática da atividade física. Nas escolas, havia menos dificuldades quando os pais eram bem informados das expectativas e havia vínculos sólidos ligando escolas e famílias.

Jovens cujas escolas e famílias envolveram-se em consultas e debates relataram entusiasmados os efeitos que isso teve na sua participação em uma série de atividades físicas, curriculares e extracurriculares. Esses jovens valorizaram a maneira como foram envolvidos nas discussões e o respeito que foi demonstrado às suas diversas tradições culturais.[3]

Estratégias de apoio à diversidade no letramento corporal

Vickerman (2007) sugere que, para oferecer oportunidades iguais de atividade física e, consequentemente, para auxiliar no letramento corporal, uma série de estratégias precisa ser adotada. Todos aqueles responsáveis por organizar e liderar as atividades físicas precisam ser desafiados a pensar com flexibilidade e espírito aberto sobre a diversidade de métodos que precisam adotar para minimizar barreiras à atividade física. Para agir dessa forma, uma abordagem inclusiva chamada de *Oito Ps* (*Eight P*) (VICKERMAN, 2007) é sugerida para incentivar que todos os envolvidos na facilitação de uma prática de atividade física inclusiva examinem em detalhes o que é preciso considerar de forma a atender a toda a diversidade das necessidades individuais.

Considerando esse modelo, o primeiro aspecto é a necessidade de considerar o *princípio filosófico* da atividade física inclusiva e sua relação com direitos humanos básicos e fundamentais. Isso requer levar em conta de que forma os direitos humanos têm apoio em uma sociedade, seja por meio das leis ou de práticas cotidianas, observando-se também os princípios do International Salamanca Statement (UNESCO, 1994) e as declarações da ONU e da União Europeia referidas anteriormente neste capítulo. É preciso, então, que todos os envolvidos na promoção da atividade física compreendam as bases filosóficas e os princípios da inclusão, assim como comprem a ideia de que todos os indivíduos, independentemente de gênero, orientação sexual, raça, cultura ou crença, têm o direito fundamental de exercer seu potencial no que diz respeito ao letramento corporal.

Para dar conta das complexidades filosóficas da inclusão, deve-se considerar adotar uma abordagem com o *propósito* (FREDRICKSON; CLINE, 2002) de preencher os requisitos da atividade física inclusiva. Examinando vários pontos de vista filosóficos e com argumentos claros, a lógica por trás das estratégias de inclusão pode ser mais bem compreendida, e o caminho para oferecer experiências motoras positivas para todos estará definido.

Para alcançar esses objetivos, todos os envolvidos devem ser *proativos* no desenvolvimento, na implementação e na análise da atividade inclusiva (CENTRE FOR STUDIES IN INCLUSIVE EDUCATION, 2008). Eles precisam estar preparados para trabalhar em *parceria* e dialogar ativamente com grupos e indivíduos de diversos contextos e, assim, aproveitar ao máximo a avaliação de como minimizar barreiras à atividade física. Além disso, a atividade inclusiva precisa de compromisso para modificar, adaptar e trocar estratégias, políticas e práticas preexistentes, de forma a permitir o acesso universal às práticas. Isso precisa ser reconhecido como parte de um modelo *processual* que emerge, evolui e muda com o tempo e, dessa forma, precisa de reflexão e de revisão constantes.

A atividade física inclusiva é hoje espelhada em *políticas* e leis internacionais que norteiam publicamente como agências e entidades governamentais devem responder à prática inclusiva, servindo também como uma forma de responsabilizar as pessoas (ONU, 2008). Pessoas responsáveis por gerenciar a atividade física, entretanto, precisam reconhecer a necessidade de reorientar políticas de acordo com suas práticas *pedagógicas* a fim de garantir que os profissionais tenham as habilidades necessárias (RINK; HALL, 2008) para ministrar aulas inclusivas de atividade física. Consequentemente, ainda que as filosofias e os processos sejam essenciais, a *prática* inclusiva que valoriza abordagens centradas na pessoa para a aprendizagem e o desenvolvimento de todos, no seu devido tempo, deve ser avaliada no que concerne à sua eficácia e ao seu sucesso.

Conclusão: a universalidade do letramento corporal

Este capítulo propôs-se a demonstrar que o letramento corporal é uma condição universal que pode ser alcançada por qualquer ser humano dadas as oportunidades corretas. Whitehead (2007d) sugere que, como seres humanos, todos vivenciamos o mundo de uma perspectiva incorporada (GIBBS, 2006), trazendo a essa interação a nossa natureza singular. A diferença e a diversidade enriquecem as nossas vidas e influenciam as atitudes e as experiências em relação à atividade física. No entanto, deve haver espaço e flexibilidade para acomodar as diferenças se quisermos oferecer oportunidades a todos de participar das atividades físicas e de evoluir na sua competência motora (COLE, 2008).

Todos os responsáveis precisam demonstrar uma empatia genuína a todo o enorme escopo de diversidade de pessoas na sociedade. Aqueles que têm características que os distinguem em relação a gênero, orientação sexual, raça, cultura e religião, por exemplo, precisam ter as mesmas oportunidades de praticar atividades físicas e assim alcançar e manter o seu letramento corporal. É preciso acomodar a todos, minimizar as limitações e remover barreiras. Isso só pode ser alcançado por profissionais que, em posições de destaque e envolvidos na prática cotidiana, adotem estratégias proativas e têm mentes abertas para pensar com flexibilidade sobre como celebrar a diversidade, em vez de encará-la como uma restrição a experiências de atividades físicas ricas e positivas.

Leituras recomendadas

NORWICH, B. Education, inclusion and individual differences: recognising and resolving dilemmas. *British Journal of Education Studies*, v. 50, n. 4, p. 482-502, 2002. Esse artigo científico oferece *insights* úteis em estratégias para identificar e resolver diferenças entre indivíduos e grupos. A pesquisa identifica como políticas e práticas de inclusão desenvolveram-se no Reino Unido e as questões que isso impõe para atender a necessidades individuais.

WHITEHEAD, M. E. *Physical literacy and its importance to every individual*. Dublin: National Association for Disability, 2007. (Paper). Esse artigo oferece um panorama abrangente das necessidades de um espectro de indivíduos e o potencial de limitar e/ou facilitar seu acesso ao letramento corporal. O artigo será útil a qualquer um que trabalhe pela diversidade de grupos e indivíduos ao trazer reflexões sobre estratégias de minimizar barreiras ao acesso e à participação em atividade física.

PARTE III

Implicações práticas

13

A promoção do letramento corporal no currículo escolar e além dele

Margaret Whitehead

Introdução

Este capítulo fará uma breve síntese sobre as Partes I e II e, em seguida, abordará alguns aspectos da promoção do letramento corporal na escola e além do contexto escolar. As questões abordadas incluem o papel de pessoas próximas, inclusive professores de educação física, no estímulo e na manutenção do letramento corporal. Será, então, explicada a relação entre letramento corporal, atividade física e educação física escolar. Este capítulo estabelece as bases para o Capítulo 14, que examina as abordagens de aprendizagem e ensino à luz da promoção do letramento corporal, e para o Capítulo 15, que defende o envolvimento de pessoas em uma ampla variedade de atividades físicas.

Temas abordados nas Partes I e II

A Parte I definiu letramento corporal e delineou os diversos elementos que embasam o conceito, referindo-se aos fundamentos filosóficos quando apropriado. A Parte II tratou das maneiras pelas quais o letramento corporal relaciona-se com questões de uma série de contextos específicos, como o *self* corporal e o aumento dos níveis de obesidade. A importância do letramento corporal para a criança e para o idoso foi discutida, assim como os benefícios e as barreiras para determinados grupos. Antes de considerar algumas das implicações práticas do conceito no que concerne às práticas e às pessoas envolvidas, será útil compilar brevemente os pontos-chave debatidos nos capítulos anteriores.

O letramento corporal está baseado em princípios monistas que enxergam o ser humano como um todo indivisível. As pessoas têm uma série de dimensões constituintes, cada uma das quais origina uma capacidade humana. Essas capacidades, embora possam ser discutidas em separado, não são vivenciadas isoladamente pelo indivíduo. São, sim, intrincadamente inter-relacionadas e interdependentes, o que significa que o emprego ou o desenvolvimento de quaisquer uma delas tem um efeito na totalidade da pessoa. Em consonância com essa visão, como foi descrito, estão as maneiras pelas quais a nossa capacidade incorporada pode contribuir para o desenvolvimento linguístico, cognitivo, racional e emocional. O senso de *self* de um indivíduo é construído acumulando-se experiências de recorrer a essas capacidades inexoravelmente interconectadas. Não há dúvidas de que o emprego eficaz da capacidade incorporada pode ter uma contribuição positiva na autopercepção e na autoestima, assim como na confiança no modo como nos apresentamos e nos relacionamos com os outros.

O letramento corporal também está baseado na visão de que as pessoas são essencialmente seres-no-mundo que criam a si mesmos por meio da interação com o seu ambiente. Nesse contexto, os aspectos da nossa condição humana pelos quais podemos fazer contato com o mundo têm particular relevância. A dimensão incorporada é um de tais aspectos e, portanto, fundamental para a condição de pessoa.

O estudo do existencialismo e da fenomenologia revelou um papel importante para a dimensão incorporada e a capacidade que isso origina. Vimos que a natureza dessa capacidade vai além das descrições de forma comum utilizadas para a capacidade motora, como ser capaz de mover-se com destreza e ser fisicamente educado. A fim de realçar as percepções dessas escolas filosóficas, era preciso um termo específico para designar a capacidade incorporada. O termo chamou-se *letramento corporal*. Ele vai além do uso da dimensão incorporada como ferramenta ou mecanismo e inclui o envolvimento dessa dimensão na maneira como é vivida. A noção do *corpo*, que, na língua inglesa,* é associado apenas à dimensão humana de objeto, não nos é útil e, portanto, referimo-nos a essa dimensão como dimensão incorporada, e não apenas *corpo*. A dimensão incorporada abrange tanto a corporeidade vivida como a corporeidade-enquanto-instrumento.

O letramento corporal, enquanto capacidade humana, é próprio a todos os indivíduos a todos os instantes, onde quer que estejam e qualquer que seja a sua idade. Essa capacidade, embora relevante a todos, é também peculiar a cada um, refletindo o potencial único e o contexto cultural em que cada pessoa vive. Embora seja possível descrever um esboço de sistematização de como chegar aos atributos do letramento corporal, incluindo-se competências incorporadas, não é adequado

---

* N. de R.T. Na língua portuguesa há problema similar. Todavia, a noção de corpo para além de uma dimensão física estrita é mais comum no meio acadêmico brasileiro, motivo pelo qual optamos pelo uso de letramento corporal e não físico, como justificado no Prefácio à edição brasileira deste livro.

classificar normativamente pessoas e compará-las a "expectativas" e aos seus seme-lhantes. Devemos centrar a atenção no desenvolvimento individual e no domínio gradual do letramento corporal. O mapeamento dos progressos, dos registros e das recompensas, ainda que mínimas, é a abordagem mais apropriada para qual-quer forma de avaliação dos resultados. As pessoas terão seu próprio potencial individual e devem ser respeitadas como entes únicos que são. Qualquer tipo de avaliação deve, portanto, dar-se na forma de mapear os progressos que cada um faz na sua jornada única e pessoal na direção de se tornar corporalmente letrado.

Letramento corporal e pessoas próximas

Como analisaram Whitehead e Murdoch (2006), o desenvolvimento e a manu-tenção do letramento corporal ao longo da vida serão influenciados por várias pessoas de convívio próximo, que estarão na posição de oferecer oportunidades para atividades físicas em casa e fora dela. Por meio de suas atitudes e do modo como respondem aos esforços dos praticantes, elas também terão um papel fundamental no ritmo em que as pessoas com quem travam contato tornam-se corporalmente letradas. Embora oportunidades de praticar atividades físicas sejam cruciais, uma postura de apoio e incentivo aos praticantes é ainda mais importante. As oportunidades podem mudar à medida que passamos da infância à idade adulta e depois à velhice; no entanto, a necessidade de um encorajamento compreensivo é crucial em todas as idades. A dimensão incorporada e a capacidade incorpo-rada são aspectos significativos da condição de pessoa, do respeito próprio e da autoconfiança. Comentários negativos e grosseiros podem facilmente ser tomados como ofensas, desmotivando a pessoa e impedindo a sua participação, arruinando uma experiência que de outra forma poderia ser positiva. Essa infeliz situação pode ocorrer a qualquer instante, desde a infância, passando pela idade adulta e avançando pela terceira idade. O resultado de tais experiências negativas pode muito bem ser o afastamento das atividades físicas, impedindo que o letramento corporal seja alcançado ou mesmo desenvolvido.

Nesse contexto é importante examinar brevemente cada estágio da vida e identificar o papel que as pessoas próximas podem ter no desenvolvimento e na promoção do letramento corporal.

Da primeira infância até o início da escolarização obrigatória, as pessoas mais importantes no desenvolvimento do letramento corporal serão os pais ou os cui-dadores/responsáveis. Como delineamos no Capítulo 9, esse é um estágio crítico para estabelecer os fundamentos do letramento corporal. Pais ou cuidadores/responsáveis devem ser incentivados a oferecer às crianças uma variedade de opor-tunidades de se movimentar e exercitar, em casa e ao ar livre. Movimentos amplos envolvendo toda a dimensão incorporada, como correr, pular e escalar, devem ser estimulados, assim como desafios que demandem destreza, como virar páginas de um livro, manusear facas, garfos e colheres e arremessar e agarrar uma bola. Deve haver oportunidades abundantes para o brincar livre, orientado e estruturado. Em todos os momentos, os pais ou responsáveis devem demonstrar entusiasmo e apoio. Outros importantes atores nessa fase podem incluir babás, cuidadores, professores e técnicos conduzindo sessões de atividade para crianças. É importante que todos esses profissionais ofereçam oportunidades em uma grande variedade de atividades, mostrem entusiasmo diante de cada progresso ou esforço realizado e forneçam *feedback* positivo. Todas as pessoas próximas em contato com crianças pequenas precisam oferecer ambientes que permitam a exploração e, ao mesmo tempo, sejam seguros. Como crianças pequenas fazem experimentações no contexto motor, cuidadores e profissionais não devem ser zelosos ao extremo, demostrando que uma determinada atividade é arriscada e pode causar danos. Nos primeiros anos, as crianças são muito atentas às atitudes dos adultos e, se percebem algum sinal de nervosismo, tendem a ficar apreensivas, perder a confiança e tornar-se bem menos inquisitivas e aventureiras. Poder desfrutar com prazer do contexto motor é essencial para desenvolver o letramento corporal.

Quando a criança ingressa na escola, um novo grupo de pessoas entra em cena: os professores. O papel essencial que desempenham no desenvolvimento e no incentivo ao letramento corporal jamais pode ser negligenciado e têm essa importância por pelos menos quatro motivos. Primeiro, oferecem a única oportunidade garantida para que todas as crianças desenvolvam sua competência incorporada; em segundo lugar, têm experiência no trabalho com crianças e jovens adultos e, especificamente no que tange a professores de grupos mais velhos, têm bom conhecimento e compreensão do movimento. Além disso, têm acesso a uma grande variedade de contextos de atividade e podem oferecer uma rica variedade de experiências para os jovens. Finalmente, os professores costumam ser tidos em alta conta por seus alunos, e sua opinião pode ter muita importância para o desenvolvimento de atitudes que esses jovens irão adquirir.

No que se refere aos grupos mais jovens, é fundamental que os professores conservem o entusiasmo natural que a maioria das crianças exibe em relação à atividade física, o que é algo desafiador, pois, em muitos casos, o professor é o responsável por todas as áreas da aprendizagem e não se trata de um educador físico especializado que teve a oportunidade de acumular conhecimento e compreensão do movimento na infância. No mínimo, esses professores devem oferecer a oportunidade de experimentar uma variedade de atividades físicas, promover competência motora genérica e assegurar que toda criança esteja movimentando-se em um nível adequado e logrando um êxito que é reconhecido e aplaudido. Não deve haver nenhuma sensação de fracasso, e a comparação com os outros alunos deve ser evitada ao máximo. Esses jovens precisam ser aceitos como indivíduos, cada um tendo seus pontos fortes e sendo capaz de avançar no desenvolvimento do letramento corporal. Confiança e motivação devem ser mantidos.

Professores que trabalham com grupos de alunos mais velhos, com frequência especialistas em educação física, têm as mesmas responsabilidades, mas sua tarefa é muito mais desafiadora. Enquanto as crianças pequenas têm uma paixão natural por atividades motoras, à medida que avançam rumo à adolescência precisam não apenas gerenciar o crescimento e as mudanças de seu *selfies* corporais, mas também são muito influenciadas por expectativas culturais. Como vimos no Capítulo 12, isso pode ser um problema para algumas meninas e para jovens de determinadas origens étnicas. Os professores precisam ser sensíveis a pressões culturais, vindos de colegas e amigos ou da família. Não obstante, cabe aos professores capacitar todos os alunos a alcançarem e aprimorarem o seu letramento corporal. É preciso não apenas oferecer uma variedade ampla de atividades, mas também planejar as aulas e ministrá-las de tal forma que cada jovem seja bem-sucedido e receba elogio e reconhecimento pelo seu progresso.

Todos os professores, generalistas na educação inicial e especialistas nos anos subsequentes, precisam compreender a importância e o valor do letramento corporal e considerar que seu trabalho no currículo escolar é essencial, por ser esse o contexto mais específico e propício para que essa capacidade possa ser estabelecida, estimulada e celebrada.

Além dos professores, há várias pessoas do círculo próximo que podem ter um papel na promoção de uma atitude positiva em relação à atividade física e, portanto, no estímulo ao letramento corporal durante os anos escolares. As oportunidades que pais e especialistas podem oferecer continuam sendo importantes, assim como suas atitudes em relação à atividade física. Outros parentes e colegas têm seu papel no desenvolvimento de padrões de atividade e na criação de pontos de vista que valorizam a atividade física. Além disso, profissionais que trabalham em contextos extracurriculares, na escola ou fora dela, têm um papel fundamental a cumprir, assim como profissionais da saúde que lidam com alunos com deficiência. É essencial que todos esses profissionais interajam com os participantes como indivíduos e tenham esses jovens como prioridade no planejamento e nas suas diretrizes. A abordagem subjacente a esse trabalho deve ser ensinar aos jovens, não propriamente ensinar a atividade. Todos aqueles que trabalham com crianças e jovens devem fazer todo o possível para promover uma atitude positiva em relação à atividade física e para evitar qualquer sentimento de fracasso da parte do participante. Embora a referência a estrelas dos esportes e ao desempenho de atletas profissionais possa servir de inspiração para alguns, pode também afetar aqueles que não demonstram grande potencial e convencê-los de que a atividade física não é para eles. Esses alunos, ao se convencerem que jamais atingirão níveis tão altos de habilidade, podem muito bem perder motivação e deixar de praticar atividades físicas assim que puderem. É crucial que os jovens saiam da escola corporalmente letrados. Mais importante, todas as pessoas próximas nessa fase da vida devem compartilhar o mesmo objetivo de desenvolver o letramento corporal.

Isso ficará evidente nas atitudes que os profissionais demonstram e na maneira como interagem com os jovens. A percepção que o jovem tem da atividade física e sua atitude diante da participação tende a ser estabelecida nesses anos de formação e, como vimos no Capítulo 7, pode ser algo difícil de mudar. Se a motivação, a confiança e a competência incorporada estiverem bem estabelecidas, existirá uma forte possibilidade do letramento corporal e do seu potencial enriquecer e ser mantido por toda vida.

Embora seja esperado que, ao deixar a escola, as pessoas sejam corporalmente letradas, mantenham uma atitude sólida e positiva em relação à atividade física e sejam capazes de se motivar para continuar praticando-a, um novo conjunto de circunstâncias e pessoas próximas entra em cena. O envolvimento com atividade física agora terá de ser entrelaçado com rotinas de trabalho e responsabilidades familiares. Pode haver também questões financeiras envolvidas. Além disso, as atitudes de familiares, amigos e colegas podem influir na participação. É importante que todos os indivíduos potencialmente influentes apreciem a importância e o valor de se manter corporalmente letrado e apoiem a continuação da participação. Quando visões negativas sobre o valor da atividade física e das competências incorporadas com as quais uma determinada pessoa é dotada são expressas de forma repetitiva e contundente, pode ser difícil ou impossível que o envolvimento com atividades físicas continue. Se a participação for mantida, será importante que os responsáveis pela atividade sejam acolhedores e apoiem a todos. Qualquer um que tenha a responsabilidade por clubes, escolas e programas de lazer será influente, e o reconhecimento que fizer em relação aos esforços de cada indivíduo será essencial para que jovens e adultos que queiram continuar nas suas práticas atuais de atividades físicas reavaliem suas capacidades, experimentem novas atividades e aprendam novas técnicas que estejam de acordo com sua competência, à medida que ficam mais velhos.

Quando os adultos se tornam idosos, a importância do letramento corporal tende a aumentar em vez de diminuir, e os benefícios podem ser significativos, como expusemos no Capítulo 10. Porém, pode ser difícil motivar esse segmento populacional para que se envolva com a atividade física. Alguns desses indivíduos podem ter sido ativos no passado e interrompido seus exercícios em algum período posterior da vida, outros podem nunca ter feito atividade física regular, e outros, ainda, podem ter sentimentos negativos arraigados, oriundos de um passado remoto, em relação à atividade física. Uma atitude consistente e positiva em relação à prática precisa estar evidente em todas as pessoas do círculo próximo, incluindo familiares, amigos, especialistas, médicos e profissionais de saúde e funcionários de clubes, escolas e academias. Oportunidades de atividades físicas precisam estar disponíveis, assim como os procedimentos para permitir que todos os idosos se envolvam. Como dito anteriormente, todas as pessoas responsáveis por organizar e apoiar essas atividades precisam ser encorajadoras e entusiasmadas. Há poucas dúvidas acerca da afirmação de que idosos corporalmente letrados vivem uma vida mais completa, com mais saúde e, com frequência, mais longeva.

As expectativas assinaladas até aqui a respeito do papel que pessoas do círculo próximo podem ter na promoção da atividade física dependem em grande medida das oportunidades e de equipamentos ou instalações disponíveis no local da prática. A esse respeito, boa parte da responsabilidade por promover o letramento corporal ao longo da vida está nas mãos do poder público (local ou central), naqueles que detêm posições executivas nos conselhos e secretarias de esporte e outras formas de atividade física, e nas mãos daqueles que administram centros de saúde, de lazer e clubes. Sem o investimento adequado e o gerenciamento estratégico de recursos, pouco será o progresso obtido em relação à meta de possibilitar a todos obter e manter o letramento corporal.

A contribuição de pessoas próximas, particularmente professores e outros adultos, como técnicos e profissionais de educação física e de lazer, é fundamental para o desenvolvimento do letramento corporal, e, portanto, os Capítulos 14 e 15 são dedicados a examinar em detalhe a contribuição que essas pessoas podem fazer. No entanto, anterior a essa discussão será importante esclarecer a relação entre letramento corporal, atividade física e educação física.

Estimulando e mantendo o letramento corporal como objetivo da atividade física e da educação física

Temos fortes razões para argumentar que, para todos aqueles em posição de incentivar, organizar ou liderar atividades físicas, o desenvolvimento e a promoção do letramento corporal são o objetivo subjacente à função que desempenham. Há uma relação muito próxima entre a atividade física e a educação física e o conceito de letramento corporal. No entanto, tratam-se de termos distintos. A atividade física e a educação física são situações nas quais os praticantes estão ativos. Letramento corporal é o objetivo ou a aspiração relativos ao resultado dessas situações. A atividade física e a educação física são *eventos*, enquanto o letramento corporal é caracterizado pelo desenvolvimento de uma disposição nos praticantes desses eventos. De fato, a promoção e o desenvolvimento do letramento corporal podem ser vistos como descrevendo valor da atividade física: um valor que pode ser corroborado e justificado filosófica e cientificamente, conforme detalhado na Parte I.

Longe de duvidar ou contestar aspirações atuais em relação à atividade física e à educação física e longe de pretender competir com muitos dos já citados valores desses trabalhos, o letramento corporal desvela um rumo muito claro para os profissionais da atividade física. O conceito de letramento corporal conecta e traz coerência à grande variedade de visões a respeito da importância da participação na atividade física. Por exemplo, os objetivos relacionados à satisfação, ao desenvolvimento da independência, ao domínio de habilidades motoras, à aprendizagem do trabalho em equipe e à valorização do conceito de aptidão relativa à saúde são parte integrante do conceito.

Um aspecto muito significativo do letramento corporal é a identificação do valor intrínseco e único dessa capacidade, decorrente da dimensão incorporada. Letramento corporal é uma capacidade humana fundamental, indispensável à maneira como nós criamos a nós mesmos e conduzimos nossas vidas. É do interesse de cada indivíduo desenvolver essa capacidade — com efeito, é responsabilidade de cada cultura garantir que o letramento corporal seja cultivado em todos os membros da sociedade. A constituição dessa capacidade cria uma estrutura sólida para uma participação vitalícia na atividade física e um ponto de partida ideal para aqueles dotados de um potencial excepcional nessa capacidade.

Ao identificar o objetivo da atividade física e da educação física como sendo desenvolver o letramento corporal, é possível articular claramente as suas referências, e os profissionais desse campo não mais precisarão discutir a importância desse trabalho como um meio para outros fins. Um trabalho que se concentra na dimensão incorporada tem valor em si. Além disso, esses profissionais podem rebater críticas que rotulam a atividade física como algo puramente recreacional e, portanto, trivial e periférico em relação a uma "educação séria", em um sentido mais amplo. Ademais, uma vez que o conceito pode ser aplicado ao longo de toda a vida, estabelece um cenário em que há vários parceiros envolvidos na promoção do letramento corporal. Ainda que sejam os protagonistas, os professores precisam de apoio de várias pessoas, como, por exemplo, familiares, médicos e agentes governamentais.

O letramento corporal de maneira alguma prejudica o papel da educação física ou do treinamento. O conceito não compete com a educação física; pelo contrário, endossa enfaticamente esse campo profissional. O letramento corporal oferece a oportunidade para que todos os envolvidos na promoção da atividade física possam ter uma voz, articular um objetivo em comum e, além disso, defender que cada aluno tenha o direito a desenvolver essa capacidade. Toda pessoa deve ter a oportunidade de expressar e desenvolver seu letramento corporal, não apenas para atingir seu potencial, mas também para melhorar sua qualidade de vida.

O Capítulo 14 discute como apoio e ensino precisam ser conduzidos para promover o desenvolvimento e a manutenção do letramento corporal, e o Capítulo 15 analisa como uma ampla experiência em diversos contextos de atividade é essencial para que os praticantes logrem alcançar todos os atributos do letramento corporal.

Leitura recomendada

WHITEHEAD, M. E.; MURDOCH, E. Physical literacy and physical education: conceptual mapping. *Physical Education Matters*, v. 1, n. 1, p. 6-9, 2006.

14

Letramento corporal e abordagens de ensino e de aprendizagem

Dominic Haydn-Davies

Introdução

Este capítulo explora como estruturar a aprendizagem de forma a desenvolver letramento corporal, procurando relacionar aspectos filosóficos e teóricos de capítulos anteriores à prática. A discussão concentra-se em abordagens de ensino e de aprendizagem para promover o letramento corporal. O capítulo procura demonstrar como uma variedade de aspectos do ensino pode ser utilizada eficazmente para desenvolver letramento corporal e sugerir que a *maneira* como o ensino é conduzido é tão importante, ou mesmo mais importante, do que o *conteúdo* que é ensinado.

Quando se pretende desenvolver letramento corporal nos participantes é fundamental que eles sejam o foco de qualquer abordagem de ensino. Como responsável pela condução da prática, a decisão de empregar uma determinada abordagem de ensino deve originar-se das necessidades dos participantes: primeiro o aprendiz, depois a aprendizagem, sendo a atividade o contexto dessa aprendizagem. Essa decisão é de suma importância para qualquer ensino cujo objetivo seja desenvolver letramento corporal.

Por *responsável pela prática*, entendemos qualquer pessoa que esteja organizando, gerenciando ou supervisionando atividades físicas. Essa pessoa pode ser, por exemplo, um professor, um técnico, um gerente de esportes, um dos pais ou um profissional da saúde.

Qualquer interação ensino-aprendizagem precisa ter no seu cerne a motivação. Para os participantes desenvolverem letramento corporal, é preciso que se sintam confiantes do seu potencial de progresso e de sucesso. Toda interação deve trabalhar para manter ou para aumentar a motivação sempre que possível. Mesmo que haja uma aparente perda de motivação temporária, todos os aspectos do ensino devem permanecer positivos, sendo responsivos e proativos, destacando os próximos passos da aprendizagem a serem atingidos. A motivação é fundamental para o letramento corporal e, portanto, precisa ser o aspecto central quando são feitas escolhas sobre o ensino. Além disso, todas as abordagens precisam ser delineadas para desenvolver autoconfiança, autoestima e respeito próprio. Se algum desses fatores estiver sob risco, a motivação tende a diminuir, o comprometimento com a prática pode ser prejudicado, e, como resultado, o letramento corporal não será estabelecido ou melhorado.

Interação entre responsável pela prática e participante

O foco da interação — seja entre professor-criança, técnico-atleta, cuidador-adulto, pais-filho — deve ser a resposta à pergunta: como motivo e permito às pessoas tirar partido e avançar a partir do que elas já sabem fazer? As respostas precisam considerar fatores relativos à extensão e à amplitude de experiência dos participantes e à natureza do ambiente, incluindo as outras pessoas no contexto da atividade. Como responsável pela condução da prática que procura promover um desenvolvimento positivo do letramento corporal de um praticante, há uma série de outros fatores que é preciso levar em conta explicitamente. O maior desafio, para a maioria, deriva da natureza incorporada de cada indivíduo. As pessoas precisam ser vistas como mais do que apenas *corpos* a serem *treinados*; elas são seres humanos incorporados e complexos. Seu desenvolvimento e seu progresso não serão sempre lineares ou contínuos. Os profissionais experientes e sensíveis devem esperar, aceitar e respeitar as diferenças. Sempre que possível, as diferenças devem ser vistas como expressões de características e habilidades individuais, e não, em um contexto hierárquico, em comparação com os outros. É claro que, para desenvolver o letramento corporal em alguém, o responsável pela condução da prática precisa em todos os momentos ter essa ambição e antecipar o progresso e o sucesso da parte de cada aluno. Não existe uma abordagem genérica que dê conta de toda diversidade de indivíduos. É importante que se reconheça que "cada pessoa é diferente, lidará com dada tarefa de maneira única e se adaptará ao ambiente em que está inserida de forma diferente dos demais" (PICKUP; PRICE, 2007, p. 29).

Para desenvolver o letramento corporal, a pessoa precisa vivenciar uma série de atividades, desafios e oportunidades, como detalhamos no Capítulo 15. Para o responsável pela prática, isso representa o *conteúdo*. O foco deste capítulo é em algo talvez mais importante — a *maneira* de gerenciar a participação nessas atividades de forma a garantir que o letramento corporal continue no centro desse desafio. Três fatores-chave serão discriminados em mais detalhes: o clima da interação, as qualidades do responsável pela prática e as habilidades de ensino empregadas.

Clima da interação

O clima de uma sessão refere-se à atmosfera ou sentimentos que ela proporciona de interação como um todo. Ele é feito de uma combinação de gerenciamento, monitoramento e manutenção. O clima vai além do ambiente físico e perpassa as percepções e as respostas de pessoas e grupos no contexto da variedade de interações e recursos que integram a experiência. Mais importante, cada sessão deve se desenrolar de forma que todos os participantes se sintam valorizados, experimentem progressos e, assim, preservem e/ou criem a motivação, qualquer que seja o contexto.

Todos os participantes terão diferentes razões e motivações para participar da atividade, e alguns podem até parecer menos dispostos em impulsionar o letramento corporal. Por exemplo, medo e ansiedade são sentimentos comuns ao começar uma nova atividade. Esses sentimentos podem parecer problemáticos enquanto aspectos motivacionais; entretanto, se os participantes puderem usar essa apreensão para instigá-los a participar de novas atividades e superar desafios, então não há razão para que não possam progredir e manter a motivação. No entanto, embora em certas circunstâncias seja possível tirar partido e canalizar a ansiedade, o medo da punição ou da exclusão não deve ser utilizado como ferramenta motivacional no trabalho para desenvolver o letramento corporal. De maneira similar, a pressão para tomar parte no contexto de algo que envolva riscos de acidentes e a pressão para se conformar com estereótipos sociais que nada têm a ver com a identidade do participante são condutas a serem evitadas. É muito mais provável que tais pressões sejam contraproducentes no trabalho de promover a motivação, a confiança e, por conseguinte, o letramento corporal.

A manutenção do clima é um processo contínuo de negociação e adaptabilidade. Ele deve promover e não coibir o progresso. Para estabelecer e manter uma atmosfera positiva e acolhedora, o responsável pela prática claramente necessitará de certas qualidades pessoais e ser capaz de empregar um conjunto apropriado de habilidades e estratégias de ensino.

Qualidades e habilidades de ensino do responsável pela prática

O condutor da prática que almeja desenvolver o letramento corporal em todos os participantes de um grupo tem diante de si um grande desafio. Não é necessário simplesmente ter um bom conhecimento de certas atividades, ou ser uma pessoa organizada, ou mesmo boa capacidade de relacionamento. O responsável pela condução da prática pode ser competente em uma ou mais dessas categorias, mas precisa estar disposto e ser capaz de adaptar e aplicar esses atributos no interesse dos participantes. Assim, embora os profissionais precisem de sólidos conhecimentos práticos e habilidades de trabalho em grupo, o mais importante talvez sejam as qualidades que mostram. Entre elas, as mais importantes serão a sensibilidade, a empatia, a paciência, a valorização do esforço e uma postura de incentivo e entusiasmo durante o trabalho. Os profissionais precisam ter habilidades de comunicação não verbal muito bem desenvolvidas, como autoapresentação, postura, gestualidade e expressões faciais. Eles devem se comunicar de forma eficaz com todos, usando as formas de comunicação mais claras e adequadas disponíveis. Devem reconhecer e aplaudir o esforço, o empenho, o progresso e as conquistas em igual medida. Devem procurar fornecer recompensa de forma regular e específica, encorajamento e *feedback* informativo. Assim como em qualquer relacionamento, os profissionais devem respeitar os participantes e aquilo que cada um traz consigo para a interação. Chamá-los pelo nome não é apenas um sinal de respeito, mas também a confirmação de que o responsável pela prática conhece cada um como indivíduo. Em todos os momentos, os profissionais devem demonstrar uma atitude positiva em relação aos participantes e um interesse sincero pela interação. Além disso, as interações entre o condutor da prática e o participante precisam ser compreendidas em termos de uma relação continuada, com todas as responsabilidades éticas e morais que isso implica.

Como mencionamos anteriormente, há vários aspectos ou habilidades de ensino que podem ser usados por profissionais para ajudar os indivíduos a progredir no seu potencial relativo a desenvolver o letramento corporal. Importa que esses aspectos ou essas *ferramentas* sejam escolhidos com critério e usados de modo habilidoso e adequado.

Para promover o letramento corporal, devem-se tomar decisões para planejar e realizar uma sessão que dê conta de uma série de dimensões do ensino, como será exposto. Será importante considerar as respostas às questões apresentadas a seguir. A resposta a cada questão orientará a necessidade de usar certas habilidades de ensino. Essas habilidades envolverão planejamento, execução e avaliação no contexto de ensino e de aprendizagem.

Seleção e planejamento de conteúdo

- A sessão foi planejada com os *participantes* no centro da experiência?
- O *conteúdo* atenderá as expectativas dos participantes?
- As *tarefas* selecionadas são adequadas às capacidades e à motivação dos participantes?
- Haverá *oportunidades* regulares para *realização* e sucesso?

Organização

- A *estrutura* da sessão atende às necessidades físicas, sociais e emocionais dos participantes?

- Os *horários* são planejados para atender aos participantes ou impostos por fatores externos?
- Há uma variedade de *recursos*, incluindo mídia, disponíveis para apoiar e desafiar os participantes?[1]
- As *expectativas comportamentais* foram previamente combinadas?
- As *regras e rotinas* foram negociadas, combinadas e bem articuladas?
- As *dicas* organizacionais estão compreendidas?
- O *ambiente de aprendizagem* é seguro, estimulante e desafiador?

Interação ensino e aprendizagem

- O *clima* promove respeito mútuo entre o condutor da prática e os participantes e entre os próprios participantes?
- O *feedback* é dado de maneira construtiva, frequente e positiva?
- A *avaliação da aprendizagem* é usada para promover o progresso?
- Os participantes saberão se estiverem *melhorando*?
- A *comunicação verbal e não verbal* está sendo usada de forma eficaz e com regularidade?
- Leva-se em conta a *reação dos participantes* de maneira que as tarefas sejam modificadas de forma adequada?
- Os *questionamentos* são usados para apoiar a aprendizagem e o progresso?
- Os *participantes* são incentivados a fazer perguntas?

As respostas a essas perguntas desafiam o responsável pela prática a empregar ou a desenvolver uma variedade de habilidades de ensino, como observação de movimento, gerenciamento de tempo, verbalizar perguntas de maneiras diferentes, fornecimento de *feedback* adequado e procedimentos avaliativos consistentes. Junto com esses elementos de interação, o condutor da prática precisará garantir que a seleção de material e recursos e o planejamento de tarefas correspondem às necessidades dos participantes.

Todos esses elementos acerca de como ensinar são fundamentais para o desenvolvimento da satisfação, do progresso e da confiança do participante no envolvimento com atividade física. A chave da pessoa responsável pela atividade para promover letramento corporal é refletir sobre as interações que ocorrem durante a sessão. Uma maior conscientização das variáveis apresentadas e do impacto que têm nos participantes permitirá que os profissionais sejam mais reflexivos, compreendam o impacto que os diferentes aspectos do ensino têm nos participantes e, por fim, tenham mais sucesso no estímulo ao letramento corporal. A preocupação fundamental deve ser sempre os participantes, seu progresso e sua motivação e a confiança que têm nas suas próprias capacidades.

Aprendizes individuais

Ao longo do livro tem sido enfatizado que o letramento corporal deve ser visto como uma capacidade, cuja manifestação é única conforme cada indivíduo. Sua singularidade reside no que o indivíduo é dotado relativo às suas dimensões humanas. Embora a competência corporal venha a ser muito importante para desenvolver o letramento corporal, outras características como autoconfiança e habilidades sociais também terão sua importância. É com essa perspectiva que os profissionais precisam escolher as habilidades de ensino ou ferramentas que empregarão. Em uma situação ideal, os profissionais podem escolher as ferramentas que correspondam às necessidades do indivíduo. O estudo de caso 14.1 oferece alguns exemplos que valem a pena serem considerados. A questão é: os cenários apresentados oferecem a cada participante oportunidades de desenvolver *motivação, confiança, competência motora, conhecimento e compreensão para manter a atividade física ao longo da vida*?

Ao considerar esses cenários, vale a pena identificar aspectos da interação que podem inibir o desenvolvimento do letramento corporal. Em alguns casos, pode ser difícil definir se a abordagem será ou não produtiva. Isso porque cada participante é único, alguns capazes até mesmo de avançar em situações menos

---

ESTUDO DE CASO 14.1 – CENÁRIOS

- Owen, uma criança pequena, é levada ao seu lugar de brincadeira favorito e recebe instruções rigorosas de um recreacionista novo sobre o que terá de fazer.
- Asa está jogando futebol com os amigos no parque. Um adulto aproxima-se e os organiza em grupos para treinar dribles e passes.
- Maya e seus amigos estão indo à primeira aula de dança social. Ao chegarem, lhes é dito para *irem dançando*, nada mais.
- Meredith é recém-chegada em um grupo já bem estabelecido de ginastas de alto rendimento e é colocada em uma posição de liderança já na primeira aula.
- Peter nada no intervalo do almoço assim como tem feito toda semana nos últimos 20 anos. Outro nadador continua desafiando-o para competir e lhe dá um *feedback* sobre a sua técnica.
- Amelia está começando a ter aulas de direção, e seu instrutor lhe diz para *ver o que funciona para você*.
- Thea e seu grupo de amigas da terceira idade reúnem-se com um entusiasmado condutor da prática toda semana, mas ele nunca lhes pergunta o que gostam de fazer.
- Jonty é um atleta de alto rendimento. Seu novo técnico insiste para que ele volte a adotar um método de treinamento mais tradicional. O técnico também exige ser chamado de *senhor* e nunca chama os atletas pelo nome — ele exige respeito.

favoráveis, enquanto outros são muitos sensíveis a comentários e reações daqueles envolvidos que também estão participando. Os problemas surgirão quando a abordagem de ensino não está bem afinada à motivação ou à capacidade do participante. A responsabilidade é inteira dos profissionais, que devem conhecer seus alunos e planejar a interação segundo os interesses deles.

No que diz respeito a cada aluno, os profissionais podem considerar, por exemplo, o grau de desafio, a natureza do *feedback*, o contexto social e o tipo de motivação que parece ser mais produtivo. Acima de tudo, eles devem demonstrar empatia com cada um dos praticantes. No entanto, como o letramento corporal é uma disposição para toda a vida, também é necessário que os participantes comecem a assumir a responsabilidade pela própria participação e aprendizagem. Há, portanto, outro conjunto de possibilidades a considerar. Por exemplo, até que ponto os participantes estão dispostos a:

- escolher as tarefas sobre as quais irão trabalhar;
- definir os objetivos nos quais estão trabalhando;
- avaliar o próprio desempenho;
- planejar o próximo passo no seu programa de aprendizagem/atividade;
- sugerir e testar suas próprias soluções para os problemas;
- criar tarefas em vez de seguir instruções predeterminadas.

Essa lista também é importante considerando-se como as abordagens de ensino e de aprendizagem podem apoiar o desenvolvimento do conhecimento e a compreensão do movimento, conforme descrito nos atributos de ser corporalmente letrado, como discutido no Capítulo 6.

Trabalhando com grupos

Os cenários e as listas apresentados oferecem um desafio real para o condutor da prática projetar e executar o ambiente de aprendizagem mais eficaz para cada participante. A situação torna-se mais difícil quando se trata de grupos de participantes. Como é o contexto mais comum na promoção do letramento corporal, o desafio de trabalhar com grupos precisa ser mais bem examinado. O responsável pela prática precisa elaborar um plano de aula que, na medida do possível, acomode as necessidades de todos os participantes. Assim como o trabalho individual precisa ser específico, cada sessão será específica às necessidades do grupo. No entanto, no escopo do plano mais genérico, é preciso refletir com cuidado sobre, por exemplo:

- como o trabalho pode ser planejado para que cada participante tenha oportunidades reais sucesso;

- em que momentos da aula é possível oferecer tarefas diferenciadas;
- de que forma os participantes podem ter mais ou menos tempo para trabalhar sobre a tarefa;
- quais os diferentes contextos sociais que permitirão a cada participante obter os melhores resultados.

Trabalhar em grupos, embora seja um desafio para o responsável pela prática, é muito importante no desenvolvimento de alguns dos atributos do letramento corporal. Foi sugerido no Capítulo 6 que o indivíduo corporalmente letrado tem a confiança e as capacidades para interagir de forma eficaz com os outros, podendo valer-se da comunicação não verbal nessa interação. Aulas em grupo são de imenso valor, pois oferecem oportunidades para trabalhar de forma colaborativa e competitiva, para discutir e compartilhar problemas e para aprender a se relacionar de maneira empática com o outro.

O clima da aula, as qualidades pessoais e as habilidades de ensino do condutor da prática, conforme apresentado, aplicam-se a todas as interações dirigidas à promoção do letramento corporal. No entanto, a natureza peculiar dos elementos de ensino precisa ser selecionada já tendo um determinado grupo em vista. Nessa estrutura, os profissionais devem estar dispostos a atender, na medida do possível, a todas as necessidades individuais em questão.

Este capítulo concentra-se em princípios genéricos que são relevantes para o trabalho de todos os profissionais. Entretanto, é importante também levar em conta as especificidades de determinadas populações. Isso foi abordado em mais detalhes em capítulos anteriores. O Capítulo 9 aborda o trabalho com crianças pequenas, enquanto o Capítulo 10 é voltado para a promoção do letramento corporal na população idosa. Os Capítulos 11 e 12 examinam, respectivamente, pessoas com necessidades especiais e questões relacionadas ao letramento corporal e diversidade.

Estratégias de ensino/estilos de interação

A noção de estratégias de ensino ou estilos de interação soará familiar para a maioria dos professores e treinadores. Contudo, vale a pena apresentá-las resumidamente em favor dos outros profissionais, e chamar a atenção daqueles que estão cientes dessas formas de classificar os processos de ensino e de aprendizagem sobre como o uso de diferentes estratégias pode ser importante na promoção do letramento corporal. Simplificando, uma estratégia de ensino é um conjunto de técnicas que foram escolhidas para obter um determinado resultado, com um aprendiz em particular ou com um grupo de alunos. Vários autores sugerem diferentes sistemas de estratégias; porém, o sistema idealizado por Mosston e Ashworth (2002) é bastante útil, pois foi concebido tendo-se em conta o ensino de atividade física. Ainda que não esteja imune a críticas, esse sistema oferece uma

Letramento corporal: atividades físicas e esportivas para toda a vida   181

estrutura por meio da qual podem ser examinados outros sistemas de ensino mais amplos. O *espectro* de estilos ou estratégias proposto por Mosston e Ashworth (2002) diferencia-se pelo padrão de tomadas de decisão diante de um dado episódio de ensino.[2] Em um extremo do espectro, o responsável pela condução da prática toma quase todas as decisões do que ocorrerá durante a aula, enquanto no outro extremo o participante é o responsável por essas decisões. No que tange ao conhecimento, à compreensão e ao domínio obtidos em cada estilo, costuma-se descrever um extremo do espectro como preocupado com a reprodução e a dependência do outro (professor); e no extremo oposto a preocupação em criar e assumir responsabilidades. Esse desenvolvimento alinha-se muito bem com a jornada pessoal rumo ao letramento corporal, começando com a dependência de uma orientação clara e chega ao ápice com a tomada de responsabilidade por tornar a atividade física um hábito/preferência para toda a vida.

Mosston e Ashworth (2002) sustentam que nenhum estilo é superior a outro, mas cada um é concebido para alcançar um resultado específico de aprendizagem. Por exemplo, alguns estilos são projetados para resultar na produção de resultados motores claramente definidos, enquanto outros procuram permitir que os alunos trabalhem dentro do próprio potencial. Alguns estilos trabalham para desenvolver habilidades sociais, outros para instigar a capacidade de avaliação motora, e outros para resolver problemas e criar novos padrões motores. A chave para selecionar um estilo de interação é encontrar o ponto comum entre o estilo, o grupo ou o indivíduo e o resultado de aprendizagem pretendido. Um dado estilo de interação não precisa ser usado durante toda a aula, nem todos os participantes em um grupo precisam trabalhar no mesmo estilo de interação. Estudos mais aprofundados dos estilos revelarão que cada tipo depende de uma série de capacidades e características dos participantes; por exemplo, idade, experiência, confiança, habilidades sociais e independência. O uso de estilos variados pode ser muito útil para promover o letramento corporal. No entanto, também é fato que um estilo mal escolhido pode impedir o progresso de um ou mais atributos do letramento corporal. A recomendação de que os profissionais serão mais eficazes se dominarem um repertório de estratégias de ensino ou interação é endossada por Kulinna e Cothran (2003, p. 579), que afirmam que uma das características de um professor ou outro responsável pela prática eficaz é o "domínio de múltiplos estilos de ensino". Doherty e Brennan (2008) corroboram essa visão, assim como Mosston (1972, p. 6), que escreve: "O professor que está familiarizado com uma variedade de estilos de ensino está pronto para lidar com novas condições e interagir com sucesso com várias formas de comportamento dos alunos".

A noção de versatilidade na situação de ensino também é pertinente com o uso de habilidades de ensino. O condutor da prática precisa ser capaz de recorrer a uma série dessas ferramentas de ensino para acomodar, na medida do possível, as necessidades de cada grupo e indivíduo. Sugerir que uma forma de ensino atenderá a todos os participantes, atividades ou contextos é equivocado, pois não leva em consideração a complexa natureza do ser humano incorporado. A questão não é apenas o *que* é melhor, mas o que é melhor em relação ao *quando* e ao *quem*.

O condutor da prática autorreflexivo

Embora a interação no ensino para a promoção do letramento corporal possa ser descrita de maneira simples, concentrando-se em responder aos indivíduos e grupos, sua demanda para que seja sempre encorajadora e positiva e sua permanente dependência por sensibilidade e empatia tornam o ensino desafiador. O desenvolvimento de um repertório de habilidades e estratégias levará tempo, assim como a capacidade de selecionar a melhor forma de interagir com os participantes. A capacidade de estar envolvido em um processo contínuo de refinamento e expansão desse repertório é um fator-chave quando o objetivo é tornar-se um condutor mais eficaz.

Esse domínio deve ser visto como um processo, adquirido ao longo do tempo, por meio de uma observação atenta, de uma autorreflexão honesta e de uma autocrítica construtiva. O processo depende da vontade e da capacidade de o responsável pela condução da prática refletir, aprender a adaptar-se e permanecer comprometido com a promoção do letramento corporal. Esse desenvolvimento será melhorado e enriquecido pelo envolvimento em um diálogo propositivo com os participantes e outros profissionais. Uma vez que o trabalho é conduzido junto a indivíduos e grupos, as características desses participantes irão se modificar. Nesse caso, o condutor terá de rever frequentemente sua forma de ensino para dar conta dessas mudanças.

Conclusão

O letramento corporal é algo pertinente para toda a vida. Em essência, é uma disposição e não o produto ou o processo. No entanto, melhorar o letramento corporal deve ser o produto ou o resultado de qualquer envolvimento em atividade física, e essa melhoria contínua pode ser vista como um processo. Estimular esse processo está nas mãos de todos os profissionais com quem os praticantes mantêm contato. Trabalhar com uma diversidade de participantes em uma série de contextos e ambientes resultará em experiências valiosas para os profissionais, e refletir sobre elas lhes permitirá reagir e adaptar-se a novas situações mais prontamente. Essa reflexão deve concentrar-se nos participantes envolvidos e na efetiva eficácia das abordagens de ensino e de aprendizagem. Isso exige muito dos profissionais, pois cada aluno é único, requerendo tarefas e *feedback* específicos para desenvolver seu letramento corporal.

Um condutor da prática que objetive desenvolver o letramento corporal buscará:

- compreender os princípios-chave e as filosofias por trás do letramento corporal e adaptá-los como essenciais aos seus valores e crenças;
- desenvolver a motivação, a confiança, a competência física, o conhecimento e a compreensão do participante para manter a atividade física, de acordo com seus recursos individuais, ao longo de toda a vida;
- ser paciente, atencioso e empático e, também, desafiador e exigente e estipular padrões elevados em todos os instantes;
- compreender as implicações das suas práticas em todos os atributos do letramento corporal;
- refletir crítica e construtivamente sobre todos os aspectos do ensino.

Ao trabalhar em favor do desenvolvimento do letramento corporal, a interação do responsável pela atividade com o praticante é essencial. Apesar disso, os profissionais precisam ser sensíveis, atenciosos e flexíveis. Precisam estar alertas às respostas dos praticantes e prontos a adaptar e redirecionar as atividades conforme necessário. Na medida do possível, os participantes devem ser envolvidos na própria aprendizagem, uma vez que o propósito final do letramento corporal vê os participantes aptos a continuar a atividade física sem a necessidade de *uma orientação específica da parte de um condutor*. Este capítulo tratou de *como* realizar as interações para estimular o letramento corporal. O Capítulo 15 aborda o *quê*; isto é, os contextos de atividade que oferecerão oportunidades para desenvolver muitos dos atributos dessa capacidade.

Leituras recomendadas

FOX, K. R. The physical self. In: FOX, K. R. (ed.). *The physical self*: from motivation to well--being, Champaign: Human Kinetics, 1997. p. 192-199. Essas páginas relacionam recomendações para a interação participante/profissional na promoção da autoestima. São muito pertinentes no favorecimento do letramento corporal.

GRAHAM, G.; HOLT/HALE, S.; PARKER, M. *Children moving*: a reflective approach to teaching physical education. 8. ed. New York: McGraw-Hill, 2009. Esse livro desenvolve uma abordagem reflexiva para a educação física desenvolvimental. Os capítulos detêm-se sobre algumas das habilidades e estratégias de ensino que devem fazer parte do repertório de todo profissional.

POLLARD, A. *Reflective teaching*: evidence-informed professional practice. 3. ed. London: Continuum, 2008. Um guia útil para princípios de ensino genéricos baseados na aprendizagem centrada no estudante. Esses capítulos exploram alguns princípios básicos e uma série de habilidades de ensino, estratégias e abordagens que podem ser transferidas para contextos de atividade física.

15

Letramento corporal, promovendo atributos e planejando o currículo

Elizabeth Murdoch e Margaret Whitehead

Introdução

Este capítulo preocupa-se em examinar as maneiras pelas quais os atributos do letramento corporal podem ser promovidos a partir da seleção de material adequado para a interação entre profissional e participante. O que é apresentado ou ensinado pode influenciar o aumento da competência incorporada e a pronta interação com uma variedade de ambientes. Pode também suscitar a motivação, a autoconfiança, a autoexpressão e relações eficazes com o outro. Além disso, o conteúdo e sua apresentação podem garantir que todos os indivíduos tenham oportunidade para adquirir conhecimento e compreensão do movimento e de questões relativas à relação entre a atividade física e a saúde. Noções de equilíbrio e amplitude estão por trás de boa parte do debate.

O Capítulo 14 examinou importantes questões que dizem respeito às abordagens de ensino que afetam a promoção do letramento corporal. Porém, esses *insights* não abordam todos os atributos envolvidos no letramento corporal. Este capítulo prossegue com o debate e examina a forma com que o *conteúdo* pode desempenhar seu papel na promoção dessa capacidade. Será desvelado que embora o *como* ensinar e orientar sejam essenciais ao letramento corporal, particularmente no que tange ao desenvolvimento e à manutenção da motivação e da autoconfiança, o quê da interação profissional/participante tem um potencial relevante na promoção desses atributos.

O *conteúdo* das experiências motoras é importante de duas formas. Primeiro, por abarcar os componentes fundamentais do movimento humano, pode ser visto como o conjunto de elementos básicos da competência motora e, portanto, o material a partir do qual esse aspecto essencial do letramento corporal pode ser desenvolvido. Segundo, o *conteúdo* na forma de uma série de atividades físicas estruturadas que fornecem o contexto por meio do qual a competência motora pode ser desenvolvida e celebrada. Uma participação confiante em uma ampla variedade de atividades permite às pessoas escolher a maneira como irão cultivar, desafiar e expressar seu letramento corporal. Além disso, essa variedade de oportunidades oferece uma ampla gama de situações nas quais muitos dos atributos do letramento corporal podem ser desenvolvidos. As duas seções iniciais deste capítulo examinam em detalhes essas duas perspectivas de *conteúdo*.

O conteúdo como um conjunto de elementos básicos da competência motora

Conforme explicado no Capítulo 5, ainda que a competência motora seja essencial ao letramento corporal, jamais poderá ser o único elemento constituinte dessa capacidade. A competência motora deve ser acompanhada tanto pela motivação como pela confiança de participar de atividade física. Não obstante, uma vez que o movimento humano é a base da competência motora, é essencial que os elementos fundamentais desse atributo sejam compreendidos e examinados em sua totalidade. A apresentação dos componentes da competência motora, conforme descrito no Capítulo 5, é apenas uma forma de analisar o movimento. No entanto, essa análise é valiosa e oferece uma estrutura na qual a complexidade do desenvolvimento motor pode ser considerada.

Sugeriu-se que a competência motora pode ser vista como algo que abrange:

- o repertório motor da infância;
- as capacidades motoras;
- os padrões motores genéricos e refinados;
- os padrões motores específicos, projetados no contexto de uma atividade específica.

O primeiro dos elementos — o repertório motor da criança na primeira infância — foi explorado e aprofundado no Capítulo 9. A tarefa deste capítulo é analisar os outros três elementos em mais detalhes. É importante considerar que essa análise do movimento representa as linhas gerais do potencial, não um itinerário dos desafios motores que precisam ser superados por aquele que deseja se tornar corporalmente letrado. No total, todos esses elementos fornecem uma estrutura para o desenvolvimento da competência motora, e as pessoas estarão trabalhando para tornarem-se fluentes em relação às capacidades e aos padrões motores adequados às suas características individuais. A questão mais importante é a de que os indivíduos deveriam ter uma variedade ampla de experiências e desafios motores, e cada um deveria estar avançando na sua jornada pessoal rumo ao letramento corporal.

Como foi explicado no Capítulo 9, a criança na primeira infância normalmente terá potencial para desenvolver um repertório motor de movimento robusto. Ele será adquirido pela via da maturação e por meio do envolvimento em jogos e brincadeiras não estruturados, guiados e estruturados. Esse repertório incluirá ações como rolar, caminhar, agarrar, bater palmas, chutar e escalar. Pela repetição, o repertório será assimilado na memória motora e, por meio do seu uso em uma série de contextos, será refinado, demonstrando desenvolvimento em controle e precisão e, assim, uma melhor qualidade. Sugere-se que o repertório inicial pode ser construído por meio da experiência e de desafios progressivos no uso de uma série de capacidades e padrões. As capacidades motoras são as *capacidades* elementares do ato de mover-se. É a aquisição dessas capacidades o que torna possível alguém mover-se de forma cada vez mais eficaz e melhorar e desenvolver sua competência motora.

As capacidades são classificadas como (1) simples, (2) combinadas e (3) complexas.

Capacidades simples

Exemplos dessas capacidades são:

- estabilidade do centro do corpo (*core*);
- equilíbrio;
- coordenação;
- flexibilidade;
- manutenção da postura em repouso;
- controle;
- uso da força;
- estâmina e resistência;
- mover-se em diferentes velocidade;
- orientação espacial e posicionamento preciso do corpo;
- consciência proprioceptiva.

Capacidades combinadas

Essas capacidades originam-se da soma das capacidades simples. Exemplos:

- movimentação segura e fluida que inclui equilíbrio e estabilização do *core*;
- fluência, que inclui coordenação, equilíbrio e consciência proprioceptiva;

- precisão, que inclui posicionamento acurado da dimensão incorporada e estabilização do *core*;
- agilidade, que inclui flexibilidade, equilíbrio e coordenação;
- destreza, que inclui coordenação, posicionamento corporal acurado e flexibilidade;
- estabilidade geral que resulta da agregação de equilíbrio postural, estabilidade do *core*, orientação espacial e manutenção da postura em repouso.

Capacidades complexas

Surgem da resultante entre capacidades simples e combinadas. Exemplos de capacidades complexas são:

- coordenação bilateral;
- coordenação intermembros;
- coordenação olho-mão;
- controle da aceleração/desaceleração;
- girando e torcendo sob uma variedade de eixos rotacionais;
- movimento rítmico.

Capacidades complexas requerem maior sofisticação da capacidade de resposta do indivíduo. A aquisição progressiva das capacidades ficará evidente ao longo da jornada de letramento corporal da pessoa. Em alguns casos, as capacidades podem aflorar sozinhas, como o equilíbrio no desenvolvimento da habilidade de ficar em pé. Em outras situações, elas precisam ser dominadas simultaneamente como quando aprendemos a andar, o que requer coordenação e equilíbrio. Mais adiante, uma capacidade mais complexa como a coordenação olho-mão pode ser desenvolvida junto de capacidades mais básicas que a constituem, como orientação espacial e agilidade.

Em muitas instâncias, o domínio progressivo das capacidades será percebido à medida que os padrões de movimento sejam refinados e se tornem mais específicos. Para conseguir pular, por exemplo, uma pessoa necessita ter desenvolvido capacidades simples, como força de explosão, equilíbrio, estabilidade do centro do corpo (*core*) e posicionamento do corpo no espaço. Para pular de forma mais eficaz, serão importantes também capacidades combinadas, como precisão e equilíbrio, e, por fim, as capacidades complexas de lidar com o efeito da gravidade e controlar aceleração e desaceleração levarão a desempenhos cada vez mais eficazes em níveis cada vez mais exigentes. Da mesma forma, a fim de pegar um objeto em movimento, como uma bola, um indivíduo precisará ter desenvolvido capacidades simples de coordenação, estabilidade do centro do corpo (*core*) e posicionamento do corpo no espaço. Para agarrar uma bola de forma mais eficaz ou uma bola que está vindo mais rapidamente, as capacidades combinadas de postura, equilíbrio e agilidade também serão importantes. Finalmente, para chegar a um desempenho ainda mais eficaz, serão necessárias capacidades complexas de coordenação olho-mão, coordenação intermembros e de receber e controlar um objeto em movimento em diferentes velocidades e a partir de diferentes direções.

As pessoas farão progressos em relação à sua competência motora à medida que forem adquirindo a condição de pôr em prática capacidades motoras. Para desenvolver todo o espectro de capacidades, será preciso que o indivíduo tenha uma experiência ampla e variada de desafios motores que acionem as capacidades e ponha em prática essas capacidades em uma série de contextos e atividades. Um repertório bem desenvolvido de capacidades garantirá que os indivíduos sejam capazes de acioná-las seletivamente, com o objetivo de lhes permitir um desempenho eficaz em uma ampla variedade de situações.

Padrões de movimento são configurações do movimento que se desenvolvem a partir do repertório motor da criança na primeira infância como resultado da aplicação seletiva da capacidade de movimento adequada. Estão presentes em todas as ações motoras humanas e podem ser descritos em um *continuum* como gerais, refinados e específicos.

Padrões de movimento gerais

Originam-se diretamente do repertório motor da criança pequena (ver Quadro 9.1) e incluem, por exemplo, chutar, receber, correr, pular, escalar, equilibrar-se, inverter, rotacionar e gesticular. A aquisição de padrões de movimento gerais é o pré-requisito para desenvolver padrões refinados.

Como padrões de movimento refinados relacionam-se a padrões gerais

A Tabela 15.1 mostra alguns exemplos da relação sugerida entre os dois tipos de padrões. Em muitos casos, esse desenvolvimento dependerá da aplicação das capacidades motoras aos padrões gerais.

Como padrões de movimento específicos relacionam-se a padrões de movimento refinados

Quando padrões motores refinados são delineados no contexto de atividades físicas específicas, eles ainda precisam ser desenvolvidos, mas, agora, em consonância com as demandas e regras de uma situação. Será preciso aperfeiçoá-los aplicando-se as capacidades motoras. Por exemplo:

Tabela 15.1 A relação entre padrões de movimento gerais e refinados

Padrões de movimento	
Gerais	**Refinados**
Lançar	Arremessos, boliche, tiro
Bater	Rebater, driblar, impulsionar
Receber	Prender, agarrar
Correr	Acelerar, desviar
Pular	Passada, saltitar
Rotacionar	Girar, virar

No críquete:

- o arremesso (*bowling*) torna-se arremesso sobre o ombro;
- rebater pode ser rebater para a frente;
- amortecer a bola torna-se proteger a casa ou *wicket* (conjunto de três varas fincadas no solo).

No futebol:

- controlar a bola torna-se *matar no peito*;
- lançar torna-se *passe com a parte externa do pé*;
- finalizar pode ser *cabecear*.

No atletismo:

- arremessar pode ser lançar o dardo;
- girar pode ser parte do arremesso do disco;
- pular pode ser saltar em distância.

As pessoas continuarão na sua jornada particular rumo ao letramento corporal à medida que adquirirem a capacidade de executar padrões de movimento cada vez mais refinados e específicos. Mais importante, as pessoas devem experimentar uma ampla variedade de padrões, incluindo: aqueles relativos ao gerenciamento da dimensão incorporada; aqueles que requerem interação com objetos fixos, como uma parede de escalada, e móveis, como bolas; e aqueles que exigem reagir a um ambiente dinâmico. É por meio do progresso individual em meio a diversos padrões, em um *continuum* do geral ao mais específico, que o crescimento do letramento corporal pode ser reconhecido.

Como enfatizamos, o letramento corporal de um indivíduo, em relação à sua competência incorporada, dependerá da experiência em uma ampla e equilibrada variedade de capacidades e padrões de movimento. Isso é particularmente importante na infância e na adolescência, quando as raízes do letramento corporal deveriam ser estabelecidas. A responsabilidade por essa experiência ampla e equilibrada está a cargo de pais, cuidadores e professores. Pais e cuidadores estão em posição de promover a participação de jovens em uma larga variedade de contextos, se possível incentivando-os a aproveitar as oportunidades oferecidas no contexto extracurricular e/ou tomando medidas para inscrevê-los em programas de atividades fora da escola. Porém, é certo dizer que são os professores quem terão a maior parcela de responsabilidade para garantir uma base plena de capacidades motoras e padrões de movimento.[1]

A análise proposta anteriormente é uma maneira de descrever os elementos constituintes do movimento e não pretende ser o método definitivo, pois há vários outros sistemas dignos de consideração.[2] O que se propõe aqui é um sistema abrangente, progressivo e desenvolvimental que facilite a criação e a descrição de perfis individuais de competência motora, correspondentes aos recursos e às características individuais de cada um. É crucial ressalvar que, para desenvolver competência motora, os indivíduos precisam experimentar e trabalhar para enfrentar desafios cada vez mais exigentes. Isso vale para qualquer um, independentemente dos atributos ou predicados que possa ter. Todo progresso, por pequeno que seja, deve ser celebrado. Qualquer sistema de análise de movimento fornecerá um parâmetro que apoia e guia experiências motoras por meio das quais a competência motora pode ser desenvolvida.

O conteúdo como uma experiência genérica de uma gama de espaços estruturados de atividade física

Como foi indicado no Capítulo 5, outro benefício de adquirir uma variedade ampla de capacidades e padrões de movimento é facilitar o acesso a uma miríade de cenários de atividades físicas estruturadas.

Esses contextos são importantes, pois oferecem oportunidades para os indivíduos desenvolverem outros atributos do letramento corporal, como motivação, confiança, autoexpressão e relações eficazes com o outro. Todos os aspectos da competência motora serão melhorados por meio da experiência com atividades físicas em diferentes cenários no interesse de refinar progressivamente os padrões motores para dar conta dos desafios peculiares a cada atividade. Esse é um motivo importante para que os cenários de atividade física sejam experienciados, pois apenas assim os inúmeros padrões de movimento e suas respectivas capacidades motoras continuarão sendo desafiados. Há, de fato, uma relação recíproca entre capacidades motoras, padrões de movimento e contextos de atividade física, pois o progressivo refinamento das capacidades e dos padrões de movimento vem a calhar para um envolvimento efetivo nos contextos de atividades físicas estruturadas.

Amplitude e equilíbrio são fatores-chave. Não apenas os participantes devem experienciar uma série de contextos para atividade física, é preciso também que disponham de tempo suficiente para se familiarizar com eles. Os participantes precisam vivenciar plenamente as expectativas, as demandas e a potencial satisfação que pode surgir de cada contexto. O atributo do letramento corporal, que se refere a uma interação eficaz com uma série de ambientes e a habilidade de *ler* os aspectos do mundo que nos cerca, também será favorecido pela experiência de interagir com uma variedade de ambientes em um espectro de atividades físicas. Essa variedade foi exemplificada no Capítulo 5 ao discutirmos situações fisicamente desafiadoras. As sugestões apresentadas a seguir partem da explicação anterior. É altamente desejável que os participantes sejam envolvidos em uma ampla variedade de atividades físicas, que podem ocorrer em contextos muito diferentes: em ambientes fechados, ao ar livre, individual e coletivamente, e em situações previsíveis e imprevisíveis.

Para garantir uma experiência ampla e equilibrada, será útil classificar os diferentes cenários. Uma maneira de classificá-los é identificando-se diferentes *formas de atividades*. Elas são: aventura, estética e expressiva, atlética, competitiva, condicionamento e saúde e interativa/relacional.

1. A forma *aventura* é caracterizada pelo foco no enfrentamento de riscos e controle de desafios em ambientes naturais e muitas vezes imprevisíveis.
2. A forma *estética e expressiva* é caracterizada pelo uso da dimensão incorporada como um instrumento expressivo em um contexto criativo estético ou artístico.
3. A forma *atlética* é caracterizada pelos desafios impostos à dimensão incorporada para alcançar o máximo de força, distância, velocidade e precisão em um contexto competitivo em um ambiente controlado.
4. A forma *competitiva* é caracterizada pela superação dos oponentes, individualmente ou em equipes, no controle de vários instrumentos e objetos, lidando com terreno e condições mutáveis e desafiadorcs com o fim de atingir objetivos predeterminados.
5. A forma *condicionamento e saúde* é caracterizada pelo objetivo de aumentar a capacidade motora por meio de repetição, foco na função *corporal*; mudança gradual de qualidade; mudança gradual de quantidade.
6. A forma *interativa/relacional* é caracterizada pelo reconhecimento de que participar de uma atividade física pode ser uma experiência social, construída com base na empatia entre as pessoas à medida que se movimentam juntas.

Como se pode ver, essa categorização é fundamentada tanto na natureza geral da atividade — como, por exemplo, o envolvimento com aventura, o oferecimento de oportunidades de interação social ou a promoção de autoexpressão —, quanto na natureza do desafio — como, por exemplo, o gerenciamento da dimensão incorporada na forma atlética e a configuração de respostas motoras sob medida para as situações mutáveis na forma competitiva. Há, entretanto, um círculo holístico nessa classificação, revelando a experiência multifacetada que perpassa por esses diferentes contextos. Essa questão será retomada mais adiante neste capítulo. Entretanto, a experiência multifacetada traz alguns problemas para prescrever atividades estruturadas para uma determinada forma de atividade. Por exemplo, um cenário que, para uns, pode ser visto como competitivo será, para outros, uma oportunidade de melhorar o condicionamento, enquanto o envolvimento em outra atividade pode ser percebido como uma oportunidade de usar o movimento de forma expressiva ou de relaxar em um contexto social. O valor que uma determinada forma terá para cada pessoa está relacionado ao significado ao qual a participação está subordinada. Não obstante, vale a pena propor atividades que costumam estar próximas de uma forma específica. A Tabela 15.2 oferece algumas sugestões.

Há duas questões importantes com as quais é preciso se preocupar, dada a necessidade de oferecer uma experiência mais ampla. A primeira tem a ver com a fase inicial da vida, por exemplo, os anos escolares, e a segunda, à vida adulta. Em um estágio inicial, é fundamental que os jovens tenham uma experiência satisfatória com uma ampla variedade de atividades estruturadas. Os jovens precisam estar inteiramente conscientes das demandas motoras das atividades, da natureza da

Tabela 15.2 Contextos de atividade física estruturada em relação às formas de atividades

Forma de atividade	Atividade física estruturada
Aventura	Escalada, rapel, corrida de orientação, esqui, patinação, natação
Estética e expressiva	Dança: moderna, contemporânea, *jazz*, balé, sapateado, ginástica rítmica
Atlética	Ginástica, atletismo: lançamento de dardo, lançamento de disco, pentatlo, revezamento, corrida, salto em altura, salto em distância, salto triplo, corrida com barreiras
Competitiva	Futebol, críquete, *netball*, boliche, vôlei, rúgbi, arco
Condicionamento e saúde	Aeróbica, pilates, circuito, caminhada
Interativa/relacional	Dança de salão, nado sincronizado

interação com os outros e das características das atividades, conforme sugerido na classificação apresentada. A segunda questão está estritamente ligada à primeira, uma vez que, a menos que as pessoas tenham uma rica variedade de experiências, elas não estarão aptas a fazer escolhas conscientes na vida adulta. Uma experiência mais ampla oferecerá opções reais de contextos de atividade, pois a aptidão de cada um se modifica com o passar dos anos.

Essa noção destaca a necessidade que os responsáveis pela atividade física têm de criar programas para jovens examinando cuidadosamente as opções de atividades que planejam oferecer. No Reino Unido, tradicionalmente tem havido alguma inclinação pela variedade e menos preocupação com o equilíbrio. Formas competitivas e atléticas tendem a dominar o currículo escolar e as atividades extracurriculares. Às vezes, são realizadas atividades pertencentes às outras formas de atividades, mas, na maioria das vezes, pouco tempo é dedicado a elas. Estamos falando de atividades de aventura, estética e expressiva, condicionamento e saúde e interativa/relacional. Isso é lamentável por dois motivos. Significa, primeiro, que capacidades e padrões motores utilizados predominantemente nessas atividades menos preferidas são atendidos de forma inadequada e uma interação eficaz com esses ambientes não é estabelecida. Em segundo lugar, aqueles jovens que não apreciam as formas competitiva e atlética não terão experiências suficientes para descobrir seu potencial em outras atividades. A motivação relativa à participação pode se perder, e nada garante que esses jovens continuem ativos quando concluírem a escolarização.

Ao elaborar um currículo ou planejar seu trabalho, os profissionais precisam reavaliar as diferentes opções de conteúdo disponíveis e escolher aquelas que incluem atividade de cada uma das formas de atividades. A participação em cada uma delas oferece uma experiência única que não pode ser reproduzida de outra maneira. Os participantes precisam vivenciar atividades de todas as formas de atividades para que tenham consciência dos desafios e das oportunidades que cada uma delas oferece. Excluir experiências de uma das formas impede o indivíduo de ter um conhecimento pessoal das características daquele modelo e lhe retira oportunidades de desenvolver certos atributos do letramento corporal. Por exemplo, quem tem menos oportunidades de experimentar a forma estética e expressiva terá menos chance de desenvolver autoexpressão, e a falta de experiências em situações desafiadoras ao ar livre pode significar menos oportunidades de encarar contextos imprevisíveis nos quais se pode desenvolver independência e autoconfiança. Todos os jovens deveriam ter experiências suficientes para serem capazes de encontrar seus caminhos de expressão do letramento corporal e, assim, poderem fazer escolhas conscientes no futuro.

Diante das restrições comuns no currículo escolar, os profissionais devem usar as oportunidades extracurriculares com discernimento, introduzindo mais oportunidades para os alunos experimentar atividades de todas as formas de atividades.

A participação em atividades extraescolares deve ser vista como uma excelente oportunidade para todos experimentarem novas atividades. A arraigada tradição de atribuir tarefas extraescolares apenas para os mais talentosos é uma lástima e impede muitos alunos de expandir suas experiências em uma série de atividades. Ao planejar programas curriculares e extracurriculares, os profissionais devem examinar a fundo a contribuição que essas atividades podem ter no desenvolvimento do letramento corporal. Um exercício exemplificado na Tabela 15.3 pode ser útil para a concepção de tais programas.

Por fim, vale a pena reiterar como uma experiência ampla e equilibrada de atividades pode impulsionar o desenvolvimento de todos os atributos do letramento corporal. Ao se envolverem em atividades de todas as formas de atividades, os participantes terão a oportunidade de:

- desenvolver uma série de padrões de movimento específicos e suas respectivas capacidades motoras, melhorando assim *a competência motora, a confiança e a autoestima*;
- experimentar uma série de ambientes nos quais podem desenvolver uma *interação eficaz*;
- experimentar trabalhar junto com outras pessoas de diversas maneiras para exercitar *a compreensão interpessoal e a empatia;*
- experimentar o uso da iniciativa e da imaginação na interação com ambientes imprevisíveis, estimulando assim *a autoconfiança e a independência*;
- experimentar o movimento como um meio de *expressão*;
- experimentar em primeira mão a valorização da *saúde incorporada*.

Motivação e participação para toda a vida

Com a motivação no cerne do letramento corporal, vale a pena revisitar as maneiras de promover esse interesse e compromisso. A motivação normalmente surgirá como resultado de uma melhoria pessoal percebida na competência de movimento em certos ambientes. Ela será mais perceptível em contextos de atividade nas quais o participante sente-se confortável, o que será mais provável de ocorrer naquelas situações em que o indivíduo está fazendo progresso e obtendo sucesso. Além disso, a motivação de participar será fortalecida se a participação atender a uma necessidade pessoal. Pode ocorrer de a pessoa não se destacar em determinado contexto de atividade; no entanto, como a participação atende a uma necessidade, esse contexto pode ser tornar a área de atividade preferida. A decisão de participar de uma atividade, por exemplo, pode se originar:

- do puro prazer de participar e obter sucesso;

Tabela 15.3 Relações entre atividades físicas estruturadas, atributos do letramento corporal, componentes e contextos do movimento e interesses/necessidades individuais

Atividade	Forma do movimento	Atributos do letramento corporal demandado	Capacidades de movimento/padrões de movimento	Exemplo de contexto	Exemplos de necessidades/interesses que podem ser atendidos
Hóquei	Competitivo	Por exemplo, competência corporal, "leitura" do ambiente, autoconfiança	Capacidades – por exemplo, uso da força, mover-se em diferentes velocidades, coordenação mão-olho; Padrões de movimento – por exemplo, driblar, chutar ao gol, desviar-se	Ambiente aberto, imprevisível e desafiador	Desejo de competir, pertencer a um grupo – interação social, aptidão física
Dança	Estético e expressivo	Por exemplo, competência corporal, autoconsciência, capacidade de expressar o *self* e interagir com empatia	Capacidades – por exemplo, graciosidade, controle, fluência; Padrões de movimento – por exemplo, girar sobre o próprio eixo corporal, passada, rodopiar	Ambiente fechado, acompanhamento musical, sem aparatos ou equipamento	Autoexpressão, exploração do movimento em um contexto estético, mover-se com os outros, relaxamento do estresse laboral, aptidão física
Pilates	Saúde e aptidão física	Por exemplo, competência corporal, compreensão da saúde corporal	Capacidades – por exemplo, flexibilidade, equilíbrio, precisão; Padrões de movimento – por exemplo, rolar, ondular, alongar	Ambiente fechado, não necessita equipamento, ambiente estático/previsível	Saúde e aptidão física, relaxamento do estresse laboral

Nota: algumas das tabelas deste capítulo, bem como tabelas adicionais estão disponíveis, em inglês, em www.physical-literacy.org.uk.

- da emoção de estar em situações competitivas;
- de um apetite por experimentar e superar novos desafios;
- do prazer e da satisfação de movimentar-se em um contexto estético;
- da alegria de alcançar objetivos pessoais, como, por exemplo, de força ou velocidade;
- da determinação de enfrentar e vencer adversários;
- da necessidade social de estar com outras pessoas;
- de uma necessidade pessoal de relaxar longe do estresse do trabalho;
- de um forte desejo de se tornar mais fisicamente apto ou de perder peso;
- de uma paixão pelo campo ou pela praia.

Quaisquer uma dessas decisões são razões legítimas o bastante para praticar atividades físicas, mas talvez esse espectro bem aceitável de necessidades e interesses não fique claro para os jovens. Costuma-se aceitar que a única razão legítima para se envolver em atividades físicas é ter o devido talento e poder tornar-se um *vencedor*. Quem não enxerga possibilidades de ter algum êxito quando comparado aos demais tampouco verá motivos para participar. Essa é uma situação lamentável, dadas as diferentes necessidades em que a participação na atividade física pode atender. Claro que necessidades pessoais podem ser satisfeitas também envolvendo-se em várias outras atividades e metas, desde cantar em um coral até jogar xadrez, desde assistir a espetáculos de ópera até colecionar selos. No entanto, tornar-se corporalmente letrado dá ao indivíduo a opção de satisfazer necessidades pessoais no contexto da atividade física.

Conhecimento e compreensão do movimento e a relação entre atividade física e saúde

Considerando-se como o material, ou conteúdo, da interação entre participantes e profissionais pode atender aos atributos do letramento corporal, o aspecto final a analisarmos é o desenvolvimento do conhecimento e da compreensão do movimento e da saúde incorporada. Pode-se melhor compreender a natureza do movimento, de seus elementos constituintes e de como podem ser combinados, se o participante estiver envolvido na exploração e no desenvolvimento de capacidades e padrões. De certa forma, isso pode ser visto como parte da abordagem de ensino adotada pelo profissional. O emprego, por este, de uma linguagem rica em detalhes pavimentará o caminho para a valorização da natureza do movimento, o que pode ter um efeito útil e resultar nos participantes adotarem essa linguagem para avaliar o próprio movimento e o movimento dos outros. Da parte do profissional, fazer as perguntas adequadas e empregar os métodos de registro do movimento para serem discutidos posteriormente são maneiras de incentivar o uso da linguagem do movimento. Conhecimento e compreensão do movimento são mais bem promovidos no contexto de uma grande variedade de atividades físicas estruturadas e por meio de abordagens de ensino que incluem observação, análise, descrição e avaliação por parte do participante.[3]

Métodos de aquisição de conhecimento e compreensão da relação entre atividade física e saúde há tempo são objeto de debate, e duas abordagens bem diferentes dividem o tema. Em uma delas, questões de saúde e aptidão física são tratadas discretamente em lições ou módulos. Na outra abordagem, essas questões são tratadas à medida que a aprendizagem motora ocorre; em outras palavras, a informação permeia todas as interações entre o profissional e os participantes. Sugere-se que uma combinação de ambas as abordagens possa ser mais eficaz. A desvantagem da abordagem mais discreta é a de que o trabalho pode se tornar puramente teórico, ou passe a ser visto como algo alheio à aprendizagem no campo do movimento. No entanto, a vantagem da abordagem é a de não correr riscos de ser ignorada. As vantagens da abordagem permeável são, primeiro, o permitir que as próprias experiências motoras revelem alguns dos princípios do efeito do movimento nos sistemas motores, e daí na saúde e no condicionamento, tornando a compreensão imediata para o participante. No que diz respeito a desenvolver atitudes positivas com exercícios voltados à saúde, Harris (2001, p. 2) afirma que "as abordagens de ensino mais adequadas envolvem aprendizagem por meio da participação ativa em atividade física que tenha um propósito definido". Em segundo lugar, por meio dessa abordagem, a relação estreita entre questões de saúde e a prática de atividade física fica prontamente evidente. O perigo desta, no entanto, é que as questões de saúde podem se perder diante dos grandes desafios de movimento a serem explorados. Mesmo assim, é importante que essa compreensão e esse conhecimento sejam estimulados de tal forma que os jovens fiquem mais bem aparelhados para valorizar a saúde corporalizada e os benefícios do exercício, os quais podem levar consigo durante toda a vida.

Indivíduos em sua jornada de letramento corporal farão progressos à medida que adquiram conhecimento e informação mais detalhados sobre a natureza do movimento e a relação entre atividade física e saúde. É responsabilidade de todas as pessoas que tenham contato com jovens garantir que isso ocorra, e é responsabilidade dos próprios participantes, à medida que amadurecem, manterem-se a par das novas pesquisas e informações na área.

Conclusão

Este capítulo dedicou-se em defender a riqueza da experiência dos componentes de movimento da competência motora, como as capacidades motoras e os padrões de movimento, e das atividades de diversas formas de movimento. A diversidade da experiência é essencial para desenvolver a motivação, a confiança e a competência motora que estão no cerne do letramento corporal. O capítulo também mostrou como o envolvimento em atividades provenientes de todas as formas do movimento pode contribuir imensamente para promover os atributos de uma interação eficaz com o ambiente, de autoexpressão e de uma interação empática com os outros. Além disso, abordagens de promoção do conhecimento e da compreensão também foram destacadas.

Leituras recomendadas

KILLINGBECK, M. et al. Physical education and physical literacy. *Physical Education Matters*, v. 2, n. 2 p. 20-24, 2007.

MAUDE, M.; WHITEHEAD, M. E. *Observing and analysing learners' movement*. CDRom 023 afPE, 2007. Estes dois CDRoms foram projetados para apoiar a observação e a análise do movimento. Veja as Referências para detalhes do *site* relativo aos CDRoms.

MAUDE, M.; WHITEHEAD, M. E. *Observing children moving*. CDRom 16672 afPE, 2003.

16

Conclusão e o caminho que temos pela frente

Margaret Whitehead

O conceito de letramento corporal

O conceito de letramento corporal destaca a importância fundamental da dimensão incorporada na vida humana. O letramento corporal descreve uma capacidade humana que se origina do aproveitamento do potencial incorporado. As descobertas das pesquisas sobre o potencial incorporado embasam o debate sobre o valor de tornar-se corporalmente letrado. Indivíduos corporalmente letrados podem se beneficiar de uma série de maneiras estimulando esse aspecto da pessoalidade.

Uma característica central do letramento corporal é que ele abrange tanto a familiar visão de corporeidade como *corpo-enquanto-objeto* quanto *corpo vivido*, um modo até aqui negligenciado por muitos. O conceito de letramento corporal depende da valorização da forma como a corporeidade-enquanto-instrumento e a corporeidade vivida trabalham inseparavelmente para compor a natureza humana. Essa afirmação é fundamentada nos *insights* de existencialistas e fenomenologistas para quem os seres humanos são, por natureza, seres-no-mundo. As pessoas criam a si mesmas à medida que interagem com o seu entorno. Sem as capacidades que os humanos têm para perceber e interagir com o mundo, não haveria vida. Todas as capacidades pelas quais os humanos interagem com o mundo são, portanto, essenciais e indispensáveis para criar a vida que conhecemos como realidade. A dimensão incorporada, fundamental para a capacidade do letramento corporal, é, segundo esses filósofos, absolutamente essencial para uma interação efetiva com o mundo. É interessante notar que essa interação, uma característica marcante da vida, ocorre simultaneamente nos níveis pré--consciente e consciente. A corporeidade em ambos os modos está implicada nesse processo contínuo.

O posicionamento dos filósofos com a onipresença da dimensão incorporada está em clara oposição ao daqueles para quem a corporeidade é inferior às demais faculdades mentais. Essa atitude diante da dimensão incorporada deriva da filosofia dualista; isto é, de uma presunção de que os seres humanos são compostos de duas partes separadas: o *corpo* e a *mente*, sendo a *mente* considerada muito superior ao *corpo*. Existencialistas e fenomenologistas rejeitam o dualismo e defendem uma abordagem monista da existência. O monismo é uma crença de que cada pessoa é um todo indivisível, estando todas as dimensões humanas intrinsecamente interdependentes. Nenhuma dimensão é superior ou inferior a qualquer outra, pois todas funcionam de maneira colaborativa, interferindo, influenciando e apoiando umas às outras. Em relação às discussões sobre o letramento corporal, com suas raízes firmemente plantadas no monismo, o uso do termo *corpo* leva a equívocos e é contraproducente; daí o termo *corporeidade* ao explicar o conceito.

Pode-se depreender da breve discussão apresentada que o conceito de letramento corporal está fundamentado em princípios monistas, na crença de que os humanos criam a si mesmos interagindo com o mundo e na visão de que os dois aspectos da corporeidade — a corporeidade-enquanto-objeto e a corporeidade vivida — são inseparáveis e igualmente importantes na vida de todos. Qualquer discussão sobre o conceito precisa ser conduzida com base nessas premissas.

A importância da dimensão incorporada e o letramento corporal

De uma perspectiva puramente filosófica, a importância da dimensão incorporada e, consequentemente, de sua expressão no letramento corporal reside na interação com o ambiente que ela possibilita. Essa importância um tanto genérica e abrangente foi mais desenvolvida e explicitada pelo trabalho de uma série de acadêmicos e cientistas, como Burkitt (1999) e Lakoff e Johnson (1999). Como destacamos na Parte I, há uma crescente evidência de que a interação incorporada com um mundo é o alicerce para o desenvolvimento da cognição, da aquisição da linguagem e da habilidade de raciocinar. Além disso, há evidências de que a dimensão incorporada do indivíduo é um aspecto importante da autoidentidade e do senso de *self*. Outros autores, como Gallagher (2005) e Best (1974), por exemplo, sugerem que a dimensão incorporada é parte indissociável da expressão das emoções e facilita a autoexpressão fluente e a interação sensível com os outros.

Em resumo, há bastante evidência de que, longe de ser um aspecto inferior da condição humana, a dimensão incorporada está no cerne da existência. A capacidade incorporada, tanto no nível consciente como no nível pré-consciente, contribui decididamente para o desenvolvimento humano. Em referência aos acadêmicos mencionados no parágrafo anterior, tudo indica que uma vida na qual a corporeidade seja subestimada, menosprezada e negligenciada seria uma vida mais pobre. Essa é a afirmação que está no cerne da promoção do letramento corporal. O desenvolvimento do letramento corporal, como realização do potencial incorporado, tem muito a oferecer a todas as pessoas ao longo de toda a vida.

A importância do letramento corporal é defendida por todos os autores que contribuíram na Parte II. O Capítulo 7 argumenta que o *self* corporal está intimamente relacionado ao *self* global, e as ações em relação ao *self* corporal têm um profundo efeito na autoestima. O desenvolvimento do letramento corporal, com sua ênfase na motivação e na confiança para cultivar a competência incorporada, é visto como um ativo importante na promoção da autoconfiança e da saúde mental. Os *insights* do Capítulo 8 revelaram os efeitos negativos experimentados por indivíduos que não eram corporalmente letrados por estarem obesos ou acima do peso. O estudo de caso incluído no capítulo é apenas um dos muitos que podem demonstrar os benefícios para que os jovens se tornem corporalmente letrados. Não há dúvidas da melhora em relação à sua qualidade de vida, à sua autoconfiança, à adoção de uma visão mais positiva da vida e ao desenvolvimento de habilidades que os permitem ter interações sociais mais gratificantes.

O Capítulo 9 revelou a importância do desenvolvimento motor no início da vida na promoção do crescimento físico e do domínio de padrões motores gerais e no estímulo ao desenvolvimento cerebral. O Capítulo 10 voltou-se para os adultos, especialmente os idosos, e defendeu veementemente a importância do letramento corporal. Vimos que promover a competência incorporada resulta na melhoria da qualidade de vida e no incremento da autoconfiança e da independência da população idosa. A vida dessa população só tem a ganhar participando daquilo que chamamos de atividades físicas de lazer e criando novos grupos de amizades. O Capítulo 11 sublinhou que o letramento corporal pode ser obtido por todos. Dois estudos de caso exemplificaram os importantes benefícios que se tornar corporalmente letrado pode trazer para pessoas com deficiência. Finalmente, o Capítulo 12 afirmou que os obstáculos ao letramento corporal enfrentados por pessoas de uma série de grupos específicos podem ter efeitos nocivos, como segregação e cerceamento de oportunidades para praticar atividades físicas.

O caminho a seguir: estratégias para promover o letramento corporal

Dado o inequívoco apoio de tantos setores para aproveitar o potencial incorporado no intuito de promover o letramento corporal, é alarmante que tantos fatores da cultura ocidental venham prejudicando o desenvolvimento dessa capacidade em tantas pessoas, ao longo de todas as etapas da vida. Uma série de autores, incluindo aqueles que contribuíram para a Parte II, ofereceram alguns *insights* sobre a natureza dos problemas que vêm inibindo o desenvolvimento dessa capacidade. A lista a seguir, originada desses *insights*, oferece algumas propostas que podem corrigir o impacto de atitudes e práticas negativas que permeiam muito do mundo ocidental.

O desenvolvimento do letramento corporal poderia ser mais facilmente estimulado:

- Promovendo uma melhor compreensão da natureza e do significado do conceito de letramento corporal, particularmente em profissionais trabalhando no campo da atividade física.
- Estabelecendo uma compreensão da natureza holística do indivíduo, que desafie a visão dualista e negligenciadora da dimensão incorporada.
- Trabalhando para estabelecer uma terminologia monista que se afaste do rótulo da dimensão incorporada como uma coisa ou um objeto.
- Superando a tendência que as pessoas têm de perceber a si mesmas predominantemente em termos da sua corporeidade-enquanto-objeto.
- Desafiando a suposição de que a atividade física é apenas para pessoas que têm talento.
- Fomentando o entusiasmo pela prática da atividade física por meio de estratégias para aumentar a motivação e a confiança em se manter ativo.
- Desafiando a postura reativa daqueles que negam a importância e o interesse na atividade física.
- Aumentando a consciência dos pais de crianças pequenas sobre a importância do movimento e rebatendo a suposição de que elas naturalmente desenvolverão um amplo repertório motor sem que seja realizado um trabalho específico com esse propósito.
- Contrariando a tendência crescente de colocar as crianças em *contêineres* em nome da segurança, restringindo sua liberdade de movimento.
- Aumentando as oportunidades para brincadeiras físicas na vida das crianças.
- Aumentando o conhecimento e a compreensão de professores da educação infantil sobre a importância do desenvolvimento motor.
- Garantindo que todos os profissionais reconheçam que a melhora da motivação é crucial para desenvolver o letramento corporal e com ele a promoção da prática das atividades físicas ao longo da vida.
- Garantindo que todas as pessoas próximas valorizem a relação íntima entre a atitude em relação ao *self* corporal e o desenvolvimento da autoestima.
- Garantindo que todos os profissionais compreendam a necessidade de apresentar aos jovens uma ampla oferta de atividades físicas, capazes de atender aos interesses de todos.
- Rompendo barreiras em relação à participação na atividade física de certos grupos, como mulheres ou pessoas de diferentes origens étnicas.
- Desafiando a suposição de que o letramento corporal não é adequado para pessoas com deficiência ou para a população idosa.

- Combatendo a falsa noção de que ser corporalmente letrado significa atingir determinado nível de competência motora, e não algo próprio do indivíduo que empreende uma jornada rumo ao desenvolvimento dessa capacidade.
- Estabelecendo meios *para* avaliar a aprendizagem no contexto do ensino e da aprendizagem e desenvolvendo um sistema válido de mapear o progresso no desenvolvimento do letramento corporal.
- Reunindo todas as pessoas envolvidas na promoção da competência incorporada de forma que compartilhem o propósito comum de promover o letramento corporal e falem como uma única só voz. Desenvolver um espírito de cooperação e não de competição entre diferentes grupos, como técnicos, professores e gerentes esportivos, é essencial.
- Revertendo a tendência de uma dieta de alto teor de gordura e o crescimento de escolhas de lazer sedentárias, identificadas no Capítulo 8 como um ambiente obesogênico.
- Iniciando pesquisas longitudinais para verificar a alegação de que promover o letramento corporal também induz a participação na atividade física ao longo de toda a vida.
- Melhorando o financiamento público para instalações e recursos humanos a fim de promover a atividade física e, consequentemente, o letramento corporal.

Ainda que as estratégias descritas aqui sejam uma lista formidável de desafios, assim como a importância do desenvolvimento do letramento corporal, a vontade de mudar atitudes e práticas precisa ser incentivada, elaborando-se planos e estratégias para modificar a situação.

O caminho a seguir: necessidades e responsabilidades

Diversos grupos têm diferentes maneiras de combater problemas que inibem o estabelecimento do letramento corporal enquanto objetivo passível de ser atingido por qualquer pessoa. Alguns serão descritos a seguir.

Todos aqueles envolvidos na promoção da atividade física para toda a vida precisam compreender o conceito de letramento corporal, valorizar sua importância e ser capazes de explicar e defender a necessidade de essa capacidade ser levada a sério. Todos devem considerar que ser uma pessoa corporalmente letrada não significa atingir certos níveis de desempenho, mas fazer progressos na própria jornada de letramento corporal. Todas as pessoas próximas, particularmente profissionais da área da atividade física, devem trabalhar em conjunto com o objetivo de promover em todos o letramento corporal universal – não deve haver competição entre elas. Agir como uma só voz pode ser uma estratégia contundente para demandar recursos e tempo do governo local e central, uma vez que investimentos e treinos devem estar disponíveis para permitir a realização desse objetivo.

Pais e cuidadores de crianças precisam estar cientes da importância da atividade física e das brincadeiras físicas. É preciso encontrar maneiras alternativas para manter as crianças seguras, sem detrimento da sua capacidade de livre locomoção. É preciso encontrar oportunidades para crianças pequenas poderem brincar ativamente ao ar livre. A suposição de que a atividade física não é adequada para pessoas com deficiência deve ser combatida. Igualmente, o valor e a importância da atividade física para todos, independentemente de diferenças culturais, devem ser enfatizados. Os meios mais propícios para levar essa mensagem adiante incluem clínicas pré-natal e maternidades, centros infantis, creches e berçários, babás profissionais e profissionais da saúde. É preciso prover recursos e uma equipe de especialistas capacitados para orientar sobre o uso desses materiais.

Professores de crianças de 4 a 10 anos precisam estar cientes da importância do letramento corporal para todas as crianças. A formação inicial dos professores e o seu contínuo desenvolvimento profissional deve abordar a questão da falta de abrangência de atividades com movimento e encontrar maneiras para que todos os professores tenham o conhecimento e a compreensão necessários para promover o letramento corporal. Isso deve incluir o conhecimento dos elementos constituintes do movimento, como detalhado nos Capítulos 9 e 15, e dos métodos de ensino adequados, como visto no Capítulo 14. Além disso, é preciso considerar maneiras de incluir pessoas com deficiência e de origens étnicas diferentes, como sugerido nos Capítulos 11 e 12. Essa é uma responsabilidade das instituições de formação de professores, escolas e de todos que financiam e desenham cursos de desenvolvimento profissional e associações profissionais.

Professores especialistas, técnicos esportivos e outros profissionais que trabalham com alunos de 11 a 18 anos precisam adotar o letramento corporal como principal objetivo do seu trabalho, que deve ser fundamentado em uma profunda compreensão do conceito e da lógica que o sustenta. Devem dar valor à importância crucial da motivação, da confiança e da manutenção da autoestima positiva nos participantes no envolvimento com a atividade física. Isso tem implicações claras nas abordagens de ensino e de aprendizagem, como descrito no Capítulo 14. Também, devem compreender a importância de ofertar uma ampla variedade de atividades de todas as formas de atividades, detalhadas no Capítulo 15. Para aqueles nas escolas, é preciso examinar as atividades oferecidas no currículo e extracurriculares. É preciso também tomar iniciativas para estimular e facilitar o acesso de todos a atividades físicas fora do período escolar, que devem oferecer oportunidades de ampliar a experiência em atividades físicas, desenvolvendo capacidades de alto nível e trabalhando em áreas nas quais é possível melhorar a competência.[1] Aqui será preciso equacionar questões relativas ao transporte entre casa e escola. Toda criança deveria, no seu próprio interesse, participar de ao menos duas horas-aula de atividade física por semana fora do período escolar. Funcionários, treinadores e outros especialistas em atividades físicas, que vêm à escola ministrar suas aulas, devem, em todos os momentos, trabalhar em conjunto com os professores para promover o letramento corporal. O foco deve sempre ser no indivíduo e não na atividade a ser ensinada, cabendo a cada pessoa ser julgada de acordo com seu progresso individual, e não com base em níveis predeterminados de desempenho. Todos esses profissionais devem ter em mente maneiras de incluir pessoas com deficiência e de origens étnicas diversas, conforme sugerido nos Capítulos 11 e 12. Essas tarefas serão de responsabilidade dos centros de prática/treinamento, promotores de cursos de desenvolvimento profissional, escolas, associações de treinamento, entidades profissionais, órgãos esportivos governamentais e organizações esportivas.

Os adultos precisam estar conscientes do valor e da importância da atividade física para melhorar a qualidade de vida, promover a saúde e o condicionamento físico e proporcionar oportunidades de contato social. Uma alimentação saudável deve ser estimulada. O conceito de que a atividade física é exclusiva para os mais aptos e capazes deve ser combatido, assim como qualquer tendência das pessoas de se julgarem puramente com base em seus atributos físicos. Os adultos devem considerar que suas atitudes podem influenciar a todos com quem travam contato, como familiares, colegas e amigos. Todos os adultos precisam ser compassivos e incentivar os outros a participar de atividades físicas e evitar posturas negativas ou desrespeitosas em relação às capacidades ou aos esforços alheios. Além disso, mensagens consistentes precisam ser enviadas para organizações esportivas, médicas e governamentais sobre a importância da atividade física regular.

A população idosa e os cuidadores em casas de repouso devem estar cientes da importância da atividade física e do letramento corporal e do impacto que têm na independência, nas habilidades sociais e na melhoria da qualidade de vida. É preciso providenciar recursos e capacitar uma equipe de especialistas para orientar sobre o uso desses materiais.

Instituições acadêmicas e fundos de pesquisas precisam ser convocados a dar suporte à pesquisa e ao desenvolvimento de material de apoio ao letramento corporal, de sistemas de avaliação do letramento corporal na forma de instrumentos para mapear o progresso individual, e de pesquisas longitudinais para corroborar a afirmação de que a aquisição de letramento corporal promove a participação em atividades físicas ao longo da vida. Essa tese será fortalecida tanto mais se desgaste a suposta natureza dualista dos seres humanos. Embora isso seja extremamente desafiador, é preciso encontrar maneiras de promover uma atitude holística em relação aos seres humanos e uma nova valorização da dimensão incorporada.

Governos devem fazer sua parte para reverter a atual tendência ao sedentarismo e a hábitos alimentares nada saudáveis. A atividade física deve ser apresentada como algo de valor para todos, não apenas para aqueles dotados de talento excepcional. Incentivos para promovê-la devem ser criados, e a participação de pessoas de todas as origens em todos os níveis deve ser motivo de comemoração. Os governos precisam trabalhar em estreita colaboração com os profissionais da saúde, instituições de ensino e meios de comunicação para propagar essa ideia.

Instituições de fomento locais e federais, alocando recursos financeiros para instalações, precisam valorizar a importância do letramento corporal e dos benefícios acarretados com a participação em atividades físicas regulares. Essa participação, como é amplamente divulgado pela mídia, pode ter um efeito positivo na redução da criminalidade, na dependência do álcool e de outras drogas, na gravidez adolescente e nos problemas de saúde e impactos nada desprezíveis no custo de políticas públicas e serviços de saúde.

Nota final

O letramento corporal trouxe uma nova maneira de pensar sobre o ser humano. Destacou a corporeidade como aspecto integrante e fundamental da condição de pessoa e nos desafiou a valorizar o papel que ela desempenha na vida, nos níveis pré-consciente e consciente. Assim, o conceito preparou o terreno para um novo discurso sobre a condição humana.

A importância de respeitar e utilizar o potencial incorporado não pode deixar de ser enfatizada. Como seres incorporados, essa dimensão é, em muitas maneiras, responsável por nos tornar o que somos. Uma vida desincorporada é uma impossibilidade. Uma vida em que a dimensão incorporada seja menosprezada ou ignorada será mais pobre em relação à autoconfiança, à autoestima, às habilidades sociais e à saúde física.

O conceito de letramento corporal está se tornando internacionalmente reconhecido e uma série de programas já foram e estão sendo concebidos para promover essa capacidade humana. Há sinais de que o desafio trazido pelo conceito estimulou muitas pessoas a repensar e a reavaliar suas práticas em termos de atividade física.

O letramento corporal é relevante para todas as pessoas em qualquer lugar e a qualquer tempo, independentemente de suas características e recursos individuais. Existem argumentos persuasivos para corroborar o valor de ser corporalmente letrado em termos de *motivação, confiança, competência motora, conhecimento e compreensão para manter a atividade física ao longo da vida.* Essa é uma mensagem que precisa ser difundida em todas as culturas e sociedades. Há muito trabalho por fazer.

Tópicos de discussão

PARTE I FUNDAMENTOS FILOSÓFICOS

1 Introdução
- Discuta a necessidade do uso de um conceito adicional — letramento corporal — que identifique o valor central de toda a atividade física.
- Considere termos alternativos para o letramento corporal.
- Avalie as várias interpretações do conceito de letramento corporal pelo mundo.

2 O conceito de letramento corporal
- Discuta e compare capacidades e inteligências em relação ao letramento corporal. Consulte o artigo, em inglês, no *site* www.physical-literacy.org.uk para discussões mais aprofundadas sobre o tema.
- Discuta as relações entre os atributos nas Figuras 2.1 e 2.2.

3 O embasamento filosófico do conceito de letramento corporal
- Considere as dificuldades associadas em aceitar uma filosofia monista.
- Debata os problemas decorrentes do uso cotidiano da linguagem dualista.
- Identifique exemplos do papel da dimensão incorporada na percepção.

4 Motivação e significado do letramento corporal para cada indivíduo
- Considere maneiras pelas quais os conceitos motores permeiam a linguagem.
- Compartilhe com os colegas de que maneira o letramento corporal melhorou sua qualidade de vida.
- Debata a afirmação: o letramento corporal está ao alcance de todos.
- Discuta os problemas que concernem a tornar-se corporalmente letrado na cultura ocidental.

5 Letramento corporal, competência motora e interação com o ambiente
- Reescreva as competências motoras para duas culturas que não podem ser descritas como pertencentes ao mundo ocidental do século XXI.
- Identifique e discuta exemplos de leitura do ambiente.

6 Letramento corporal, a consciência do *self*, relações com os outros e o papel do conhecimento e da compreensão no conceito
- Debata como o letramento corporal contribui com o seu senso de *self*.

208 Tópicos de discussão

- Faça um exercício para tornar-se mais sensível à sua comunicação não verbal e a dos outros.
- Considere as visões segundo as quais o conhecimento proposicional é (1) essencial para o letramento corporal e (2) impróprio para constituir o letramento corporal.

PARTE II CONEXÕES CONTEXTUAIS

7 O *self* corporal e o letramento corporal

- Como podemos ajudar as pessoas a desenvolver a autoaceitação?
- Somos autoconscientes demais de nosso *self* corporal?
- Podemos aprender a olhar para nós mesmos como uma única entidade e não como corpo e mente; nesse caso, como os professores podem ajudar?

8 Letramento corporal e obesidade

- Qual é o papel dos educadores físicos no combate à obesidade infantil?
- Letramento corporal pobre em crianças obesas e com sobrepeso. Natural ou provocado?

9 Letramento corporal e primeira infância

- Discuta os fatores-chave da qualidade de vida para crianças pequenas.
- Tendo em vista o capítulo sobre desenvolvimento motor, observe e então discuta com os colegas o desenvolvimento motor de uma criança pequena brincando ao ar livre.
- Discuta os benefícios do jogo/brincadeira livre, orientados e estruturados na promoção da competência motora e do letramento corporal.

10 Letramento corporal e terceira idade

- Debata a proposta: a educação deve ser vista como um projeto para toda a vida.
- Que medidas devem ser tomadas para conscientizar o grande público em relação à quantidade de atividade física necessária para promover saúde e bem-estar?
- O que o governo deve fazer para promover e apoiar a atividade física entre a população idosa?

11 Letramento corporal e pessoas com deficiência

Refletindo sobre resultados motores flexíveis

- Sugden e Keogh (1990) sugerem que comportamentos motores são determinados pelas inter-relações de três variáveis integradas:

1. A tarefa a ser executada.
2. Os recursos que a criança traz à situação de aprendizagem.
3. O contexto em que a aprendizagem ocorre.

- Reveja as três estratégias identificadas por Sugden e Keogh (1990) e identifique estratégias de aprendizagem, ensino e avaliação que você pode adotar para maximizar o potencial da aprendizagem.

O estatuto de inclusão da *Qualifications and Curriculum Authority (2007)*

- A **Qualifications and Curriculum Authority** (2007) identifica três questões que devem ser abordadas em se tratando de necessidades individuais das pessoas. São elas:
1. Definir desafios de aprendizagem adequados.
2. Atuar de acordo com a diversidade das pessoas.
3. Diferenciar aprendizagem, ensino e avaliação para minimizar barreiras à aprendizagem.

- Revise as três estratégias e considere como pode você usá-las para atender a necessidades individuais e minimizar obstáculos à aprendizagem e à participação na atividade física.

12 Letramento corporal e questões de diversidade

O modelo dos Oito Ps da inclusão

- Reflita sobre o modelo dos Oito Ps da inclusão, discutido no capítulo por Vickerman (2007). Verifique a tabela a seguir para considerar quais estratégias você usaria para maximizar o potencial do letramento corporal para grupos sociais diferentes.

Modelo dos Oito Ps	Estratégias de ações para atender às necessidades individuais de letramento corporal
Princípio filosófico	
Propósito	
Proatividade	
Parceria	
Processos	
Política	
Pedagogia	
Prática	

Igualdade de oportunidades em letramento corporal

- Reflita sobre as questões discutidas no capítulo e identifique estratégias que você pode adotar para garantir que todos tenham a oportunidade de maximizar seu potencial de aprendizagem e tornarem-se corporalmente letrados.

PARTE III IMPLICAÇÕES PRÁTICAS

13 A promoção do letramento corporal no currículo escolar e além dele

- Quais estratégias podem ser usadas para incentivar todos os profissionais trabalhando no campo da atividade física, com públicos de todas as idades, a compartilhar o objetivo comum de promover o letramento corporal?
- Considere os benefícios de identificar o letramento corporal como objetivo intrínseco da educação física.

14 Letramento corporal e abordagens de ensino e de aprendizagem

- Discuta as habilidades de ensino necessárias para implementar as sugestões do capítulo em termos de seleção de conteúdo/planejamento, organização e interação ensino e aprendizagem.
- Considere os cenários do capítulo e discuta até que ponto cada um deles representa um contexto em que o letramento corporal pode ser estimulado.

15 Letramento corporal, promovendo atributos e planejando o currículo

- Faça uma discussão crítica sobre a proposta de currículo para alunos de 4 a 11 anos no *site* www.physical-literacy.org.uk.
- Analise três diferentes atividades, como exemplificado na Tabela 15.3.
- Durante o período escolar obrigatório, tempo equivalente deve ser alocado para cada uma das formas de atividades. Discuta.
- Debata sobre o melhor uso do tempo extracurricular para estimular a participação de todos os alunos.

16 Conclusão e o caminho que temos pela frente

- Considere os problemas mais importantes no estabelecimento do letramento corporal como um objetivo que todos possam alcançar.
- Identifique ações que você poderia empreender para promover o letramento corporal no seu próprio trabalho.

Glossário

Um glossário mais completo, em inglês, pode ser encontrado em www.physical-literacy.org.uk.

Abordagem de ensino   Geralmente é vista como oriunda dos valores que a pessoa tem acerca do trabalho com os participantes e em relação ao propósito dessa interação. Compreende-se como abordagem de ensino algo que inclui todos os seus aspectos, tais como estilo de regência e estratégias e habilidades de ensino. Uma abordagem de ensino deve estar sob análise constante e deve ser modificada sempre que necessário.

Ambiente   A totalidade de aspectos, animados e inanimados, que compreende o mundo no qual os indivíduos travam contato.

Ao longo da vida   Abrange todos os estágios da vida, desde o nascimento, passando pela infância e adolescência, adentrando a idade adulta e a velhice.

Atributos   Os elementos constituintes do letramento corporal que são identificados na definição completa do conceito. À medida que incrementam seu letramento corporal, as pessoas descobrirão que têm o potencial para desenvolver todos os atributos.

Autoconceito   Termo abrangente que resume como um indivíduo descreve a si mesmo.

Autoestima   Afirmação avaliativa sobre o valor de uma pessoa feita por ela mesma. Julgamento feito pelo *self* diretor sobre quão bem o *self* está se saindo. Medida de sucesso do sistema do *self*.

Capacidade   A expressão de uma dimensão humana por uma pessoa. Capacidade é uma desejável expressão humana do ser, cujo desenvolvimento deve estar ao alcance de todos. Essa acepção está de acordo com a forma como Martha Nussbaum (2000) emprega o termo. As capacidades que ela identifica incluem razão prática, emoção e afiliação.

Capacidade incorporada   A capacidade humana que se origina na dimensão incorporada.

Capacidades motoras   As capacidades que constituem o movimento articulado.

Cinestesia   Informação interoceptiva que está abaixo do nível consciente. Essa informação é compilada no/por meio do interior do cerebelo e ajuda no controle do movimento. Ela é normalmente vista como um elemento decisivo na propriocepção.

Competência motora   Pode ser descrita como a autossuficiência no repertório motor, nas capacidades motoras e nos padrões motores desenvolvidos mais o emprego destes em uma série de formas de atividades. É possibilitada de acordo com os recursos e as características do indivíduo.

Contexto de atividade física   Um ambiente construído artificialmente para ampliar/desafiar/celebrar o potencial corporal. Ele varia conforme a cultura e inclui, entre outras coisas, modalidades de jogos e esportes, dança, natação e ginástica.

Corporeidade   No contexto do letramento corporal, o termo *corporeidade* é usado, especificamente, para descrever o potencial que as pessoas têm de interagir com o ambiente via movimento. Isso vale para a corporeidade vivida e também para a corporeidade-enquanto-instrumento ou corporeidade-enquanto-objeto.

212 Glossário

Dimensão Um aspecto do ser humano pelo qual os indivíduos podem interagir com o mundo e expressar a si mesmos. Corporeidade é uma dimensão — portanto, dimensão incorporada. Outras dimensões podem ser aspectos cognitivos, afetivos e sociais do ser humano.

Dimensão incorporada A dimensão do potencial humano que se origina da capacidade de se mover, ou motilidade.

Dualismo A visão segundo a qual os seres humanos consistem de duas *partes* diferentes e separadas, o *corpo* e a *mente*.

Educação física Termo utilizado para descrever qualquer atividade física estruturada/organizada/com objetivos no âmbito do currículo escolar.

Estratégia de ensino/estilo de interação O conjunto de habilidades de ensino selecionadas para um determinado fim. Inclui a identificação de responsabilidades e expectativas da parte de participantes e profissionais e deve dar apoio à abordagem de ensino que estiver sendo utilizada.

Existencialismo Filosofia baseada no princípio de que a existência precede a essência. Em outras palavras, os indivíduos criam a si mesmos à medida que interagem com o mundo.

Exteroceptores Órgãos sensórios que recebem a informação externa ao corpo/*organismo*, como olhos e ouvidos.

Fenomenologia Filosofia baseada no princípio de que os seres humanos dão sentido ao mundo à medida que o percebem. Objetos no mundo não têm sentido antes de percebermos suas características. Objetos são aquilo o que *fazemos deles*.

Formas de atividades Definidas pela natureza e pela estrutura de uma atividade física, tal como o participante a experimenta.

Habilidades de ensino Conjunto de comportamentos docentes, técnicas ou ferramentas que podem ser usadas para causar a aprendizagem, como arguição, trabalho em grupos e planejamento. Uma habilidade de ensino precisa ser escolhida e usada para atingir um objetivo específico, de acordo com a abordagem de ensino que estiver sendo utilizada.

Holismo e holístico Ver Monismo.

Homofobia Medo irracional ou aversão à homossexualidade, que pode resultar em discriminação, preconceito e isolamento.

IMC Índice de massa corporal é a medida que compara o peso e a altura de uma pessoa para determinar seu condicionamento físico geral. O cálculo do IMC não mede a porcentagem total de gordura corporal, mas é uma ferramenta utilizada para estimar o que é considerado um peso saudável em relação à altura do indivíduo.

Inconsciente Termo empregado para descrever experiências das quais o indivíduo não está consciente e, portanto, não é capaz de articular sobre elas.

Intencionalidade operativa O aspecto da intencionalidade que evidencia o impulso inato que o ser humano tem de interagir com o mundo por meio da sua corporeidade.

Intermodal Ver Sinestesia.

Interoceptores Órgãos sensórios que recebem a informação de dentro de um corpo/organismo, como terminações nervosas que são sensíveis a dores de cabeça e de barriga e terminações nervosas que são sensíveis a movimentos musculares e articulares e à posição da dimensão incorporada no espaço.

Letramento corporal A realização/expressão da capacidade que diz respeito ao emprego da dimensão incorporada. Mais especificamente, de acordo com cada pessoa, o letramento corporal pode ser descrito como a motivação, a confiança, a competência motora, o conhecimento e a compreensão para manter a atividade física ao longo de toda a vida.

Monismo   Visão de que os humanos são uma entidade, um todo, e não são divisíveis em *partes* separadas, como *corpo* e *mente*. Também é referido como visão holística ou holismo, indicando que os humanos são um *todo* indivisível.

Motilidade   O potencial que os indivíduos têm de agir em relação ao ambiente por meio da sua corporeidade.

Motivos extrínsecos   Motivos que não são integrados ao sistema do *self* e não contribuem para a autonomia.

Motivos intrínsecos   Motivos integrados e compatíveis com a identidade de uma pessoa e, portanto, capazes de melhorarem e confirmarem a si mesmos ao mesmo tempo.

NAF   Níveis de atividade física. Ferramenta para comparar níveis de atividade física entre populações. Proporção entre gasto energético total (GET) e taxa metabólica basal (TMB). Valores típicos variam entre 1,2 (sentado ou deitado) e 2,0 (altamente cansativo).

Obesidade   Condição em que o excesso de gordura corporal afeta a saúde ou o bem-estar de uma pessoa.

Padrões motores:
   específicos   Surgem quando padrões motores refinados são aplicados em contextos de atividade específicos e formas de atividades.

   gerais   Compreendem o acervo completo de movimentos dos quais o ser humano é capaz. Os padrões motores gerais dominados por alguém podem ser chamados de repertório.

   refinados   São realizados quando os indivíduos revisitam padrões motores gerais com objetivos mais específicos de aplicar capacidades motoras, preparando-se para configurar padrões motores específicos.

Pré-reflexivo   Conhecimento/compreensão/experiência acumulados que permanece no nível inconsciente.

Propriocepção   Termo usado para se referir a todos os sistemas sensórios que fornecem informações sobre posição, localização, orientação e movimento da dimensão incoporada. Os dois principais grupos de proprioceptores estão localizados no sistema vestibular do ouvido interno e nos sistemas cinestésico e cutâneo.

Self   Sistema dinâmico em constante reação e ajuste às experiências de vida.

Self diretor   O polo galvanizador do sistema do *self*, responsável por processar a informação e fazer ajustes vitalícios para atender às necessidades do *self*. O *self* diretor possui duas tarefas principais – desenvolver um senso de *self* e o cerne de uma identidade que é estável a despeito dos contextos diferentes.

Sinestesia   Maneira como todos os interoceptores e exteroceptores funcionam em uníssono. Essa interconexão entre as diferentes formas pelas quais os indivíduos reúnem informações sobre o mundo que os cerca também é chamada de funcionamento intermodal dos sentidos.

VO$_2$ max   Capacidade máxima que o corpo de uma pessoa tem de transportar e utilizar oxigênio durante um exercício progressivo, o que reflete no condicionamento físico do indivíduo. O nome é derivado de V — volume por hora, O$_2$ — oxigênio, e max — máximo.

Notas

1 Introdução

1 Ao longo do texto, preferimos utilizar o termo *corporeidade* e não *corpo*, uma vez que este identifica o corpo como um objeto enquanto aquele descreve uma dimensão humana.

2 O conceito de letramento corporal não é novo. Foi utilizado, por exemplo, por Morrison (1969 apud WALL; MURRAY, 1994, p. 5) e também mencionado em uma publicação do English Sports Council (Conselho Inglês de Esportes), em 1991. No entanto, até pouco tempo o conceito não havia sido debatido com profundidade.

2 O conceito de letramento corporal

1 Uma discussão mais detalhada sobre esses dois sistemas pode ser encontrada no *site* www.physical-literacy.org.uk (conteúdo em inglês).

3 O embasamento filosófico do conceito de letramento corporal

1 Descartes vivia em uma época em que as estruturas sociais autoritárias inquestionáveis, baseadas em crenças religiosas, estavam ruindo. Anteriormente, essas estruturas ofereciam as respostas sobre o sentido da vida, o lugar do indivíduo na sociedade e as formas certas e erradas de conduta. Sem essa estrutura, esperava-se que os indivíduos fossem autônomos, capazes de pensar por si sós e de tomar uma série de decisões. Os indivíduos tinham de ser responsáveis por si mesmos. Longe de certas crenças religiosas, Descartes passou a raciocinar sobre as certezas que o ser humano poderia ter. Como resultado das suas ponderações, a única questão de que não podia duvidar era de que estava pensando.

2 Por exemplo, Claxton (1997, p. 223) sustenta que a primazia da mente na qual o dualismo se funda está "filosoficamente falida e cientificamente desacreditada". Claxton (1984, p. 28) também explica que "uma pessoa não é uma coisa, mas um processo". Como disse George Kelly, "o homem é uma forma de atividade. Ele não é um sujeito, mas um verbo. Ele existe por acontecer e, se deixa de acontecer, cessa de existir no estado que chamamos de vida".

3 Bresler (2004, p. 30) argumenta que os problemas da linguagem escrita "profundamente arraigados na nossa língua herdada são os remanescentes de estruturas conceituais nas quais a mente é separada e superior ao que é do corpo e ensinar truques novos a palavras velhas é extraordinariamente desafiador". Nos derradeiros capítulos do livro, é interessante perceber que nem as culturas japonesas nem as africanas têm problemas semelhantes com seus idiomas.

4 Matthews (2006, p. 6) escreve que precisamos "retornar às coisas em si, esquecendo quaisquer teorias sobre as coisas em questão". Ele prossegue afirmando:

> O prestígio que dedicamos à ciência, amparado por uma tradição filosófica que exalta a razão matemática e o intelecto sobre os sentidos, nos levou a pensar que o mundo real

é aquele que a ciência nos revela. Temos de redescobrir o mundo onde vivemos, ainda que sejamos propensos a esquecer. (MATTHEWS, 2006, p. 26).

5 O termo propriocepção é preferível à cinestesia, uma vez que o contém em si, assim como outras informações, como, por exemplo, os mecanismos de equilíbrio dos ouvidos.

6 Gill (2000) discute o trabalho de Polanyi em profundidade. Por exemplo, ele escreve: "A interação entre a consciência focal e a atividade conceitual permite a ascensão do conhecimento explícito. . . e a interação entre a atividade corpórea e a consciência secundária resulta em conhecimento tácito" (GILL, 2000, p. 51). E, novamente:

> Para Polanyi o conhecimento tácito é logicamente anterior ao conhecimento explícito... O ponto principal que Polanyi deseja ressaltar é o de que, como um conhecimento tácito é a âncora ou a amarra do conhecimento explícito, isso necessariamente implica que sabemos mais do que podemos dizer. (GILL, 2000, p. 54).

7 Referindo-se a esse *conhecimento* aprisionado na corporeidade, Nietzsche (1969, p. 69) escreve: "Além das suas ideias e sentimentos... existe um comandante poderoso, um sábio desconhecido — que se chama *self*. Ele vive no seu corpo, ele é seu corpo".

4 Motivação e significado do letramento corporal para cada indivíduo

1 Lakoff e Johnson (1999) defendem essa abordagem, e seu trabalho é uma exposição fascinante de como o desenvolvimento conceitual desde a mais tenra idade decorre da nossa compreensão do mundo por meio da experiência corpórea. Eles argumentam que isso transcende aspectos como espaço e tempo e abrange áreas como causalidade e metáfora.

2 Reich (1950) apud Burkitt (1999) fala de como a *armadura corporal* tem um papel crucial em várias culturas ocidentais no que tange à expressão da emoção.

3 É lamentável que a demanda por movimento esteja em constante declínio no Ocidente à medida que novos aparelhos que *poupam trabalho* vão sendo inventados. Cada nova invenção nos priva de atividade corpórea e erode um aspecto da nossa humanidade. Há uma tendência alarmante de encontrar maneiras de evitar o uso da dimensão incorporada. Isso inclui novas formas de *aliviar* as pessoas da necessidade de se mover, usando o controle remoto da TV, por exemplo. Além disso, partes do corpo artificiais estão sendo utilizadas na medicina e, em alguns casos, seu funcionamento é mais eficaz do que o de órgãos naturais. No campo do esporte, debate-se até se partes do corpo artificiais irão superar articulações e membros naturais. No futuro, paira o horrível espectro de robôs, organismos cibernéticos e o que chamamos hoje de pós-humanos. O cenário derradeiro pode ser o da eliminação total da dimensão incorporada e criação de todo um aparato mecânico para manter vivo um repositório de tecido nervoso vivo.

4 No que concerne a expectativas e demandas culturais, é fascinante recorrer a Gibbs (2006, p. 38), em que ele se refere ao trabalho de Geurts (2002) a respeito de falantes de *anlo-ewe* do oeste africano. Gibbs (2006) escreve:

> eles enfatizam enormemente a qualidade proprioceptiva do equilíbrio. São francamente estimulados a balançar seu corpo quando crianças, equilibram pequenas tigelas e potes na cabeça e carregam livros e carteiras sobre suas cabeças indo e vindo da escola. Os adultos percebem o equilíbrio como um atributo crucial de indivíduos maduros e da espécie humana em geral.

216   Notas

Gibbs (2006) avança explicando que se acredita que esse atributo físico tem implicações mais extensas. Ele continua:

> mas esse atributo não é uma mera característica física dos indivíduos, mas uma associação direta entre a sensação corporal e aquela pessoa que você irá se tornar. Portanto, seu caráter e sua fortaleza moral são estabelecidos pela maneira como você se move. Assim sendo, as pessoas podem ser consideradas morais ou imorais por meio de categorias culturais que implicam e criam fenômenos sensoriais.

5   Letramento corporal, competência motora e interação com o ambiente

1   Retomando essa perspectiva, Wider (1997, p. 131) cita a visão de Sartre para quem "o mundo a partir do recrudescimento do para-si é revelado como uma indicação dos atos a serem executados", enquanto Merleau-Ponty descreve nossa conexão íntima com o mundo enquanto *arco intencional*. Polanyi vai adiante ao descrever a maneira como nos relacionamos com as coisas. Ele afirma que "interiorizamos essas coisas e fazemos morada nelas" (GILL, 2000, p. 39). Gill (2000) extrapola a postura de Polanyi explicando que adquirimos conhecimento por meio de um processo que chama de *residir internamente* (*indwelling*), uma situação em que a corporeidade e o ambiente *mesclam-se em uma única e significativa unidade em um* ato integrativo (GILL, 2000, p. 52).

2   Johnson (1987) expressa a opinião de que é errado sugerir que um organismo e seu ambiente são duas entidades separadas. As características de um organismo são desenvolvidas junto com as do seu ambiente, e um organismo não pode existir em outro lugar que não no seu ambiente. Ele refere-se ao trabalho de Levins e Lewontin apud Johnson (1987, p. 207) para quem a corporeidade e o ambiente *codeterminam um ao outro*.

6   Letramento corporal, a consciência do *self*, relações com os outros e o papel do conhecimento e da compreensão no conceito

1   Gallagher (2005, p. 83) escreve:

> A primeira noção exclusivamente *visual* do *self* pode estar ligada ao estágio posterior do espelho, ou uma forma posterior de imitação. No entanto, reconhecer a si mesmo no espelho é apenas uma medida, um aspecto de um conceito mais amplo do *self*. O fenômeno da imitação no recém-nascido sugere que muito antes existe uma noção primária do *self*, o que podemos chamar um *self* proprioceptivo — um senso de si mesmo que inclui um senso das próprias possibilidades motoras, posturas e poderes corporais, em vez de aspectos visuais.

2   Gallagher (2005, p. 30) endossa esse ponto de vista, propondo que:

> a própria imagem do corpo pode... ao mesmo tempo, ser o resultado de experiências intencionais (perceptivas, conceituais e emocionais) e uma determinação operativa de tais experiências. Por exemplo, minha avaliação negativa de uma determinada parte do meu corpo pode, conscientemente ou inconscientemente, invadir a minha experiência perceptiva ou emocional do mundo.

3   Gallagher (2005, p. 75) explica que "em um sistema intermodal, propriocepção e visão já estão em comunicação uma com a outra".

4 Gallagher (2005, p. 232) discute extensamente a visão de que, quanto mais conhecemos a nossa corporeidade, melhor somos capazes de perceber nuanças das experiências alheias. Novamente, referindo-se ao autismo, ele escreve:

> a neurologia das *representações compartilhadas* para a percepção intersubjetiva (GEOR-GIEFF; JEANNEROD, 1998) sugere que problemas com o sistema motor ou esque-mático-corporal podem afetar sobremaneira as capacidades de compreender os outros. Da mesma forma, é possível que problemas desenvolvimentais envolvendo processos sensorimotores podem afetar as capacidades que compõem a intersubjetividade primária e, portanto, a capacidade de a criança autista compreender as ações e intenções alheias.

5 Nos seus textos, Sartre (1957) indica não apenas que não há a menor relação entre o corpo-para-si, ou corpo vivido, e o corpo-enquanto-objeto, mas também defende vee-mentemente a noção de que qualquer reflexo na nossa corporeidade-enquanto-objeto resultará em uma alienação dessa dimensão do nosso ser (ver também WHITEHEAD, 1987). Ambas as visões carecem de um exame detalhado no contexto do trabalho na área do movimento, na escola e além dela.

6 Este é um exemplo fascinante, que nos faz defender a ideia de que enquanto o letra-mento corporal é, no fundo, universal no que tange a tempo e espaço, sua manifestação específica dependerá da cultura matriz. Um indivíduo vivendo em uma cultura que não tenha desenvolvido uma linguagem para identificar o *corpo* como entidade se-parada pode muito bem letrar-se corporalmente sem articular qualquer aspecto dessa capacidade. O desenvolvimento histórico do uso que fazemos para a palavra *corpo* também é analisado por Burkitt (1999). Ele dedica um espaço considerável para a maneira como os eventos na Idade Média alteraram as atitudes em relação ao *corpo*. Ele discute o trabalho de Foucault e Elias e explora como o *corpo* era visto como "fenômeno universal, vivido, representado em todas as pessoas. O corpo material do indivíduo (era) parte do corpo coletivo e ancestral de um povo". Isso mudou na Idade Média, quando, ele explica, "o sujeito constitutivo torna-se mais central e é percebido como algo distinto do corpo como espírito ou essência, e o corpo em si passa a ser entendido como uma questão de matéria e mecanismo, ou, como diz Descartes, como um autômato" (BURKITT, 1999, p. 57).

8 Letramento corporal e obesidade

1 Gately et al. (1997) também testaram a tolerância a exercícios de 19 adultos obesos (4 homens e 15 mulheres de 40,3 anos ± 13,5 anos). A tolerância a exercícios foi ava-liada utilizando-se os protocolos de caminhada em esteira elétrica desenvolvidos pelo the National Fitness Survey (Allied Dunbar, 1990). A tolerância foi baixa com média de pico VO_2 de 2,05 ± 0,51 1 min^{-1} ou 19,62 ± 5,45 ml.kg^{-1}.min^{-1} para as mulheres e 2,15 ± 1,06 l.min^{-1} ou 16,28 ± 8,56 ml.kg^{-1}.min^{-1} para os homens. Comparando-se os valores com o quinto percentil da ADNFS (24,5 ml.kg^{-1}.min^{-1} para as mulheres e 34,2 ml.kg^{-1}.min^{-1} para os homens, respectivamente), os valores para essas pessoas obesas são significativamente menores (20% e 54% para mulheres e homens, respectivamente).

9 Letramento corporal e primeira infância

1 Essa situação de restringir movimentos de crianças pequenas é alarmante, dado que o desenvolvimento de uma série de capacidades depende de experiências motoras ricas nessa idade precoce.

11 Letramento corporal e pessoas com deficiência

1 Uma versão mais completa desse estudo de caso pode ser encontrada no *site* www.physical-literacy.org.uk (conteúdo em inglês).

2 Uma versão mais completa desse estudo de caso pode ser encontrada no *site* mencionado anteriormente.

3 Um breve artigo de David Sugden pode ser encontrado no *site* mencionado anteriormente.

12 Letramento corporal e questões de diversidade

1 Uma versão mais completa desse estudo de caso pode ser encontrada no *site* www.physical-literacy.org.uk (conteúdo em inglês).

2 Um breve artigo de Ian Wellard pode ser encontrado no *site* mencionado anteriormente.

3 Uma versão mais completa desse estudo de caso pode ser encontrada no *site* mencionado anteriormente.

14 Letramento corporal e abordagens de ensino e de aprendizagem

1 Tecnologia como recurso pedagógico. Discutir pedagogia e letramento corporal sem mencionar a tecnologia seria inadequado nos tempos atuais. Embora a interação sensitiva entre o profissional experiente e competente esteja no cerne do desenvolvimento do letramento corporal, deve-se sempre considerar os recursos que podem facilitar a conquista desse objetivo. A tecnologia ocupa um grande papel nas sociedades contemporâneas, e, portanto, seu uso nos contextos de atividade física deve ser seriamente considerado, uma vez que pode melhorar as oportunidades de desenvolver o letramento corporal. De fato, o uso de tecnologias de informação e comunicação em sessões de atividades físicas pode ter um papel muito útil na promoção da aprendizagem e da motivação. Isso ocorre, por exemplo, com o uso de recursos audiovisuais nas próprias sessões ou por meio de gravações de vídeo para avaliar o trabalho realizado. Além disso, para trabalhar nas sessões, a crescente rede de tecnologias de comunicação social pode ser aproveitada para desenvolver aspectos específicos do letramento corporal. Meios eletrônicos diversos podem ser usados com eficácia para partilhar experiências, planejar e coreografar trabalhos ou avaliar e discutir projetos em curso. A tecnologia nunca poderá substituir o profissional; no entanto, deve ser utilizada, adequadamente, para melhorar oportunidades, interações e aprendizagem no interesse do desenvolvimento do letramento corporal.

2 Veja detalhes dos estilos de ensino de Mosston e Ashworth no *site* www.physical-literacy.org.uk (conteúdo em inglês).

15 Letramento corporal, promovendo atributos e planejando o currículo

1 Em muitos países, é oferecida orientação curricular para dar apoio aos professores nesse caso. Um estágio muito importante desses fundamentos ocorre entre as idades de 5 e 10 anos, costumeiramente referidas como anos iniciais do ensino fundamental. Em uma tentativa de vislumbrar um currículo que pode estabelecer as bases para o letramento corporal e atender às necessidades desses alunos, colegas no Reino Unido esboçaram uma proposta que pode ser interessante. Esse esboço pode ser encontrado no *site* www.physical-literacy.org.uk (conteúdo em inglês). Em suma, o currículo inclui módulos para serem ensinados ao longo de sete anos, cada um dos módulos tendo 12 horas de duração. São nove tipos diferentes de módulos para abranger os atributos

do letramento corporal, incluindo-se alguns que se concentram no desenvolvimento de padrões motores e na aplicação de capacidades motoras. Cada um tem como título uma pergunta. Por exemplo, *Posso arremessar uma bola?, Como posso escalar, balançar, escorregar, engatinhar e me equilibrar nos brinquedos lá fora?, Como posso sair do chão e aterrissar em segurança?* e *Consigo lançar e receber uma bola direito, de várias maneiras, enquanto me movo?*

2 Exemplos de outros sistemas de análises incluem os de Rudolf Laban e David Gallahue.

3 Ver CDRom 16672 *Observing Children Moving* e CDRom 023 *Observing and Analysing Learners' Movement*, ambos produzidos pela Physical Education in England (Associação de Educação Física da Inglaterra). Ambos foram projetados para dar apoio à observação e à análise motoras. Consulte as Referências para os *sites*.

16 Conclusão e o caminho que temos pela frente

1 Há uma série de questões a combater no que se refere ao uso do tempo curricular e extracurricular. No currículo, raramente existe, se é que existe, oportunidade para apresentar aos alunos uma vasta gama de atividades físicas de todas as formas do movimento. Isso merece uma análise séria de como aproveitar melhor essas oportunidades. Uma abordagem pode ser estreitar uma faixa de experiências, as quais representem o núcleo essencial de cada forma, para fazê-las caber nas horas curriculares, tanto no início como na conclusão das aulas, tendo em mente que todos os alunos participem de pelo menos duas sessões de atividades físicas após as aulas. Essas atividades, por sua vez, devem ser cuidadosamente planejadas para abarcar uma variedade bem ampla de experiências. A lógica principal para participar dessas sessões seria ampliar a experiência; porém, elas podem também ser utilizadas para dar aos alunos apoio adicional em atividades nas quais estão enfrentando alguma dificuldade em determinada área do currículo (como, por exemplo, natação), assim como oportunidade de explorar talentos. Um corolário disso seria racionalizar o conteúdo do treinamento inicial dos professores e dos cursos de extensão profissional para concentrar-se em atividades curriculares centrais. Isso valeria para professores do ensino fundamental e médio. Somente professores devidamente qualificados poderiam lecionar nos horários curriculares. Atividades curriculares ficariam a cargo de professores e de outros profissionais devidamente qualificados.

Referências

ABATE, M. et al. Frailty in the elderly: the physical dimension. *Europa Medicophysica*, v. 43, n. 3, p. 407-415, 2007.

AFPE. Manifesto. *Quoted in Physical Education Matters*, v. 4, n. 4, p. 8, 2008.

AHA/ACSM. Exercise and acute cardiovascular events: placing the risks into perspective. *Circulation*, v. 115, n. 17, p. 2358-2368, 2007.

AITCHISON, C. From leisure and disability to disability leisure: developing data, definitions and discourses. *Disability and Society*, v. 18, n. 7, p. 955-969, 2003.

ALLIED DUNBAR. *Activity and Health:* National Fitness Survey. Cambridge: ADNFS, 1990.

ALMOND, L. *Physical education in schools*. 2.ed. London: Kogan Page, 1997.

ARNOLD, P. J. *Meaning in movement, sport and physical education*. London: Heinemann, 1979.

ARTILIES, A. The dilemma of difference: enriching the disproportionality discourse with theory and context. *Journal of Special Education*, v. 32, n. 1, p. 32-36, 1988.

BAILEY, R. Evaluating the relationship between physical education, physical activity and social inclusion. *Educational Review*, v. 57, n. 1, p. 71-90, 2005.

BALLARD, K. Researching disability and inclusive education: participation, construction and interpretation. *International Journal of Inclusive Education*, v. 1, n. 3, p. 243-256, 1977.

BANDURA, A. Self-efficacy mechanism in human agency. *American Psychologist*, v. 37, n. 2, p. 122-147, 1982.

BARNETT, L. M. et al. Perceived sports competence mediates the relationship between childhood motor skill proficiency and adolescent physical activity and fitness: a longitudinal assessment. *International Journal of Behavioural Nutrition and Physical Activity*, v. 5, p. 40-52, 2008a.

BARNETT, L. M. et al. Does childhood motor skill proficiency predict adolescent fitness? *Medicine Science Sport and Exercise*, v. 40, n. 12, p. 2137-2144, 2008b.

BAR-OR, O.; BARANOWSKI, T. Physical activity, adiposity and obesity among adolescents. *Pediatric Exercise Science*, n. 6, p. 348-360, 1994.

BARTON, S. B. et al. Cognitive change in obese adolescents losing weight. *Obesity* Research, v. 12, n. 2, p. 313-319, 2004.

BAUMEISTER, R. F. How the self became a problem: a psychological review of historical research. *Journal of Personality and Social Psychology*, v. 52, n. 1, p. 163-176, 1987.

BEE, H.; BOYD, D. *The developing child*. London: Pearson, 2006.

BENN, T.; DAGKAS, S.; JAWAD, H. Embodied faith: Islam, religious freedom and educational practices in physical education. *Sport, Education and Society*, v. 8, n. 1, p. 57-71, 2010.

BEST, D. *Expression in movement and the arts*. London: Lepus, 1974.

BEST, D. *Philosophy and human movement*. London: Unwin, 1978.

BETTI, M. O que a semiótica inspira ao ensino da educação física. *Discorpo*, n. 3, p. 25-45, 1994.

BHF NATIONAL CENTRE. *YOUGOV survey*. London: YouGov, 2007. (Unpublished report).

BHF NATIONAL CENTRE. *Active for later life resource*. c2008a. Disponível em: <http://www.bhfactive.org.uk/older-adults/publications.html>. Acesso em: 29 ago. 2009.

BHF NATIONAL CENTRE. *Media campaign for 30 a Day*. London: YouGov, 2008b. (Unpublished document).

BHF NATIONAL CENTRE. *Moving more often programme.* 2008c. Disponível em: <http://www.bhfactive.org.uk/older-adults/currentprojects.html#MMO>. Acesso em: 29 ago. 2009.

BHF NATIONAL CENTRE. *Consultation document.* Disponível em: <http://www.bhfactive.org.uk/older-adults/currentprojects.html#MMO?>. Acesso em: 29 ago. 2009.

BLAIR, S. N.; BRODNEY, S. Effects of physical inactivity and obesity on morbidity and mortality: current evidence and research issues. *Medicine Science Sport and Exercise*, v. 31, supl. 11, p. 646-662, 1999.

BOOTH, T. *Index for inclusion*: developing learning and participation in schools. Bristol: Centre for Studies on Inclusive Education, 2000.

BOOTH, T.; AINSCOW, M.; DYSON, A. Inclusion and exclusion, in a competitive system. In: BOOTH, T.; AINSCOW, M. (eds). *From them to us*: an international study of inclusion in England. London: Routledge, 1998.

BÖSTMAN, O. M. Body weight related to loss of reduction of fractures of the distal tibia and ankle. *The Journal of Bone Joint Surgery*, v. 77, n.1, p. 101-103, 1995.

BOYCE, T. The media and obesity. *Obesity Reviews*, v. 8, n. 1, p. 201-205, 2007.

BRACHT, V. A constituição das teorias pedagógicas da educação física. *Cadernos Cedes*, v. 19, n. 48, p. 69-88, 1999.

BRESLER, L. *Knowing bodies, moving minds*. Dordrecht: Kluwer Academic, 2004.

BROWNELL, S. *Training the body for China*: sports in the moral order of the People's Republic. Chicago: University of Chicago, 1995.

BURCHARDT, T. Capabilities and disability: the capabilities framework and the social model of disability. *Disability and Society*, v. 19, n. 7, p. 735-751, 2004.

BURKITT, I. *Bodies of thought*: embodiment, identity and modernity. London: Sage, 1999.

CAMERON, L.; MURPHY, J. Obtaining consent to participate in research: issues involved in including people with a range of learning and communication disabilities. *British Journal of Learning Disabilities*, v. 35, n. 2, p. 113-120, 2007.

CHEATUM, A.; HAMMOND, A. *Physical activities for improving children's learning and behaviour*: a guide to sensory motor development. Champaign: Human Kinetics, 2000.

CLARK, A. *Being there:* putting brain, body and world together again. London: MIT, 1997.

CLAXTON, G. *Live and learn.* London: Harper & Row, 1984.

CLAXTON, G. Hare brain tortoise Mind. New York: Harper Collins, 1997.

COATES, J.; VICKERMAN, P. Let the children have their say: children with special educational needs experiences of physical education – a review. *Support for Learning*, v. 23, n. 4, p. 168-175, 2008.

COHEN, C. J.; MCMILLAN, C. S.; SAMUELSON, D. R. Long-term effects of a Lifestyle modification exercise program on the fitness of sedentary, obese children. *Journal of Sports Medicine Physical Fitness*, v. 31, n. 2, p. 183-188, 1991.

COLE, R. *Educating everybody's children*: diverse strategies for diverse learners, association for supervision and curriculum development. c2008.

CONNELL, R. *Masculinity construction and physical activity in boys education*: a framework for thinking about the issue, physical activity, education and society. c2008. Disponível em: <http://www.informaworld.com/smpp/title~content=t713445505~db=all~tab=issueslist~branches=13~v1313>. Acesso em: 22 ago. 2009.

COUNCIL OF EUROPE. *European Convention on Human Rights.* c1950. Disponível em: <http://www.hri.org/docs/ECHR50.html>. Acesso em: 22 ago. 2009.

COUNCIL OF EUROPE. *Lesbians and gays in physical activity:* committee on equal opportunities for women and men. Strasbourg: Council of Europe, 2003.

CRAWFORD, A. et al. People with mobility impairments: physical activity and quality of participation. *Disability and Health*, v. 1, n. 1, p. 7-13, 2008.

222 Referências

DAGKAS, S.; BENN, T.; JAWAD, H. Multiple voices: improving participation of Muslim girls in physical education and school sport. *Sport, Education and Society*, v. 1, n. 1, p. 5-21, *2009*.

DCSF. The Early Years Foundation Stage. c2007. Disponível em: <http://www.teachernet.gov.uk/publications>. Acesso em: 1 ago. 2009.

DECI, E. L.; RYAN, R. M. The general causality orientations scale: self-determination in personality. *Journal of Research in Personality*, v. 19, n. 2, p. 109-134, 1985.

DECI, E. L.; RYAN, R. M. Human autonomy: the basis for true self-esteem. In: KERNIS, M. (ed.). *Agency, efficacy, and self-esteem*. New York: Plenum, 1995. p. 31-49.

DEFORCHE, B. I.; BOURDEAUDHUIJ, I. M.; TANGE, A. P. Attitude toward physical activity in normal weight, overweight and obese adolescents. *Journal of Adolescent Health*, v. 38, n. 5, p. 560-568, 2006.

DEFORCHE, B. I. et al. Balance and postural skills in normal- weight and overweight prepubertal boys. *International Journal of Pediatric Obesity*, v. 4, n. 3, p. 175-182, 2009.

DEPARTMENT FOR EDUCATION AND SKILLS (DFES). *Every child matters*. London: HMSO, 2003.

DEPARTMENT FOR EDUCATION AND SKILLS (DFES). *Pedagogy and practice*: teaching and learning in secondary schools unit 16. London: HMSO, 2004.

DEPARTMENT FOR TRADE AND INDUSTRY (DTI). *The Foresight Report:* tackling obesities. London: HMSO, 2007.

DEPARTMENT OF HEALTH (DOH). *At least five a week*: evidence on the impact of physical activity and its relationship to health. Chief Medical Officer's Report. London: HMSO, 2004a.

DEPARTMENT OF HEALTH (DOH). *Choosing health*: making healthy choices easier. London: HMSO, 2004b.

DEPARTMENT OF HEALTH (DOH). *Health Survey of England*. London: HMSO, 2007.

DEPARTMENT OF HEALTH (DOH). *Healthy weight healthy lives*: consumer insight summary. London: HMSO 2008.

DEPARTMENT OF HEALTH (DOH). *Be active, be healthy*: a plan for getting the nation moving. London: HMSO, 2009a.

DEPARTMENT OF HEALTH (DOH). *National Child Measurement Programme*: detailed analysis of the 2007/08 National Dataset. London: HMSO, 2009b.

DIETZ, W. H. Health consequences of obesity in youth: childhood predictors of adult disease. *Pediatrics*, v. 101, n. 3, p. 518-525, 1998.

DIETZ, W.; GORTMAKER, S. Do we fatten our children at the TV set? Obesity and television viewing in children and adolescents. *Pediatrics*, v. 75, n. 5, p. 807-812, 1985.

DOHERTY, J.; BRENNAN, P. *Physical education and development 3–11*: a guide for teachers. Abingdon: Routledge, 2008.

DUDA, J. L. et al. Children's achievement goals and beliefs about success in sport. *British Journal of Educational Psychology*, v. 62, n. 9, p. 313-323, 1992.

DUNLOP, F. *The education of emotion and feeling*. London: George Allen &Unwin, 1984.

DYSON, A.; MILLWARD, A. *Issues of innovation and inclusion*. London:Paul Chapman, 2000.

ECCLES, J. C. Evolution of complexity of the brain with the emergence of consciousness. In: PRIBAM, K. H. (ed.) *Rethinking neural networks*: quantum fields and biological data. Hillsdale: Lawrence Erlbaum, 1993. p. 1-28.

ECO, U. *Quase a mesma coisa*: experiências de tradução. São Paulo: Record, 2007.

EPSTEIN, L. H.; GOLDFIELD, G. S. Physical activity in the treatment of childhood overweight and obesity: current evidence and research issues. *Medicine Science Sport and Exercise*, v. 31, supl. 11, p. 553-559, 1999.

EPSTEIN, L. H.; MYERS, M. D. Treatment of pediatric obesity. *Pediatrics*, v. 101, n. 3, p. 554-571, 1998.

EPSTEIN, L. H.; COLEMAN, K. J.; MYERS, M. D. Exercise in treating obesity in children and adolescents. *Medicine Science Sport and Exercise*, v. 28, n. 4, p. 428-435, 1996.

EPSTEIN, L. H. et al. Ten-year outcomes of behavioural family-based treatment for childhood obesity. *Health Psychology*, v. 13, n. 5, p. 373-383, 1994.

EPSTEIN, S. Cognitive-experiential self-theory: implications for developmental psychology. In: GUNNAR, M. R.; SROUFE, L. A. (eds). *Self-processes and development*: The Minnesota Symposium on Child Development – 23. Hillsdale: Lawrence Erlbaum, 1991. p. 111-137.

FARRELL, P. Special education in the last twenty years: have things really got better?. *British Journal of Special Education*, v. 28, n. 1, p. 3-9, 2001.

FITZGERALD, H. Still feeling like a spare piece of luggage?: embodied experiences of (dis)ability in physical education and school physical activity. *Physical Education and Physical activity Pedagogy*, v. 10, n. 1, p. 41-59, 2005.

FLEGAL, K. M. et al. Cause-specific excess deaths associated with underweight, overweight, and obesity. *Journal of the American Medical Association*, v. 298, n. 17, p. 2028-2037, 2007.

FOREST SCHOOL ASSOCIATION. *What is Forest School?*. Disponível em: <http://www.forestschoolassociation.org/what-is-forest-school/>. Acesso em: 28 fev. 2018.

FOX, K. R. Children's participation motives. *British Journal of Physical Education*, v. 19, n. 2, p. 79-82, 1988.

FOX, K. R. *The physical self-perception profile manual*. DeKalb: Office for Health Promotion, Northern Illinois University, 1990.

FOX, K. R. The physical self and processes in self-esteem development. In: FOX, K. R. (ed.). *The Physical Self*: from motivation to well-being, Champaign: Human Kinetics, 1997a. p. 111-129.

FOX, K. R. The physical self. In: FOX, K. R. (ed.). *The Physical Self*: from motivation to well-being, Champaign: Human Kinetics, 1997b. p. 192-199.

FOX, K. R. How to help your children become more active. In: GONZALEZ-GROSS, M. (ed.). *Active Healthy Living*: a guide for parents. Brussels: Coca-Cola Europe, 2009. p. 52-67.

FOX, K. R.; CORBIN, C. B. The physical self-perception profile: development and preliminary validation. *Journal of Sport and Exercise Psychology*, v. 11, p. 408-430, 1989.

FOX, K. R.; WILSON, P. Self-perceptual systems and physical activity. In: HORN, T. (ed.). *Advances in Sport Psychology*. 3.ed. Champaign: Human Kinetics, 2008. p. 49-64.

FREDRICKSON, N.; CLINE, T. *Special educational needs, inclusion and diversity*. Birmingham: Open University, 2002.

FRENCH, J. *Using social marketing to reach the hard to reach*. c2008. Paper presented at BHF National Centre 2008 annual conference, Nottingham. Disponível em: <http://www.nsms.org.uk/images/CoreFiles/BHSNC_JFrench_ 2008_compressed.pdf>. Acesso em: 26 ago. 2009.

FRIEDLANDER, S. L.; et al. Decreased quality of life associated with obesity in school aged children. *Archives of Pediatrics Adolescent Medicine*, v. 157, n. 12, p. 1206-1211, 2003.

FRIEDMAN, K. E. et al. Weight stigmatization and ideological beliefs: relation to psychological functioning in obese adults. *Obesity Research*, v. 13, n. 5, p. 907-916, 2004.

GALLAGHER, S. *How the body shapes the mind*. Oxford: Clarendon, 2005.

GARDNER, H. *Frames of mind*: the theory of multiple intelligences. London: Fontana, 1993.

GATELY, P. J.; COOKE, C. B. A three year follow up of an eight week diet & exercise programme on children attending a weight loss camp. Long Beach: North American Association for the Study of Obesity Annual Conference, 2000.

GATELY, P. J.; COOKE, C. B. The use of a residential summer camp program as an intervention for the treatment of obese and overweight children. A description of the methods used. *Obesity in Practice*, v. 5, p. 2-5, 2003a.

224 Referências

GATELY, P. J.; COOKE, C. B. Exercise tolerance of overweight and obese children. *Obesity Research*, v. 11, p. 99, 2003b.

GATELY, P. J. et al. Exercise tolerance in a sample of morbidly obese subjects. In: EUROPEAN CONGRESS ON OBESITY, 1997, Dublin. *Proceedings...*. Dublin: Trinity College Dublin, 1997.

GATELY, P. J. et al. The effects of a children's summer camp program on weight loss, with a 10-month follow up. *International Journal of Obesity*, v. 24, n. 11, p. 1445-1452, 2000a.

GATELY, P. J. et al. The acute effects of an 8-week diet, exercise, and educational camp program on obese children. *Pediatric Exercise Science*, v. 12, n. 4, p. 413-423, 2000b.

GATELY, P. J. et al. Children's residential weight-loss programs can work: a prospective cohort study of short-term outcomes for overweight and obese children. *Pediatrics*, v. 116, n. 1, p. 73-77, 2005.

GEORGIEFF, N.; JEANNEROD, M. Beyond consciousness of external events: ba 'who' system for consciousness of action and self-consciousness. *Consciousness and Cognition*, v. 7, n. 3, p. 465-477, 1998.

GEURTS, K. *Culture and the senses*: bodily ways of knowing in an African Community. Berkeley: University of California, 2002.

GIBBONS, S.; HUMBERT, L. What are middle school girls looking for in physical education?. *Canadian Journal of Education*, v. 31, n. 1, p. 167-186, 2008.

GIBBS JR., R. G. *Embodiment and cognitive science*. Cambridge: Cambridge University, 2006.

GILL, J.H. *The tacit mode*. New York: State University of New York, 2000.

GOULD, D. Psychosocial development and children's sport. In: THOMAS, J. R. *Motor development during childhood and adolescence*. Minneapolis: Burgess, 1984.

GRAHAM, G.; HOLT/HALE, S.; PARKER, M. *Children moving*: a reflective approach to teaching physical education. 8.ed. New York: McGraw-Hill, 2009.

GROGAN, S. *Body image*: understanding body dissatisfaction in men, women and children. Abingdon: Routledge, 2008.

GUTIN, B. et al. Description and process evaluation of a physical training program for obese children. *Research Quarterly for Exercise and Sport*, v. 70, n. 1, p. 65-69, 1999.

HAMILTON, M. T. et al. Too little exercise and too much sitting: inactivity physiology and the need for new recommendations on sedentary behavior. *Current Cardiovascular Risk Reports*, v. 2, n. 4, p. 292-298, 2008.

HARRIS, J. *Health-related exercise in the national curriculum key stages 1 to 4*. Champaign: Human Kinetics, 2001.

HARTER, S. Effectance motivation reconsidered: towards a development model. *Human Development*, v. 21, n. 1, p. 34-48, 1978.

HARTER, S. *Manual for the self-perception profile for adolescents*. Denver: University of Denver, 1988.

HARTER, S. Historical roots of contemporary issues involving self-concept. In: BRACKEN, B. A. (ed.). *Handbook of self-concept*. New York: Wiley, 1996.

HAVIGHURST, R. J. *Developmental tasks and education*. New York: McKay, 1972.

HAYES, M. et al. Low physical activity levels of modern homo sapiens among free-ranging mammals. *International Journal of Obesity*, v. 29, n.1, p. 151-156, 2005.

HEALT HAND HUMAN SERVICES. International Review for the Sociology of Physical Activity, v. 42, n. 2, p. 187–199, 2008.

HEALTH AND HUMAN SERVICES. *Physical activity guidelines for americans*: be active, healthy and happy. Washington: U.S. Department of Health and Human Services, 2008.

HEALTH AND SOCIAL CARE INFORMATION CENTRE. Physical activity among adults. In: NHS DIGITAL. *Statistics on Obesity, Physical Activity and Diet*. Leeds: Health Information Centre, 2009.

HEBL, M. R. et al. Perceptions of obesity across the lifespan. *Obesity Research*, v. 16, supl 2, p. 46-52, 2008.

Referências   225

HILL, A. J. The development of children's shape and weight concerns. In: JAFFA, T.; MCDERMOTT, B. (eds). *Eating disorders in children and adolescents*. Cambridge: Cambridge University, 2006. p. 32-44.

HILL, A. J.; MURPHY, J. A. The psycho-social consequences of fat-teasing in young adolescent children. *International Journal of Obesity*, v. 24, supl 1, p. 161, 2000.

HOEGER, W.; HOEGER, S. *Fitness and wellness*. Belmont: Wadsworth, 1993.

HSE. *Health Survey for England 2007*: healthy lifestyles, knowledge, attitudes and behaviour. NHS: The Information Centre, 2008.

INTERNATIONAL COUNCIL OF SPORTS SCIENCE AND PHYSICAL EDUCATION (ICSSPE). *World Summit on Physical Education*, Magglingen: ICSSPE, 2005. Disponível em: <http://www.icsspe. org/index.php?m=13&n=78&o=42>. Acesso em: 22 ago. 2009.

JAGO, R. et al. Friendship groups and physical activity: qualitative findings on how physical activity is initiated and maintained among 10–11 year old children. *The international journal of behavioral nutrition and physical activity*, v. 6, n. 4, 2009. Disponível em: <https://ijbnpa.biomedcentral.com/articles/10.1186/1479-5868-6-4>. Acesso em: 21 maio 2018.

JAMES, W. *Psychology*: the briefer bourse. New York: Henry Holt, 1982.

JEFFRY, A. N. et al. Parents' awareness of overweight in themselves and their children: cross sectional study within a cohort. *British Medical Journal*, v. 330, n. 7481, p. 23-24, 2005.

JELALIAN, E. Empirically supported treatments in a pediatric psychology: pediatric obesity. *Journal of Pediatric Psychology*, v. 24, n. 3, p. 223-248, 1999.

JEWETT, A.; BAIN, L. *The curriculum process in physical education*. Dubuque: Wm. C. Brown, 1985.

JOHNSON, M. *The mody in the mind*. Chicago: The University of Chicago, 1987.

KASSER, S.; LYTLE, R. *Inclusive physical activity*: a lifetime of opportunities. Champaign: Human Kinetics, 2005.

KHANIFAR, H. et al. Ethical considerations of physical education in an Islamic valued education system. *Online Journal of* Health Ethics, v. 1, n. 1, 2008. Disponível em: <http://farabi.ut.ac.ir/elmi/teachers/Article_B_27.pdf>. Acesso em: 21 maio 2018.

KILLINGBECK, M. et al. Physical education and physical literacy. *Physical Education Matters*, v. 2, n. 2 p. 20-24, 2007.

KING, C. Media portrayals of male and female athletes: a text and picture analysis of British national newspaper coverage of the Olympic Games since 1948. c2007. Disponível em: <http://journals.sagepub.com/doi/pdf/10.1177/1012690207084751>. Acesso em: 21 maio 2018.

KIRK, D.; MACDONALD, D.; O'SULLIVAN, M. (Eds.) *The handbook of physical education*. London: Sage, 2006.

KULINNA, P.; COTHRAN, D. Physical education teachers' self-reported use and perceptions of various teaching styles. *Learning and Instruction*, n. 13, p. 597–609, 2003.

LAKOFF, G.; JOHNSON, M. *Philosophy in the Flesh*: the embodied mind and its challenge to western thought. New York: Perseus Books, 1999.

LATNER, J. D.; STUNKARD, A. J.; WILSON, G. T. Stigmatized students: age, sex and ethnicity effects in the stigmatization of obesity. *Obesity Research*, v. 13, n. 7, p. 1226-1231, 2005.

LAVENTURE, R. M.; DINAN, S. M.; SKELTON, D. A. Someone like me: increasing participation in physical activity among seniors with senior peer health motivators. *Journal of Aging and Physical Activity*, n. 16, p. 76-87, 2008.

LE BLANC, R.; JACKSON, S. Sexuality as cultural diversity within physical activity organizations. *International Journal of Physical Activity Management and* Marketing, v. 2, n. 1-2, p. 119-133, 2007.

LEE, L.; KUMA, S.; LEONG, L. C. The impact of five-month basic military training on the body weight and body fat of 197 moderately to severely obese Singaporean males aged 17 to 19 years. *International Journal of Obesity*, v. 18, n. 2, p. 105-109, 1994.

226 Referências

LIGHT, R. Boys, the body, physical activity and schooling editorial. *Physical Activity, Education and Society*, v. 2, p. 127-130, 2008. Disponível em: <http://www.informaworld.com/smpp/title~content=-t713445505~db=all~tab=issueslist~branches=13 – v1313>. Accesso em: 22 ago. 2009.

LIU, C. J.; LATHAM, N. K. Progressive resistance strength training for improving physical function in older adults. *Cochrane Database of Systematic Reviews*, v. 3, n. 3, 2009.

MARKUS, H.; WURF, E. The dynamic self-concept: a social psychological perspective. *Annual Review of Psychology*, v. 38, n.1, p. 299-337, 1987.

MARSH, H. W.; SONSTROEM, R. J. Importance ratings and specific components of physical self--concept: Relevance to predicting global components of self-concept and exercise. *Journal of Sport and Exercise Psychology*, v. 17, n. 1, p. 84-104, 1995.

MARSH, H. W. et al. *Physical self description questionnaire*: psychometric properties and a multitrait--multimethod analysis of relations to existing instruments. *Journal of Sport and* Exercise Psychology, v. 16, n. 3, p. 270-305, 1994.

MARSHALL, S. et al. Relationships between media use, body fatness and physical activity in children and youth: a meta-analysis. *International Journal of Obesity*, v. 28, n. 10, p. 1238-1246, 2004.

MATTHEWS, E. *Merleau-ponty*: a guide for the perplexed. London: Continuum, 2006.

MAUDE, P. *Physical children active teaching*. Buckingham: Open University, 2001.

MAUDE, P. How do I do this better? from movement development into physical education. In: WHITEBREAD, D. (ed.). *Teaching and Learning in the early* years. 3.ed. London: Routledge Falmer, 2008. p. 251-268.

MAUDE, P.; WHITEHEAD, M. E. *Observing children moving*. Offerton Lane: Association for Physical Education, 2003. (CD-Rom)

MAUDE, P.; WHITEHEAD, M. E. *Observing and analysing learners'* movement. Offerton Lane: Association for Physical Education, 2007. (CD-Rom)

MCGREGOR, S.; BACKHOUSE, S.; GATELY, P. The role of motivational climate on a residential weight loss programme for children. *Obesity Research*, v. 13, p. A204, 2005.

MERLEAU-PONTY, M. *Phenomenology of perception*. London: Routledge & Kegan Paul, 1962.

MERLEAU-PONTY, M. *The primacy of perception*. New York: NW University, 1964.

MILLER, C. T. et al. Social interactions of obese and non obese women. *Journal of Personality*, v. 58, n. 2, p. 365–380, 2006.

MODELL, A. *Imagination and the meaningful brain*. Cambridge: MIT, 2006.

MORRISON, R. *A movement approach to educational gymnastics*. London: J. M. Dent & Son, 1969.

MOSSTON, M. *Teaching*: from command to discovery. California: Wadsworth, 1972.

MOSSTON, M.; ASHWORTH, S. *Teaching physical education*. 5.ed. San Francisco: Benjamin Cummings, 2002.

MOURATIDIS, A. et al. The motivating role of positive feedback in physical activity and physical education: evidence for a motivational model. *Journal of Sport and Exercise Psychology*, v. 30, n. 2, p. 240-268, 2008.

NANCY, A. et al. Promoting the participation of children with disabilities in physical activity, recreation, and physical activities. *Paediatrics*, v. 121, n. 5, p. 1057-1061, 2008.

NATIONAL INSTITUTE OF HEALTH AND CLINICAL EXCELLENCE (NICE). *Obesity*: the prevention, identification, assessment and management of overweight and obesity in adults and children. London: Department of Health, 2006.

NATIONAL INSTITUTES OF HEALTH. *National Heart, Lung and Blood Institute*: the practical guide. Identification, evaluation, and treatment of overweight and obesity in adults. London: NIH, 1998.

NICHOLLS, J. G. *The competitive ethos and democratic education*. Cambridge: Harvard University, 1989.

NIETZSCHE, F. *Assim falou Zaratustra*. Rio de Janeiro: Civilização Brasileira,1969.

NORWICH, B. Education, inclusion and individual differences: recognising and resolving dilemmas. *British Journal of Education Studies*, v. 50, n. 4, p. 482-502, 2002.

NUSSBAUM, M. C. *Women and human development*: the capabilities approach. Cambridge: Cambridge University, 2000.

O'DONOVAN, T.; KIRK, D. Reconceptualizing student motivation in physical education: an examination of what resources are valued by pre-adolescent girls in contemporary society. *European Physical Education Review*, v. 14, n. 1, p. 71-91, 2008.

OKELY, A. D.; BOOTH, M. L.; CHEY, T. Relationships between body composition and fundamental movements skills among children and adolescents. *Research Quarterly for Exercise and Sport*, v. 75, n. 3, p. 238-247, 2004.

OKELY, A. D.; BOOTH, M. L.; PATTERSON, J. W. Relationship of physical activity to fundamental movement skills among adolescents. *Medicine Science Sport and Exercise*, v. 33, n. 11, p. 1899-1904, 2001.

OWEN, N.; BAUMAN, A.; BROWN, W. Too much sitting: a novel and important predictor of chronic disease risk?. *British Journal of Sports Medicine*, v. 43, n. 2, p. 81-83, 2009.

PARKER, D. L. Juvenile obesity. The importance of exercise and getting children to do it. *Physician and Sports Medicine*, v. 19, p. 113-125, 1991.

PECEK, M.; CUK, I.; LESAR, I. Teachers perceptions of the inclusion of marginalised groups. *Educational Studies*, v. 34, n. 3, p. 225-239, 2008.

PERRY, J. *Outdoor play*: teaching strategies with young children. New York: Teachers College, 2001.

PICKUP, I.; PRICE, L. *Teaching physical education in the Primary School*: a developmental approach. London: Continuum, 2007.

PLAY ENGLAND. *Planning for play*. London: National Children's Bureau, 2006.

POLANYI, M. *The tacit dimension*. Garden City: Doubleday, 1966.

POLLARD, A. *Reflective teaching*: evidence-informed professional practice. 3.ed. London: Continuum, 2008.

PO-WEN, K.; MCKENNA, J.; FOX, K. Dimensions of subjective well-being and effects of physical activity in Chinese older adults. *Journal of Aging and* Physical Activity, v. 15, n. 4, p. 382-397, 2007.

QUALIFICATIONS AND CURRICULUM AUTHORITY (QCA). *National Curriculum Physical Education*. London: QCA, 2007.

RATEY, J.; HAGERMAN, E. *Spark*: the revolutionary new science of exercise and the brain. New York: Little Brown, 2008.

REICH, W. *Character analysis*. London: Vision, 1950.

REINBOTH, M.; DUDA, J. The motivational climate, perceived ability and athletes psychological and physical well-being. *The Sports Psychologist*, v. 18, n. 3, p. 237-251, 2004.

REINDAL, S. A social relational model of disability: a theoretical framework for special needs education?. *European Journal of Special Needs Education*, v. 23, n. 2, p. 135-146, 2008.

REISER, R.; MASON, M. *Disability equality in the classroom*: a human rights issue. London: Inner London Education Authority, 1990.

RENNIE, M. J. Anabolic resistance: the effects of aging, sexual dimorphism, and immobilization on human muscle protein turnover. *Applied Physiology, Nutrition and Metabolism*, v. 34, n. 3, p. 377-381, 2009.

RINK, J.; HALL, T. Research on effective teaching in elementary school physical education. *The Elementary School Journal*, v. 108, n. 3, p. 207-218, 2008.

RISSANEN, A.; FOGELHOLM, M. Physical activity in the prevention and treatment of other morbid conditions and impairments associated with obesity: current evidence and research issues. *Medicine Science Sport and Exercise*, v. 31, n. 11, p. S635-S645, 1999.

ROBERTS, G. C. *Motivation in sport and exercise*. Champaign: Human Kinetics, 1992.

228 Referências

ROBERTSON, J. *Effective classroom control*. London: Hodder & Stoughton, 1989.

ROCCHINI, A. P. et al. Blood pressure in obese adolescents: effect of weight loss. *Pediatrics*, v. 82, n.1, p. 16-23, 1988.

ROSS, R.; JANSSEN, I. Is abdominal fat preferentially reduced in response to exercise-induced weight loss?. *Medicine Science Sport and Exercise*, v. 31, supl 11, p. S568-S572, 1999.

RYLE, G. *The concept of mind*. Harmondsworth: Penguin, 1949.

SALLIS, J. F.; OWEN, N. G. *Physical activity and behavioral medicine*. Los Angeles: Sage, 1997.

SARTRE, J-P. *Being and nothingness*. London: Methuen, 1957.

SASAKI, J. et al. A long term aerobic exercise program decreases the obesity index and increases the high density lipoprotein cholesterol concentration in obese children. *International Journal of Obesity*, v. 11, n. 4, p. 339-345, 1987.

SCHWIMMER, J. B.; BURWINKLE, T. M.; VARNI, J. W. Health related quality of life of severely obese children and adolescents. *The Journal of the American Medical Association*, v. 289, n. 14, p. 1813-1819, 2003.

SEAMAN, J.; DEPAUW, K. *The new adapted physical education*: a developmental approach. Roanoke: Mayfield, 1989.

SEEFELDT, V. Developmental motor patterns. In: NADAU, R.; HOLLIWELL, C.; NEWELL, K. (eds). *Psychology of motor behaviour in sport*. Champaign: Human Kinetics, 1993.

SHAVELSON, R. J.; HUBNER, J. J.; STANTON, G. C. Self-concept: validation of construct interpretations. *Review of Educational Research*, v. 46, n. 3, p. 407-411, 1976.

SHEETS-JOHNSTONE, M. *Giving the body its due*. New York: SUNY, 1992.

SHEETS-JOHNSTONE, M. *The roots of power*. Chicago: Open Court, 1994.

SHEETS-JOHNSTONE, M. Introduction to the special topic: epistemology and movement. *Journal of Philosophy of Sport*, v. 29, p. 104, 2002.

SHILLING, C. *The body and society*. 2.ed. London: Sage, 2003.

SINGER, D. *Play = Learning*. London: Oxford University, 2006.

SKELTON, D. A. et al. Strength, power and related functional ability of healthy people aged 65–89 years. *Age and Ageing, v.* 23, n. 5, p. 371-377, 1994. Disponível em: <http://www.laterlifetraining.co.uk/index.html>. Acesso em: 29 ago. 2009.

SMITH, S.; GATELY, P.; RUDOLF, M. Can we recognise obesity clinically?. *Archives of Disease in Childhood*, v. 93, n. 12, p. 1065-1066, 2008.

SONNE-HOLM, S.; SORENSEN, T. Prospective study of attainment of social class of severely obese subjects in relation to parental social class, intelligence, and education. *British Medical Journal*, v. 292, n. 6520, p. 586-589, 1986.

SONSTROEM, R. J. Physical estimation and attraction scales: rationale and research. *Medicine and Science in Sports*, v. 10, n. 2, p. 97-102, 1978.

SOTHERN, M. S. et al. Safety, feasibility and efficacy of a resistance training program in preadolescent obese children. *American Journal of Medicine and* Science, v. 319, n. 6, p. 370-375, 2000.

SPAINE, L. A.; BOLLEN, S. R. 'The bigger they come...' the relationship between body mass index and severity of ankle fractures. *Injury*, v. 27, n. 10, p. 687-689, 1996.

SPORT ENGLAND. *Active people survey 2*. London: Sport England, 2006a.

SPORT ENGLAND. *Understanding participation in sport*: what determines sport participation among Recently Retired People?. London: Sport England Research Report, 2006b.

SPORT ENGLAND. *Evaluation of the £1 million Challenge*. Manchester: North West Sport England Region, 2007.

SPORTS COUNCIL AND HEALTH EDUCATION AUTHORITY. *Allied Dunbar National Fitness Survey 1990*. London: Sport England, 1992.

STAFFIERI, J. R. A study of social stereotype of body image in children. *Journal of Personality and Social Psychology*, v. 7, n. 1, p. 101-104, 1967.

STATHI, A.; FOX, K.; MCKENNA, J. Physical activity and dimensions of sub-jective well-being in older adults. *Journal of Aging and Physical Activity*, v. 10, n. 1, p. 76-92, 2002.

STUCKY-ROPP, R. C.; DILORENZO, T. M. Determinants of exercise in children. *Preventive Medicine*, v. 22, n. 6, p. 880-889, 1993.

SUGDEN, D.; HENDERSON, S. Help with movement. *Special Children*, v. 75, n. 13, p. 57-61, 1994.

SUGDEN, D.; KEOGH, J. *Problems in movement skill development*. Columbia: University of South Carolina, 1990.

SUGDEN, D.; WRIGHT, H. *Motor co-ordination disorders in children*. London: Sage, 1998.

SUMMERBELL, C. D. et al. Interventions for treating obesity in children. *Cochrane Database Systematic Reviews*, n. 3, 2003. Disponível em: <http://cochranelibrary-wiley.com/doi/10.1002/14651858. CD001872/abstract>. Acesso em: 21 maio 2018.

TREUTH, M. S. et al. Effects of strength training on intra-abdominal adipose tissue in obese prepubertal girls. *Medicine Science Sport and Exercise*, v. 30, n. 12, p. 1738-1743, 1998.

ULIJASZEK, S. Obesity: a disorder of convenience. *Obesity Reviews*, v. 8, supl 1, p. 183-187, 2007.

UNITED NATIONS EDUCATIONAL, SCIENTIfiC AND CULTURAL ORGANIZATION (UNESCO). *The Salamanca Statement and Framework for Action on Special Needs Education*. Salamanca: UNESCO, 1994.

U.S. DEPARTMENT OF HEALTH AND HUMAN SERVICES. *Physical activity guidelines for americans*. c2008. Disponível em: <http://www.health.gov/paguidelines>. Acesso em: 29 ago. 2009.

VICKERMAN, P. *Teaching physical education to children with special educational needs. London*: Routledge, 2007.

VICKERMAN, P.; HAYES, S.; WETHERLEY, A. Special educational needs and National Curriculum physical education. In: HAYES, S.; STIDDER, G. (eds). *Equity in physical education*. London: Routledge, 2003.

WALKER, L. L. et al. Children's weight loss camps: psychological benefit or jeopardy?. *International Journal of Obesity*, v. 27, n. 7, p. 748-754, 2003.

WALL, J. A.; MURRAY, N. R. *Children and movement*: physical education in the elementary school. Dubuque: Wm C Brown, 1994.

WANKEL, L. M.; KREISEL, P. S. Factors underlying enjoyment of youth sports: sport and age group comparisons. *Journal of Sports Psychology*, v. 7, n. 1, p. 51-64, 1985.

WEEKS, G.; HOLLAND, J.; WAITES, M. *Sexualities and society*: a reader. Cambridge: Polity, 2003.

WEISS, G. *Body images*. New York: Routledge, 1999.

WEISS, G.; HABER, H. *Perspectives on embodiment*. New York; London: Routledge, 1999.

WELLARD, I. Able bodies and sport participation: social constructions of physical ability, for gendered and sexually identified bodies. *Education and Society*, v. 11, n. 2, p. 105-119, 2006.

WELLARD, I. *Sport, masculinities and the body*. New York: Routledge, 2009.

WHITE, R. W. Motivation reconsidered: the concept of competence. *Psychological Review*, v. 1959, n. 66, p. 297-333, 1959.

WHITEHEAD, M. E. *A study of the views of Sartre and Merleau-Ponty relating to embodiment, and a consideration of the implications of these views to the justification and practice of physical education*. London: University of London, 1987.

WHITEHEAD, M.E. Meaningful existence, embodiment and physical education. *Journal of Philosophy of Education*, v. 24, n. 1, p. 3-13, 1990.

WHITEHEAD, M. E. The concept of physical literacy. *European Journal of Physical Education*, v. 6, n. 2, p. 127-138, 2001.

WHITEHEAD, M. E. *The concept of physical literacy and the development of a sense of self*. Edmonton: IAPESGW Conference, 2005b. (Paper)

WHITEHEAD, M. E. Developing the concept of physical literacy. *ICSSPE Newsletter*, 2006.

WHITEHEAD, M. E. *Physical literacy and its importance to every individual*. Dublin: National Disability Association of Ireland, 2007a. (Paper)

WHITEHEAD, M. E. *Squaring the circle – women, physical literacy and patriarchal culture*. Leeds: British Philosophy of Sport Conference, 2007b. (Paper)

WHITEHEAD, M. E. *Physical literacy as the goal of physical education with particular reference to the needs of girls and young women*. Ottawa: Canadian Association for Health, Physical Education, Recreation and Dance, May, 2007c. (Paper)

WHITEHEAD, M. E. Physical Literacy: philosophical considerations in relation to developing a sense of self, universality and propositional knowledge. *Sport, Ethics and Philosophy*, v. 1, n. 3, p. 281-298, 2007d.

WHITEHEAD, M. E.; MURDOCH, E. Physical literacy and physical education: conceptual mapping. *Physical Education Matters*, v.1, n. 1, p. 6-9, 2006.

WIDER, K. V. *The bodily nature of consciousness*. London: Cornell University, 1997.

WOMEN'S SPORT AND FITNESS FOUNDATION. *Women in sport audit*: backing a winner: unlocking the potential. c2008. Disponível em: <http://www.wsff.org.uk/documents/sport_audit.pdf>. Acesso em: 22 ago. 2009.

WORLD EDUCATION FORUM. *United Nations Scientific Educational, Scientific and Cultural Organisation*. Dakar: Unesco, c2000. Disponível em: <http://www.unesco.org/education/efa/wef_2000/>. Acesso em: 22 ago. 2009.

WORLD HEALTH ORGANIZATION (WHO). *Obesity*: preventing and managing the global epidemic. Report of a WHO consultation on obesity. Geneva: WHO, 1997a.

WORLD HEALTH ORGANIZATION (WHO). *The World Health Report* – conquering suffering, enriching humanity. Geneva: WHO, c1997b. Disponível em: <http://www.who.int/whr/1997/en/>. Acesso em: 22 ago. 2009.

WRIGHT, H.; SUGDEN, D. *Physical education for all – developing physical education in the curriculum for pupils with special educational needs*. London: David Fulton, 1999.

WROTNIAK, B. H. et al. The relationship between motor proficiency and physical activity in children. *Pediatrics*, v. 118, n. 6, p. 1758-1765, 2006.

Leituras recomendadas

CENTRE FOR STUDIES IN INCLUSIVE EDUCATION (CSIE). *Legislation and guidance for inclusive education*. c2008. Disponível em: <http://www.csie.org.uk/inclusion/legislation.shtml>. Acesso em: 22 ago 2009.

DECI, E. L.; RYAN, R. M. *Handbook of self-determination research*. Rochester: University of Rochester, 2002.

EUROPEAN UNION. *European Physical Activity for All Charter*. c1992. Disponível em: <http://www.coe.int/t/dg4/physicalactivity/PhysicalactivityinEurope/ charter_en.asp>. Acesso em: 22 ago. 2009.

JELALIAN, E.; STEELE, R. G.; JENSEN, C. D. *Issues in Clinical Child Psychology*: handbook of childhood and adolescent obesity. New York: Springer, 2009.

UNITED NATIONS. Resolution 56/75: Building a Peaceful and Better World through Physical Activity and the Olympic Ideal. [S.l.]: [s.n.]:2002.

UNITED NATIONS. *Education for all*: overcoming inequality – why governance matters. Oxford: Oxford University, 2008.

WORLD HEALTH ORGANIZATION (WHO). c2009. Disponível em: <http://www.who.int/topics/disabilities/en/>. Acesso em: 22 ago. 2009

Índice

A

Abate, M. et al. 122
ação inteligente 8, 57
Aitchison, C. 143
Allied Dunbar 217
Almond, L. 132
ambiente 25, 50-52, 56-57, 59-60, 98, 101, 108, 111, 116-120, 136, 138-141, 146-147, 168, 174, 182, 184, 190-196, 213
American Heart Association e American College of Sports Medicine (AHA/ACSM) 94-95
ao alcance de todos *ver* universalidade
aptidão 5-6, 9, 12-13, 17-18, 31, 38-40, 48-50, 70, 108, 128-129, 147, 166-167, 177-178, 183, 185, 190-191, 206
Arnold, P. J. 7, 55
Artilies, A. 150
Association for Physical Education 143
atividades
extracurriculares 10, 170, 190, 194, 204, 210, 218-219
físicas de lazer 123-135, 201
autoapresentação 62-64, 70, 166-167, 176
autoaprimoramento 80
autoconceito 59, 74-76, 213
autoconfiança 14, 17-19, 32-36, 43-44, 58-64, 80-83, 86, 96-97, 116-119, 144-147, 151-154, 168, 173, 177-178, 184, 194, 200-201, 206
autoconsciência 38, 59-63, 195
autodeterminação 76, 84, 99-100
autodireção 74
autoestima 8-9, 14-19, 32, 39-40, 58-64, 70, 73-86, 95-97, 100-104, 136-144, 146-147, 151-154, 166-167, 173, 183, 200, 204-206, 213

autoexpressão 14-18, 35-37, 58, 62-66, 77-78, 116, 184, 190-191, 194-195, 198, 200
autopercepção 61, 73-80, 146, 168
autorrespeito 32, 34, 41, 43-44, 62-63, 74, 168, 173
avaliação *ver* mapeamento dos progressos
avaliação da aprendizagem 177, 202

B

Bailey, R. 143, 150
Ballard, K. 139-140, 150
Bandura, A. 99
Barnett, L. M. et al. 94
Bar-Or, O. e Baranowski, T. 86-87
barreiras ao letramento corporal 96-98, 136-147, 149-161, 165, 201-202, 208-209
Barton, S. B. et al. 101
Baumeister, R. F. 85
Bee, H. e Boyd, D. 137
benefícios do letramento corporal 13, 22, 32-35, 38-40, 62-63, 79-80, 86, 92, 94-98, 100, 102, 116-119, 121, 126-128, 136, 143, 165, 171, 197, 199, 201, 208-209
Benn, T. et al. 158
Best, D. 8, 37, 56, 200
Blair, S. N. e Brodney, S. 97
Booth, T. et al. 136, 149-150
Böstman, O. M. 94
Boyce, T. 89-90
Bresler, L. 23, 28, 214
British Heart Foundation National Centre (BHFNC) 123, 133
Brownell, S. 66
Burchardt, T. 137, 141
Burkitt, I. 35-37, 43-44, 57, 59-60, 70, 200, 215, 217

232 Índice

C

Cameron, L. e Murphy, J. 137

capacidades 4-8, 11-13, 19-21, 27, 31, 33-44, 46, 49, 58-59, 62-63, 66, 102, 121, 128-129, 137-138, 144-147, 177-178, 184-185, 199-203, 206, 211
    motoras 42, 47-49, 104, 107, 115, 145-146, 185-197, 211-213, 219

Centre for Studies and Inclusive Education 160

Cheatum, A. e Hammond, A. 107, 120

cinestesia 28, 211, 215

Clark, A. 30, 35, 44, 55-57

Claxton, G. 214

Coates, J. e Vickerman, P. 142, 148

cognição 7, 14, 21, 34-36, 41-42, 66, 200

Cohen, C. J. et al. 92

Cole, R. 141, 148-149, 161

comunicação não verbal 15, 18, 58, 63, 111, 176, 180, 208

condutor da prática autorreflexivo 182

confiança *ver* autoconfiança

conhecimento
    e compreensão 5-6, 9, 16-18, 26, 36, 38, 58-59, 66-70, 104-105, 128-129, 183-184, 196-198, 202-203, 213
        proposicional *ver* conhecimento e compreensão
        tácito 26-29, 41-42, 55, 57, 213, 215-216

Connell, R. 156

contextos/cenários de atividade física 5-6, 11, 16-18, 47, 51-52, 56-57, 59, 62-63, 70, 141, 149, 190-193, 213, 218

corporeidade-enquanto-objeto/ corporeidade-enquanto-instrumento 12, 29, 43-44, 49, 59, 61, 67-69, 200, 202

corporeidade vivida 12, 20, 22, 24-26, 28-29, 66-67, 166-167, 199-200, 212

Crawford, A. et al. 139-140

cultura 9-13, 24-25, 31, 37-38, 41-44, 48-49, 61, 66-69, 82-85, 108, 146, 149-161, 172, 190-191, 196, 208, 214-215, 217

currículo escolar 5-6, 159, 169, 192-195, 204, 209-210, 213, 218-219

D

Dagkas, S. et al. 158

Deci, E. L. e Ryan, R. M. 76, 94, 99-100

deficiência 39-40, 44, 60, 64, 115-116, 136-148, 150, 201-204, 208-209, 217

Deforche, B. I. et al. 94

Department for Trade and Industry (DTI) 103

Department of Children, Schools and Families (Departamento para Crianças, Escolas e Famílias) 93

Department of Health (Departamento de Saúde) 90-91, 93

desenvolvimento
    cefalocaudal 105, 108, 110
    conceitual 215
    das habilidades linguísticas 20, 108
    infantil 3, 108
    motor 9, 106-109, 115-116, 144-145, 202, 208
    proximodistal 109-110

Dietz, W. H. 96-97
    e Gortmaker, S. 89-90

direitos 136, 146, 149-150, 160

diversidade 10, 149-162, 209, 217

Doherty, J. e Brennan, P. 180-181

dualismo 7, 23-25, 49, 85, 199, 211, 214

Duda, J. L. et al. 81

Dunlop, F. 37

Dyson, A. e Millward, A. 137, 150

E

Early Years Foundation Stage 117-118

Eccles, J. C. 24-25

educação física escolar 4, 7, 10, 22, 79, 136, 138, 142-143, 149, 159, 165, 169, 171-172, 209

elitismo 18, 49-50

emoção 4, 7, 35, 37-38, 60-61, 66, 74, 76, 78, 81, 85, 106, 138-140, 166-167, 176, 200, 215-216

empatia 66, 132, 161, 176, 179, 182, 191, 194-195

ensino
    clima motivacional 101-103, 174-179

Índice   233

e aprendizagem 149, 172-183, 218
estratégia de/estilo de interação 136, 173-183, 197, 204, 209, 213
habilidades 174-183, 209, 213
qualidades 174-179
Epstein, L. H.
e Goldfield, G. S. 92, 97
e Myers, M. D. 91-93, 97
Epstein, L. H. et al. 92, 97
Epstein, S. 75-76
espaços estruturados (para a prática) de atividade física 47, 51-52, 191-193
estudos de caso 100, 119, 126-127, 143-145, 154, 159, 178
exercícios voltados à saúde 197
existencialismo 3-4, 9, 20-24, 29, 38, 41-42, 59, 67, 70, 166-167, 199, 212
experiências gratificantes 8, 13-14, 16, 19, 32, 34, 40, 50, 58, 61, 166-167, 201
expressão *ver* autoexpressão
exteroceptores 212-213

F

Farrell, P. 137
fenomenologia 3-4, 9, 24-29, 38, 41-42, 59, 70, 166-167, 199, 213
Fitzgerald, H. 143, 148
Flegal, K. M. et al. 87
formas de atividade 190-194, 198, 204, 213, 219
Fórum Mundial da Educação 149
Fox, K. R. 75-78, 85, 97-98, 183
e Corbin, C. B. 77-78
e Wilson, P. 73, 85
French, J. 124
Friedlander, S. L. et al. 95
Friedman, K. E. et al. 95

G

Gallagher, S. 38, 59-61, 64-66, 70, 147, 200, 216
Gardner, H. 19-20, 21
Gately, P. J. e Cooke, C. B. 93, 99-100, 102
Gately, P. J. et al. 93, 99-100, 102, 217
Georgieff, N. e Jeannerod, M. 216

Geurts, K. 215
Gibbons, S. e Humbert, L. 156
Gibbs, R. G. 41-44, 161, 215
Gill, J. H. 23, 26, 30, 35-36, 57, 215-216
Gould, D. 98
Graham, G. et al. 183
Grogan, S. 43-44, 60-61, 89-90
Gutin, B. et al. 92

H

habilidades sociais 3, 96-97, 117-119, 139-140, 143-145, 177-178, 180-181, 206
Hamilton, M. T. et al. 122
Harris, J. 197
Harter, S. 75-78, 80, 99-100
Havighurst, R. J. 77
Hayes, M. et al. 88
Health and Social Care Information Centre (HSCIC) 122
Health Survey for England 121, 123
Hebl, M. R. et al. 95
Hill, A. J. 79
e Murphy, J. A. 96-97, 137
Hoeger, W. e Hoeger, S. 107
holismo/holístico *ver* monismo

I

idade adulta 12, 48-50, 60, 77-78, 97, 146, 156-157, 168, 191
igualdade de oportunidades 19, 149-152, 210
inconscientes 24, 29, 213, 216,
independência 13, 21, 34, 39-40, 84, 105, 172, 180-181, 194, 201, 206
inteligência cinestésica 7, 55
inteligências (*inteliggences*) 19-20, 207
intencionalidade 25-28, 107, 213
interação
com o ambiente 3, 14-19, 26-27, 29, 32-33, 35-38, 41-45, 50, 53-60, 67, 70, 104, 107, 110, 116, 147, 151-152, 166-167, 174, 184, 190-193, 198-200, 208, 212, 216
com os outros 14, 16-18, 37-38, 62-66, 104, 116, 147
interoceptores 212-213

J

Jago, R. et al. 84
James, W. 74, 78
Jeffry, A. N. et al. 91
Jelalian, E. 97, 103
jogar/brincar (livre, orientada e estruturada) 9, 88, 91, 104-120, 168, 185, 202-203, 208-209
Johnson, M. 216
jornada de letramento corporal 9, 39-40, 44-45, 48-50, 64, 70, 82-83, 94, 107, 119-120, 137, 142, 166-167, 180-181, 185, 187, 190, 197, 202-203

K

Kasser, S. e Lytle, R. 139-140, 156
Khanifar, H. et al. 158
Killingbeck, M. et al. 198
King, C. 156
Kulinna, P. e Cothran, D. 180-181

L

Lakoff, G. e Johnson, M. 35-36, 44, 67, 200, 215
Latner, J. D. et al. 95
Laventure, R. M. E. et al. 133
Le Blanc, R. e Jackson, S. 157
Lee, L. et al. 92
leitura do ambiente 14, 29, 39-40, 45, 50, 53-57, 208
Light, R. 155
linguagem dualista 5-7, 11-12, 23-25, 49, 66, 75-76, 79, 201, 205, 207
Liu, C. J. e Latham, N. K. 135

M

mapeamento dos progressos 49, 142, 150, 166-167, 176-178, 202, 208-209
Markus, H. e Wurf, E. 76
Marsh, H. W. e Sonstroem, R. J. 79
Marsh, H. W. et al. 78
Marshall, S. et al. 89-90
Matthews, E. 28, 30, 214
Maude, P. 108, 117-118, 120
    e Whitehead, M. E. 120, 123
McGregor, S. et al. 101
memória motora 46, 110-116, 185

mente 23-25, 28, 35-36, 68-69, 199, 208, 211-212, 214
Merleau-Ponty, M. 28, 30, 33, 35, 216
mídia/meios de comunicação 38-40, 43-44, 61, 82-83, 88-90, 123, 134, 155-156, 206
Miller, C. T. et al. 96-97
Modell, A. 24-25
modelo dos *Oito Ps* da inclusão 160, 209
monismo 4, 7-8, 12, 19-25, 28-29, 34-35, 49, 59, 64, 67, 100, 147, 165, 191, 199-201, 205, 207, 212
Morrison, R. 214
Mosston, M. 181
    e Ashworth, S. 180-181, 218
motilidade 12, 17-18, 26, 61, 211-212
motivação 3, 5-6, 12-16, 31-33, 39-40, 70, 73, 76-80, 93-100, 104-106, 116-119, 123, 128-129, 136-138, 143-144, 146, 154, 164-170, 173-185, 190-206, 218
    para tomar parte em atividades físicas 94, 99-100, 194-196
Mouratidis, A. et al. 141
movimento
    análise do 47-49, 185, 190
    padrões de 46-56, 104-107, 111, 144-146, 180-181, 185-194, 197-201, 213, 218
    qualidade de 110, 112-116, 119

N

Nancy, A. et al. 139-140
não corporalmente letrado 8
National Institute of Health and Clinical Excellence (Instituto Nacional de Saúde e Excelência Clínica) 91
National Institutes of Health (NIH) 97
neurônios-espelho 64-66
Nicholls, J. G. 76
Nietzsche, F. 29, 215
Norwich, B. 147, 161
Nussbaum, M. C. 3, 19-20, 21, 41-42, 211

O

O'Donovan, T. e Kirk, D. 152-153

obesidade 3, 9, 34, 86-103, 165, 208, 213, 217
oferecimentos (*affordance*) 57
Office for Standards in Education, Children's Services and Skills (OFSTED) 132
Okely, A. D. et al. 94
operativa
  intencionalidade 27-28, 32, 55, 213
  significado 28, 55
Organização das Nações Unidas (ONU) 149, 151-152
Organização Mundial da Saúde (OMS) 87, 137, 143-144
orientação para maestria 82-83, 101-102, 166-167
Owen, N. et al. 122

P

pais 32, 39-40, 53-54, 75-76, 81, 84, 88-91, 115, 117-119, 159, 168-170, 190, 202-203
para toda a vida 3-8, 13, 19, 40, 58, 62-63, 81-85, 95, 104, 110, 120-131, 136, 139-140, 147, 150, 156, 170-171, 183, 201-206, 212
Parker, D. L. 98
participação em atividades físicas 5-6, 9-10, 13, 19, 48-49, 68-70, 84, 98, 121-131, 172, 178, 180-181, 194, 208-209, 213
Pecek, M. et al. 149
pedagogia da participação 132-133
percepção 9, 16, 20, 22-29, 33, 36, 41-42, 55-56, 59-60, 64-66, 107, 207, 213, 216
  incorporada 17, 27-29, 54
Perry, J. 118
pessoas próximas 5-6, 10, 32, 89-90, 99-100, 115, 119-120, 133, 138, 143-144, 149, 162, 165-171, 197, 202-203
Pickup, I. e Price, L. 174
Play England 116
Polanyi, M. 26, 29, 35, 215-216
Pollard, A. 183
população idosa 3, 13, 39-40, 44, 121-135, 146, 202, 206, 208-209

positiva
  atitude 13, 31, 40, 43-45, 59-61, 96-97, 170-171, 175, 197
  experiência 33, 35, 40, 60, 139-140, 142, 146, 168
potencial 4-8, 12-13, 17-19, 21, 25, 31, 33, 35, 38-40, 45-49, 59-63, 107, 116-118, 120, 128-130, 137-140, 147, 151-152, 160, 166-167, 170-173, 176, 180-181, 185, 192-193, 199-201, 206, 211-213
Po-Wen, K. et al. 82-83
pré-reflexivo 12, 20, 27, 36, 57, 66, 68-69, 213
professores de educação física *ver* profissionais, pessoas próximas
profissionais 4, 22, 70, 95, 130-133, 138-147, 157-161, 168-172, 173-198, 201-204, 209, 213, 219
propriocepção 26, 28, 55, 212-213, 215-216

Q

qualidade de vida 13, 20, 31, 33, 40, 43-44, 63-64, 70, 85-86, 95, 128-129, 172, 201, 204-208
Qualifications and Curriculum Autorothy 141, 209

R

racionalidade/razão 14, 21, 23, 35-36, 98
Ratey, J. J. e Hagerman, E. 106-107, 110, 120, 135
Reich, W. 215
Reinboth, M. e Duda, J.L. 101
Reindal, S. 137, 139-140
Reiser, R. e Mason, M. 137, 141-142
relacionamentos interpessoais 9, 21
Rennie, M. J. 122
repertório motor 46-49, 104, 108, 110-120, 142, 144-145, 185-189, 202, 212-213
Requisitos curriculares da Inglaterra 68
Rink, J. e Hall, T. 141, 160
Rissanen, A. e Fogelholm, M. 97
Roberts, G. C. 82
Robertson, J. 63
Rocchini, A. P. et al. 92

236 Índice

Ross, R. e Janssen, I. 97
Ryle, G. 23

S

Sallis, J. F. e Owen, N. G. 98
Sartre, J-P. 33, 216-217
Sasaki, J. et al. 92
saúde 4, 9, 11, 15, 19-20, 22, 34-35 58,
  60, 68-70, 88-102, 121-133, 137,
  143-144, 147, 151-152, 156, 171-172,
  184, 190-197, 204-206, 208-209, 213
  mental 3, 60, 77-78, 87, 201
Schwimmer, J. B. et al. 95
Seaman, J. e DePauw, K. 138
Seefeldt, V. 115
self corporal 73-97, 165, 200, 202, 208
seres-no-mundo 22, 24-25, 27-28, 33, 45,
  69, 166, 199
Shavelson, R. J. et al. 76
Sheets-Johnstone, M. 35, 36, 41-42
Shilling, C. 43-44
sinestesia 28, 212-213
Singer, D. 116, 117-118
sistema do *self* 75-78, 212-213
situações fisicamente desafiadoras 14, 45,
  50, 190-191
Skelton, D. A. et al. 122
Smith, S. et al. 91
sociedade 9, 43-44, 73, 79, 81, 84, 88,
  131, 137, 139-140, 150, 214
Sonne-Holm, S. e Sorensen, T. I. A. 95
Sonstroem, R. J. 77-79
Sothern, M. S. et al. 92
Spaine, L. A. e Bollen, S. R. 94
Sport England 122, 124-126
Staffieri, J. R. 95
Stathi, A. et al. 77-78, 82-83
Stucky-Ropp, R. C. e Dilorenzo, T. M. 98
sucesso 19, 31-33, 74-78, 80-84, 98, 103,
  112-118, 128-130, 142-147, 169,
  173-174, 179, 196
Sugden, D.
  e DePauw, K. S. 146
  e Henderson, S. 146

e Keogh, J. 143, 146, 208-209
  e Wright, H. 137-140
Summerbell, C.D. et al. 91-93

T

talentosos 14, 81-82, 194
técnicos 133, 156-158, 168, 171,
  180-181, 202, 204
The Council of Europe 152-153, 157
The Sports Council and Health Education
  Authority 84
trabalho em grupo 175, 212
Treuth, M. S. et al. 92

U

Ulijaszek, S. 88
União Europeia 150
universalidade, 5-6, 13, 31, 38-44

V

velhice *ver* população idosa
Vickerman, P. 138, 142, 148, 159-160,
  209
Vickerman, P. et al. 149

W

Walker, L. L. et al. 95, 101
Wall, J. A. e Murray, N. R. 214
Wankel, L. M. e Kreisel, P. S. J. 97-100
Weeks, G. et al. 157
Weiss, G. 156
  e Haber, H. F. 55, 67, 139-140
Wellard, I. 139-140, 151-152, 157, 218
White, R. W. 99-100
Whitehead, M. E. 22, 30, 38, 43-44, 57,
  59, 64, 70, 81, 120, 128-129, 137, 143,
  147, 150, 155, 161, 217
  e Murdoch, E. B. 138, 143, 166-167,
  172
Wider, K. V. 216
Women's Physical Activity and Fitness
  Foundation 155-156
World Summit on Physical Education 136
Wright, H. e Sugden, D. 137
Wrotniak, B. H. et al. 94